Verdachtslose Ermittlungen nach Zollverwaltungsgesetz

Europäische Hochschulschriften
Publications Universitaires Européennes
European University Studies

Reihe II
Rechtswissenschaft

Série II Series II
Droit
Law

Bd./Vol. 4295

PETER LANG
Frankfurt am Main · Berlin · Bern · Bruxelles · New York · Oxford · Wien

Josef-Christian Wirth

Verdachtslose Ermittlungen nach Zollverwaltungsgesetz

PETER LANG
Europäischer Verlag der Wissenschaften

Bibliografische Information Der Deutschen Bibliothek
Die Deutsche Bibliothek verzeichnet diese Publikation in der Deutschen Nationalbibliografie; detaillierte bibliografische Daten sind im Internet über <http://dnb.ddb.de> abrufbar.

Zugl.: Osnabrück, Univ., Diss., 2005

Layout:
Kumpernatz + Bromann
www.kumpernatz-bromann.de

D 700
ISSN 0531-7312
ISBN 3-631-54244-5

www.peterlang.de

Meinem Opa

Vorwort

Die vorliegende Arbeit wurde vom Fachbereich Rechtswissenschaft der Universität Osnabrück im Wintersemester 2004/2005 als Dissertation angenommen. Der Tag der mündlichen Prüfung war der 19. April 2005.

Angeregt und betreut hat die Arbeit mein Doktorvater, Herr Prof. Dr. Andreas Ransiek, bei dem ich mich herzlich bedanken möchte. Zu Dank verpflichtet bin ich auch dem Koreferenten im Rahmen des Promotionsverfahrens, Herrn Prof. Dr. Hans Achenbach, für die zügige Erstellung des Zweitgutachtens.

Mein ganz besonderer Dank gilt aber meinen Eltern und allen, die mich sonst während meines Studiums und der Anfertigung der Dissertation auf diesem Weg begleitet, ermutigt und in jeder nur erdenklichen Hinsicht unterstützt haben.

Im Rahmen dieser Arbeit wurde die Gesetzgebung, Rechtsprechung und Literatur zu dem Thema der Dissertation bis Ende November 2004 berücksichtigt. Spätere Entwicklungen bzw. Veröffentlichungen wurden – soweit möglich – noch eingearbeitet.

Hannover, im August 2005 *Josef-Christian Wirth*

Inhaltsübersicht

Inhaltsverzeichnis

Abkürzungsverzeichnis

a.a.O.	am angegebenen Ort
ABl. EG	Amtsblatt der Europäischen Gemeinschaften
a.F.	alter Fassung
AO	Abgabenordnung
Art., Artt.	Artikel, mehrere Artikel
BayVGH	Bayerischer Verfassungsgerichtshof
BB	Betriebsberater
BGBl.	Bundesgesetzblatt
BMF	Bundesministerium für Finanzen
BND	Bundesnachrichtendienst
BStBl.	Bundessteuerblatt
BT-Drs.	Drucksache des Deutschen Bundestages
BVerfG	Bundesverfassungsgericht
BVerfGE	Entscheidungssammlung des Bundesverfassungsgerichts
BVerfSchG	Bundesverfassungsschutzgesetz
CpD	Conto pro Diverse
Diss.	Dissertation
DÖV	Die öffentliche Verwaltung: Zeitschrift für öffentliches Recht und Verwaltungswissenschaften
DRiZ	Deutsche Richterzeitung
DVBl.	Deutsche Verwaltungsblätter
EG	EG-Vertrag in der Fassung des Vertrages von Amsterdam vom 2. Oktober 1997
EKMR	Europäische Kommission für Menschenrechte
EU	Europäische Union
EuGH	Europäischer Gerichtshof

FVG	Finanzverwaltungsgesetz
FS	Festschrift
GA	Goltdammer's Archiv für Strafrecht
GG	Grundgesetz
GS	Gedächtnisschrift
GwG	Geldwäschegesetz
i.e.S.	im engeren Sinne
i.S.d.	im Sinne des / der
i.S.v.	im Sinne von
i.V.m.	in Verbindung mit
LKV	Landes- und Kommunalrecht: Verwaltungsrechts-Zeitschrift für die Länder Berlin, Brandenburg, Mecklenburg-Vorpommern, Sachsen, Sachsen-Anhalt und Thüringen
LVerfG MV	Landesverfassungsgericht Mecklenburg-Vorpommern
L&L	Life & Law
MAD	Militärischer Abschirmdienst
m.w.N.	mit weiteren Nachweisen
n.F.	neuer Fassung
NJW	Neue Juristische Wochenschrift
NStZ	Neue Zeitung für Strafrecht
NVwZ	Neue Zeitschrift für Verwaltungsrecht
OLG	Oberlandesgericht
Pkw	Personenkraftwagen
PStR	Praxis Steuerstrafrecht
Rs.	Rechtssache
StPO	Strafprozessordnung
StV	Strafverteidiger
VO	Verordnung

wistra	Zeitschrift für Wirtschafts- und Steuerstrafrecht
ZK	Zollkodex
ZKA	Zollkriminalamt
ZollVG	Zollverwaltungsgesetz
ZRP	Zeitschrift für Rechtspolitik

Im Übrigen sind die Abkürzungen aus *Kirchner / Butz*, Abkürzungsverzeichnis der Rechtssprache, 5. Auflage, Berlin / New York 2003, entnommen.

A. Einleitung

Obwohl seit Juni 1998 auf Grundlage von §§ 12a ff. ZollVG (= §§ 12a ff. FVG a.F.) der Zoll und der Bundesgrenzschutz zur Überwachung des grenzüberschreitenden Zahlungsmittelverkehrs sowohl an den Binnen- als auch an den Außengrenzen der Europäischen Gemeinschaft Kontrollen durchführen dürfen, sind diese Normen bisher in Rechtsprechung und Literatur kaum wahrgenommen worden. Dabei dienen die Kontrollen einem bedeutenden sicherheits- als auch gesellschaftsrechtlichen Zweck – dem Aufspüren von Gewinnen aus schweren Straftaten und damit der Bekämpfung organisierter Kriminalität – insbesondere im Hinblick auf den Tatbestand der Geldwäsche –, wie dies in § 1 Abs. 3a und 3c ZollVG ausdrücklich festgeschrieben ist.

Der Zoll und in seinem Auftrag der Bundesgrenzschutz sind nach §§ 12a Abs. 1 ZollVG, 10 Abs. 1 und 3 ZollVG ermächtigt, im grenznahen Raum Personen anzuhalten, nach dem Mitführen von Zahlungsmitteln von 15.000 € und mehr zu fragen, die Identität der Angehaltenen festzustellen, Gepäck und Beförderungsmittel zu überprüfen sowie eine körperliche Durchsuchung vorzunehmen. In 2003 wurden auf dieser Grundlage insgesamt 2.626 Bargeldkontrollen durchgeführt, bei denen ein Gesamtvolumen von 219,3 Mio. € mitgeführten Zahlungsmitteln festgestellt wurde[1]. Hiervon wurden 69,3 Mio. € vorläufig sichergestellt und 399 Bußgeldverfahren eingeleitet, die zusammen zu festgesetzten Bußgeldern in Höhe von 1.394.000 € führten. An der deutsch-schweizerischen

1 Siehe http: //www.zka.org/organisation/bargeld_statistik.htm, wobei es sich bei dieser Gesamtsumme freilich nicht um das nachweisbare Geldwäschevolumen handelt, sondern um die aufgefundenen Beträge.

Grenze fanden 710, an der Ostgrenze 185 und an den Binnengrenzen der Gemeinschaft 176 Kontrollen statt. Auffällig ist dabei, dass bei 1.866 Kontrollen (ca. 71%) die aufgefundenen Beträge zwischen 15.000 und 49.999 € und bei weiteren 734 Kontrollen (ca. 28%) zwischen 50.000 und 499.999 € lagen[2]. Aus diesen Zahlen wird bereits deutlich, dass die Bedeutung dieser Kontrollen nicht unerheblich ist, da diese in 99% aller Fälle zum Auffinden von 15.000 € oder mehr führen.

I. Problemaufriss

Neben dieser praktischen Bedeutung vermochten die §§ 12a ff. ZollVG in jüngerer Zeit in zwei Beschlüssen des Oberlandesgerichts Karlsruhe vom 14. November 2001[3] und 24. September 2002[4] auch die Aufmerksamkeit der Rechtsprechung und im Anschluss daran zumindest eine kurze Beachtung in der Literatur zu erhaschen[5]. Gegenstand beider Entscheidungen war der Bußgeldtatbestand des § 12c Abs. 1 und 2 FVG a.F. (= § 31a Abs. 1 und 2 ZollVG n.F.), wonach demjenigen, der im Rahmen einer Kontrolle nach § 12a Abs. 1 ZollVG angehalten wurde, ein Bußgeld auferlegt werden kann, wenn er vorsätzlich oder fahrlässig entgegen § 12a Abs. 1 S. 1 ZollVG das mitgeführte Bargeld oder gleichgestellte Zahlungsmittel auf Verlangen nicht oder nicht vollständig angegeben hat. Gegenstand der vorliegenden Arbeit soll jedoch nicht die Bußgeldvorschrift des § 31a ZollVG, sondern die Norm des § 12a

---

2 Siehe Wertstaffel des ZKA auf http: //www.zka.org/organisation/bargeld statistik.htm.

3 OLG Karlsruhe, wistra 2002, 194 f.

4 OLG Karlsruhe, wistra 2003, 36.

5 Vgl. *Kindshofer/Wegner*, wistra 2002, 195 f.; dies., wistra 2003, 36 ff.; *Dannecker/Bürger*, wistra 2004, 81 ff.

ZollVG selbst sein. Die Auseinandersetzung wird sich dabei hauptsächlich auf die Vereinbarkeit dieser Norm mit verfassungsrechtlichen Vorgaben konzentrieren. Das Oberlandesgericht Karlsruhe hat in seinem Beschluss vom 24. September 2002 dazu – in Fortführung seiner Rechtsprechung vom 14. November 2001 – nur knapp festgestellt, dass gegen § 12a FVG a.F. (= § 12a ZollVG) keine verfassungsrechtlichen Bedenken bestehen[6]: Insbesondere im Hinblick auf das Bestimmtheitsgebot (Art. 103 Abs. 2 GG) genügten die Vorschrift verfassungsrechtlichen Anforderungen.

Dies ist umso erstaunlicher, als es sich bei § 12a ZollVG um eine Norm handelt, die in vielfältiger Hinsicht Anlass zu verfassungsrechtlichen Zweifeln gibt. Die Ursache liegt zunächst darin, dass ohne die Festlegung irgendwelcher tatbestandlichen Voraussetzungen die Befugnisanwendung in Form des Anhaltens, der Befragung nach Zahlungsmitteln, der Identitätsfeststellung und der Überprüfung des Gepäcks und Beförderungsmittels zulässig ist. § 12a Abs. 1 ZollVG stellt insoweit eine repressive Eingriffsermächtigung dar, die einen Anfangsverdacht für Ermittlungen nicht erfordert. Die weitere Möglichkeit der *körperlichen* Durchsuchung des Angehaltenen wird demgegenüber zwar nur bei Vorliegen „zureichender tatsächlicher Anhaltspunkte" für das Mitführen von Zahlungsmitteln nach §§ 12a Abs. 1, 10 Abs. 3 ZollVG eröffnet; doch wird tatsächlich – trotz dieser Begrenzung – der Eingriff durch die körperliche Durchsuchung aber losgelöst von objektiven Voraussetzungen erfolgen.

Dies belegt ein auf den ersten Blick kurioser, aber gleichermaßen exemplarischer Fall aus der Praxis der „Zoll-Steuerfahndung", welcher anschaulich die Problematik von § 12a Abs. 1 ZollVG verdeutlicht[7]: An der Grenze zur Schweiz wird ein Ehepaar angehalten und

---

6 OLG Karlsruhe, wistra 2001, 194, 195; wistra 2003, 36, 36.

7 Vgl. „Der aktuelle Fall" aus der Praxis der Steuerfahndung, PStR 2/2001.

nach dem Mitführen von 15.000 € oder mehr gefragt. Auch auf wiederholtes Nachfragen verneint das Ehepaar diese Frage. Als den Zollbediensteten aber im Pkw eine handschriftliche Wegbeschreibung zu einer Bank in Zürich auffällt und sie den Ehemann darauf ansprechen, erklärt dieser, dass man nur den Hund habe spazieren fahren wollen, um ihn an das Autofahren zu gewöhnen. Daraufhin wird das Ehepaar durchsucht und im Hosenbund der Ehefrau werden 50.000 € gefunden, die nach Angaben des Ehepaars aus Erbschaften herrühren. Spätere Ermittlungen ergeben jedoch, dass das Geld aus verschwiegenen Betriebseinnahmen stammte.

Die sich hierbei aufdrängende Frage ist, woran der Zoll „zureichende tatsächliche Anhaltspunkte" für die Begehung von Geldwäsche anhand dieses Geschehens für die Durchführung einer körperlichen Durchsuchung festmachen konnte. War es die Wahrnehmung der Wegbeschreibung oder die Antworten des Ehepaars? Oder der gesamte bisherige Kontrollvorgang? Unabhängig davon, worauf man konkret abstellt, können diese denkbaren Alternativen aber allesamt keine Anknüpfungen für *tatsächliche* Anhaltspunkte der Begehung von Geldwäsche sein. Das Vorhaben, eine Bank in Zürich aufzusuchen, ist ein Vorgang, der nicht per se mit gesetzeswidrigen Aktivitäten in Verbindung gebracht werden darf. Wenn man die Vermutung der Redlichkeit zugrunde legt[8], *muss* man sogar von einem legalen Geschehen ausgehen. Und ob man als Zollbediensteter dem Ehepaar glaubt, dass es den Hund spazieren führen wollte oder nicht, kann erst recht nicht die objektive Annahme einer möglichen Geldwäschehandlung rechtfertigen. Der tatsächliche Auslöser für die Durchsuchung wird vielmehr der persönliche Wille der Zollbediensteten zur Durchsuchung gewesen sein. Worauf sich dieser konkret gründet – auf ihre persönliche „Zoll-Erfahrung", die momentane Motivation etc. –, ist dabei ohne

---

8 Siehe dazu ausführlich Kap. D. II. 3. e) aa).

Bedeutung. Klar ist jedenfalls, dass die Durchführung der körperlichen Durchsuchung nicht auf objektive Merkmale oder Tatsachen zurückgeführt werden kann.

Noch plastischer kann dieser Befund aus dem Beschluss des Oberlandesgerichts Karlsruhe vom 24. September 2002 abgeleitet werden. Die der Entscheidung zugrunde liegende Rechtsbeschwerde einer Hausfrau gegen die Verhängung eines Bußgeldes wegen Verstoßes gegen § 12a Abs. 2 FVG a.F. (= § 12a Abs. 1 ZollVG) betraf zwar im Kern die Bestimmung der Anforderungen, die an das „Verbringen" von Zahlungsmitteln im Sinne dieser Vorschrift zu stellen sind[9]; doch lässt sich aus dem gesamten Kontrollgeschehen der Rückschluss ziehen, dass die körperliche Durchsuchung – ebenso wie die übrigen Befugnisse des § 12a Abs. 1 ZollVG – von objektiven Bedingungen unabhängig ist: Die Beschwerdeführerin wurde mit ihrem Ehemann im Rahmen einer Kontrolle nach § 12a Abs. 2 FVG a.F. (= § 12a Abs. 1 ZollVG) angehalten und nach dem Mitführen von Bargeld befragt. In ihrer Handtasche auf dem Rücksitz des Pkw befanden sich 55.000 DM, sodass die anzeigepflichtbegründende Grenze von seinerzeit 30.000 DM überschritten war. Trotz mehrmaligen Nachfragens des Zollbediensteten verschwieg die Ehefrau bewusst und gewollt, dass sich in ihrer Handtasche eine entsprechende Bargeldsumme befand. Da es zur Verhängung eines Bußgeldes gekommen ist, müssen die Zollbediensteten jedoch eine Durchsuchung des Pkw und der Person durchgeführt haben, um von der mitgeführten Bargeldsumme tatsächlich Kenntnis zu erlangen. Ein objektiver Anlass für eine Durchsuchung bestand hier noch weniger als im ersten Beispielsfall. Entscheidend für eine (körperliche) Durchsuchung kann deshalb wiederum nur der persönliche Wille des Zollbediensteten gewesen sein.

---

9 Siehe dazu Kap. C. I. 3.

Erhebliche Eingriffe in die persönliche Rechtssphäre des Angehaltenen durch den Zwangsmitteleinsatz werden gemäß §§ 12a Abs. 1, 10 Abs. 1 und 3 ZollVG eröffnet, ohne dass es eines strafprozessualen Anfangsverdachts bedarf. Insbesondere da es um die Preisgabe personenbezogener Informationen geht, steht maßgeblich ein Konflikt mit dem allgemeinen Persönlichkeits- sowie dem Rechtsstaatsprinzip im Raum. Sich deshalb mit dem Hinweis auf die Wahrung des Bestimmtheitsgebots zu begnügen, würde die Dimension der Norm nicht hinreichend berücksichtigen.

Über die Maßnahmen des § 12a Abs. 1 ZollVG hinaus erlaubt § 12a Abs. 3 S. 2, 3 ZollVG sogar die Weiterleitung erlangter Informationen an die Strafverfolgungs-, Verwaltungs- bzw. Finanzbehörden. Wenn nach § 12a Abs. 3 ZollVG aber Daten weitergegeben werden dürfen, die zuvor ohne konkreten Anlass nach § 12a Abs. 1 ZollVG erhoben werden konnten, dann muss § 12a Abs. 3 ZollVG gleichermaßen im Lichte des allgemeinen Persönlichkeitsrechts betrachtet werden. Eine mögliche grundrechtliche Beeinträchtigung steht insoweit vor allem deshalb im Raum, weil die Datenweiterleitung an die Finanzbehörden an keine weiteren – einschränkenden – gesetzlichen Voraussetzungen geknüpft ist. Die praktische Relevanz der Übermittlung erhobener Daten gemäß § 12a Abs. 3 ZollVG durch die Fertigung von Kontrollmitteilungen ist vor diesem Hintergrund nicht zu unterschätzen. Es handelt sich hierbei um ein typisches tatsächliches Vorgehen der Zollverwaltung, wie der erste Beispielsfall belegt. Ohne die Übermittlung der bei dem Ehepaar gefundenen Bargeldsumme an das zuständige Finanzamt hätte eine Überprüfung, ob die Gelder aus der Erbschaft stammen, nicht erfolgreich abgeschlossen werden können. Aber ebenso in Fällen wie der zweiten Entscheidung des Oberlandesgerichts Karlsruhe vom 24. September 2002 wird regelmäßig eine Weitergabe der Informationen über die Höhe der mitgeführten Zahlungsmittel an die Finanzbehörden erfolgen. *Spatscheck / Alvermann* hegen daher zu Recht den Verdacht, dass mit § 12a Abs. 1 und 3 ZollVG eine „mobile Steuerfahndung“ eingerichtet wurde und es tatsächlich nicht so sehr um die Bekämpfung der organisierten Kriminalität geht, sondern um die Sicherung staatlicher Steueransprüche[10]. Für diese pointierte Aussage spricht auch die Tatsache, dass regelmäßig nur Bußgelder verhängt werden und eine strafrechtliche Verfolgung – ohne freilich konkrete Zahlen vorliegen zu haben – im Regelfall gar nicht intendiert ist bzw. eingeleitet wird.

Die zollamtliche Überwachung des grenzüberschreitenden Bargeldverkehrs ist vor diesem Hintergrund auch weniger auf die Ermittlung von Geldwäschestraftaten als vielmehr vornehmlich auf steuerrechtliche Ermittlungen gerichtet. Neben der Verhängung von Bußgeldern nach § 31a ZollVG ist es primäres Ziel der Zollverwaltung, die Nachversteuerung nicht angemeldeter Einkünfte zu erreichen. Bedenken an einem derartigen Vorgehen der Zollverwaltung entstehen unweigerlich, wenn man sich vergegenwärtigt, dass § 12a ZollVG zur Bekämpfung der organisierten Kriminalität, insbesondere zur Aufdeckung und Verfolgung von Geldwäschestraftaten, geschaffen wurde. Durch ihre tatsächliche Praxis entfernt sich die Zollverwaltung jedoch von dieser ursprünglichen Konzeption. Verschärfend kommt darüber hinaus noch hinzu, dass der angehaltene Bürger bei einer Bargeldkontrolle kaum damit rechnet, dass die Höhe der mitgeführten Bargelder auch an die Finanzbehörden übermittelt werden kann und darf. Denn durch die Anwendung der Befugnisse nach § 12a Abs. 1 ZollVG – insbesondere der Durchsuchung – zeigt sich die Zollverwaltung für den Betroffenen als Teil der Strafverfolgungsbehörden, nicht aber als „verlängerter Arm“ der Steuerverwaltung. Insgesamt gibt die Norm des § 12a ZollVG damit zu vielschichtigen Zweifeln Anlass.

10 *Spatscheck/Alvermann*, BB 1999, 2107 ff.

II. Gang der Untersuchung

Damit eine verfassungsrechtliche Beurteilung der §§ 12a Abs. 1 und 3 ZollVG aber fundiert ausfallen kann, ist zunächst eine allgemeine Darstellung dieser Regelungen erforderlich. Da § 12a Abs. 1 ZollVG seinerseits auf die allgemeinen Vorschriften der zollamtlichen Überwachung, §§ 10 ff. ZollVG, verweist, wird eine knappe Darstellung dieser Normen vorangestellt. Bei der Übersicht über die §§ 10 ff. und § 12a ZollVG werden bereits relevante Strukturen, systematische Zusammenhänge und Charakteristika der Normen verdeutlicht. Darüber hinaus gilt es gleichermaßen, Begriffe zu definieren, Zweifel in der Auslegung zu beseitigen und systematische Ungereimtheiten zu klären. Daran wird sich die verfassungsrechtliche Analyse von § 12a Abs. 1 ZollVG anschließen, die sich auf die Vereinbarkeit mit dem allgemeinen Persönlichkeitsrecht in Form des Rechts auf informationelle Selbstbestimmung sowie der Unschuldsvermutung als Teil des Rechtsstaatsprinzips konzentriert. Flankierend tritt die Erörterung im Hinblick auf das Trennungsgebot und die Rechtsschutzgarantie, Art. 19 Abs. 4 GG, hinzu. Auf die Erkenntnisse aus der Diskussion zu § 12a Abs. 1 ZollVG aufbauend wird im Folgenden § 12a Abs. 3 ZollVG auf seine Verfassungsmäßigkeit untersucht. Hier liegt der Schwerpunkt der Auseinandersetzung konsequenterweise ebenfalls auf der Abarbeitung der Vorgaben des Rechts auf informationelle Selbstbestimmung und der Rechtsschutzgarantie des Art. 19 Abs. 4 GG. Als weiterer Gesichtspunkt ist gegenüber § 12a Abs. 1 ZollVG aber auch ein möglicher Verstoß gegen das Verbot der Selbstbelastung sowie gegen das Verbot der verbotenen Vernehmungsmethoden zu beleuchten.

B. Allgemeine Befugnisse der Zollverwaltung

Die Befugnisse der Zollverwaltung gliedern sich in die allgemeine zollamtliche Überwachung, §§ 10 ff. ZollVG, sowie die besondere Überwachung des grenzüberschreitenden Bargeldverkehrs, §§ 12a ff. ZollVG. Von maßgeblichem Interesse und wegleitender Relevanz für die vorliegende Untersuchung werden – wie bereits einführend dargestellt – gerade die letztgenannten Kontrollbefugnisse sein. Dabei können diese Befugnisse jedoch nicht isoliert von den Maßnahmen nach §§ 10 ff. ZollVG betrachtet werden. Vielmehr wird in § 12a Abs. 1 S. 4 ZollVG auf die allgemeinen Maßnahmen verwiesen und somit ein dementsprechendes Vorgehen auch für die Überwachung des Bargeldtransfers legitimiert. Eine fundierte (verfassungs-)rechtliche Analyse der Maßnahmemöglichkeiten der Zollbediensteten in dieser Hinsicht knüpft deshalb an die Befugnisse nach §§ 10 ff. ZollVG an, wodurch die Art und Weise der Kontrollen bestimmt wird.

I. Zweck

Gemäß § 1 Abs. 1 S. 2 ZollVG soll die zollamtliche Überwachung insbesondere die Erhebung der Einfuhr- und Ausfuhrabgaben sowie die Einhaltung des Zollrechts gewährleisten. Darüber hinaus ist nach § 1 Abs. 3 ZollVG Ziel der zollamtlichen Überwachung die Sicherung der Einhaltung der gemeinschaftlichen und nationalen Vorschriften, die das Verbringen von Waren in den, durch den oder aus dem Geltungsbereich dieses Gesetzes verbieten oder beschränken. Im Mittelpunkt der zollamtlichen Überwachung steht damit die Sicherung der Zollbelange im weitesten Sinne[11]. Diese zugewiesene Aufgabe wird grundsätzlich von den Zollbehörden und dem Bundesgrenzschutz erfüllt[12]. Der Begriff der Zollbehörden ist dabei weit zu verstehen und umfasst sämtliche Behörden, die mit der Erforschung und Aufdeckung von zollpflichtigem Warenverkehr betraut sind. Damit gilt also insbesondere auch die Steuerfahndung als Zollbehörde[13]. Der Bundesgrenzschutz wird hingegen gemäß § 12c ZollVG regelmäßig unterstützend im Auftrag der Zollbehörden konkret vor Ort bei der Durchführung von Kontrollen tätig.

II. Sachlicher und räumlicher Anwendungsbereich

Der sachliche Anwendungsbereich – und damit der Gegenstand der zollamtlichen Maßnahmen – beschränkt sich im Rahmen der allgemeinen Befugnisse, wie § 10 Abs. 1 ZollVG verdeutlicht, auf die Kontrolle von eingeführten Waren. Unter dem Eindruck der Rechtsprechung des Europäischen Gerichtshofs, der sich in zwei wegleitenden Entscheidungen mit dem Warenbegriff auseinanderzusetzen hatte[14], werden nach zollrechtlicher Ansicht unter „Waren" alle beweglichen Gegenstände verstanden, die einen Geldwert haben und deshalb handelbar sind[15]. Erweiternd wird auch der elektrische Strom miteinbezogen, obwohl es mangels räumlicher Abgrenzbar-

---

11 Vgl. auch Art. 37 Abs. 2 ZK.

12 Schwarz/Wockenfoth-*Schwarz*, § 1 Rn. 5.

13 Vgl. dazu die Befugnisse der Steuerfahndung als sog. „Steuer-Zoll" nach §§ 208 ff. AO. Ferner *Zimmermann*, in: Dorsch, Zollrecht, § 1 ZollVG Rn. 3 m.w.N.

14 EuGH, Rs. 7/68, EuGHE 1968, 633, 634 f., 642; Rs. 1/77, EuGHE 1977, 1471, 1482.

15 Witte-*Kampf*, Art. 37 ZK Rn. 2; *Kock*, in: Dorsch, Zollrecht, Art. 37 ZK Rn. 8; Birk-*Henke*, § 20 Rn. 15.

keit an der Körperlichkeit fehlt[16]. Vor dem Hintergrund einer wirtschaftlichen Betrachtung und der Handelbarkeit des elektrischen Stroms wird aus praktischen Gründen der Warenbegriff jedoch in diese Richtung erweitert.

In räumlicher Hinsicht dürfen entsprechende Kontrollen nach § 10 Abs. 1 S. 1 ZollVG im grenznahen Raum durchgeführt werden. Der Begriff des „grenznahen Raums" wird in § 14 Abs. 1 ZollVG legal definiert und erstreckt sich auf den deutschen Teil der Grenze der Europäischen Gemeinschaft bis zu einer Tiefe von 30 km, bei seewärtiger Begrenzung bis zu 50 km. Hierin spiegeln sich unmittelbar der Wegfall der Warenkontrollen an den Binnengrenzen der Europäischen Gemeinschaft und die verbleibende Zulässigkeit von Warenkontrollen – nach der Erweiterung der Europäischen Union am 1. Mai 2004 – an den Grenzen zur Schweiz wider.

III. Einfluss des europäischen Gemeinschaftsrechts

Der Wegfall der Warenkontrollen in der Gemeinschaft beruht auf der Verwirklichung eines einheitlichen europäischen Binnenmarkts, der sämtliche Kontrollen und Förmlichkeiten an den Binnengrenzen verbietet und der durch die Implementierung eines gemeinschaftlichen Zollrechts in Form des Zollkodexes durch die VO Nr. 2913/92 des Rates vom 12. Oktober 1992[17] und der hierzu ergangenen Durchführungsverordnung der Kommission – VO Nr. 2454/93 vom 2. Juli 1993[18] – zum 1. Januar 1994 abgeschlossen wurde. Im Wesentlichen haben die Mitgliedsstaaten damit ihre Gesetzgebungshoheit für die Zollverwaltung und -überwachung auf

16 *Kock, in: Dorsch*, Zollrecht, Art. 37 ZK Rn. 18.
17 Abl.EG 1992 Nr. L 302, 1.
18 Abl.EG 1993 Nr. L 253, 1.

die Europäische Gemeinschaft übertragen[19]. Es verbleibt den nationalen Gesetzgebern lediglich eine begrenzte Regelungskompetenz, sofern das Gemeinschaftsrecht auf das national geltende Recht verweist und es damit in den Zollkodex einbezieht. Für die zollamtliche Überwachung findet sich in Art. 37 Abs. 1 S. 2 ZK ein solcher Verweis, sodass neben den gemeinschaftsrechtlichen Vorschriften auch nationale Regelungen Anwendung finden. Vor diesem Hintergrund wurden die §§ 10 ff. ZollVG erlassen[20]. In § 1 Abs. 3 ZollVG wird dies vom nationalen Gesetzgeber ausdrücklich hervorgehoben, dass gemeinschaftsrechtliche und nationale Regelungen gleichwertig nebeneinander treten und gemeinsam das für die Bundesrepublik geltende Zollrecht darstellen.

IV. Bedeutung der §§ 10 ff. ZollVG

Die Aufgabenstellung des Zolls – nämlich Sicherung der Zollbelange – hat sich in Anbetracht der Verwirklichung des EU-Binnenmarktes erheblich verändert. Während vormals Warenkontrollen an sämtlichen Außengrenzen der Bundesrepublik durchgeführt werden durften, sind die allgemeinen Befugnisse der zollamtlichen Überwachung stark eingeschränkt worden und auf die EU-Außengrenze zur Schweiz beschränkt. So notwendig die Entwicklung eines einheitlichen, unbeschränkten gemeinschaftlichen Warenverkehrs zwar für ein zusammenwachsendes Europa ist, begünstigt sie gleichwohl Zuwiderhandlungen gegen Zollvorschriften[21]. Diese Tendenz wird durch die Erweiterung der Europäischen Union noch verstärkt.

19 Grabitz/Hilf-*Voß*, Vor Artt. 23-27 EG Rn. 13.

20 Siehe BGBl. I 1992, S. 2125 vom 21.12.1992.

21 Siehe Die WELT vom 28.10.2004 („Zigarettenschmuggel nach Deutschland hat sich verdoppelt"); *Schwind*, § 31 Rn. 15, 53 ff.

Die Überwachung der Zollvorschriften ist vor diesem Hintergrund von besonderer Dringlichkeit. Allein mit den Bestimmungen des Zollkodexes wäre diese Aufgabe jedoch nicht zu bewältigen, da es an entsprechenden *Befugnis*normen im europäischen Gemeinschaftsrecht fehlt. Nationale Zollverwaltungs- und Zollüberwachungsvorschriften sind schon unter diesem Gesichtspunkt unabdingbar. Hinzutritt ein europaweit zersplittertes Steuersystem, insbesondere hinsichtlich der Verbrauchssteuern, sodass unter ökonomischen Gesichtspunkten Anreize zur Ausnutzung dieser Unterschiede geschaffen werden. Weil eine europaweite Harmonisierung der Steuersysteme – so wünschens- und erstrebenswert sie ist – mangels eines auf Gemeinschaftsebene praktisch brauchbaren Rechtssetzungsinstrumentariums nur schwer realisierbar ist[22], besteht auch insofern mehr denn je das Bedürfnis und die Notwendigkeit für eine nationale zollamtliche Überwachung. Hierin liegen die Legitimation und vor allem die wesentliche Bedeutung des Zollverwaltungsgesetzes.

V. Befugnisse

1. Anhalten und Identitätsfeststellung, § 10 Abs. 1 S. 1 und 2 ZollVG

Den Maßnahmekatalog der Kontrollbefugnisse für die Warenüberwachung bildet § 10 ZollVG. Nach § 10 Abs. 1 S. 1 und 2 ZollVG kann der Zoll zunächst im grenznahen Raum Personen anhalten, die Identität feststellen sowie nach § 10 Abs. 1 S. 4 ZollVG die Vorlage von Beförderungspapieren und Anzeige der Herkunft beförderter Waren verlangen. Das Anhalten von Personen und

22 Dazu ausführlich *Wirth*, S. 18 f.

Beförderungsmitteln impliziert, dass die Zollbediensteten entsprechende Zeichen (Ansprechen, Verwenden eines Signals, Gesten etc.) geben dürfen, um die Weiterfahrt des Betreffenden zu unterbinden[23]. Der Begriff des Beförderungsmittels ist dabei weit zu fassen und umfasst alle Sachen, die konkret zum Transport von Waren und Personen geeignet oder bestimmt sind[24].

Während diese Befugnisse in ihrem Umfang aus sich heraus verständlich sind, gilt das Augenmerk umso mehr den Voraussetzungen ihrer Anwendung: § 10 Abs. 1 ZollVG nennt keine expliziten Voraussetzungen, sondern legt lediglich die Eingriffsmöglichkeiten fest. Offensichtlich kann es deshalb für ein Einschreiten der Zollbediensteten nicht auf das Vorliegen irgendwelcher Anhaltspunkte, bestimmter Sachverhalte bzw. sonstiger Voraussetzungen ankommen. Ohne relevanten objektiven Anknüpfungspunkt erfolgt die Aufnahme von Ermittlungen daher unabhängig von konkreten Verdachtsmomenten, d.h. „verdachtslos“ und kann im grenznahen Bereich daher grundsätzlich jedermann treffen. Auf den ersten Blick scheint dies im Lichte der verfassungsrechtlichen Bestimmtheit (Art. 103 Abs. 2 GG) einer solchen Norm sowie in Ansehung rechtsstaatlicher Prinzipien nicht unbedenklich zu sein, wird doch für die Aufnahme von Ermittlungen herkömmlich ein Anfangsverdacht bzw. im Polizeirecht eine Gefahr gefordert. In der Literatur werden diese Bedenken teilweise knapp angesprochen, aber größere Diskussion auch genauso schnell wieder beiseite geschoben, indem pauschal auf die enumerative Aufzählung von Kontrollbefugnissen oder eine verfassungskonforme Auslegung verwiesen wird[25]. Hingegen entstehen bei anderen Autoren mit dem schlichten Hinweis auf das Primat einer effektiven Erfüllung der durch § 1

---

23 *Zimmermann*, in: Dorsch, Zollrecht, § 10 ZollVG Rn. 15.

24 *Zimmermann*, in: Dorsch, Zollrecht, § 10 ZollVG Rn. 15.

25 *Dannecker/Bürger*, wistra 2004, 81, 83.

ZollVG und Art. 37 ZK zugewiesenen Aufgaben bereits keinerlei Zweifel an der Verfassungsmäßigkeit der Befugnisnorm[26].

Richtig ist hieran, dass es bei einer derartigen Normkonzeption nur um das Primat der Aufgabenerfüllung der Zollüberwachung i.S.v. § 1 ZollVG bzw. Artt. 13, 37 ZK gehen kann. Dieser Gedanke wird von der elementaren Bedeutung der zollamtlichen Überwachung, wie sie vorstehend beschrieben wurde, getragen, dass die Zollverwaltungen der einzelnen Mitgliedsstaaten jegliche zollrechtlichen Kontrollmaßnahmen ergreifen dürfen, um die Einhaltung der Zollvorschriften zu gewährleisten. Die Anwendung der Befugnisse zu Gunsten der Sicherung der Zollbelange soll damit erleichtert werden. Korrespondierend tritt auch das besondere steuer-zollrechtliche Kontrollrecht nach § 210 Abs. 3 AO hinzu, das ebenfalls keine konkrete Verdachtslage erfordert. Auf diese Weise wird die zollamtliche Überwachung auch in steuerlicher Hinsicht entsprechend ergänzt.

Aus dem Vorrang der Aufgabenerfüllung folgt aber weiterhin, dass die Entscheidung für den Einsatz der Maßnahmen nach § 10 Abs. 1 ZollVG nur von dem persönlichen Motiv, der persönlichen Motivation und dem Willen des jeweiligen Zollbediensteten abhängt, ob jemand angehalten wird oder nicht. Weil es für das Anhalten bzw. die Identitätsfeststellung schlechterdings noch keine objektiven Anhaltspunkte für einen Verstoß gegen Zollvorschriften gegeben kann, kann es nur hierauf ankommen. Worin sollen mögliche Anhaltspunkte aber auch bestehen? Soll allein aufgrund der Nutzung eines bestimmten Fahrzeugtyps beim Grenzübertritt von Deutschland in die Schweiz z.B. der Verdacht für den Schmuggel von Zigaretten begründet werden? Sollen etwa das Aussehen und eine mögliche Herkunft der Insassen einen Anknüpfungspunkt für Ermittlungen wegen eines Verstoßes gegen Zollvorschriften auslösen

26 *Zimmermann*, in: Dorsch, Zollrecht, § 10 ZollVG Rn. 2.

dürfen? Gleichzeitig folgt aus einer solchen Konzeption von § 10 ZollVG aber auch – und dies wird verkannt, wenn kritiklos über dessen fehlende tatbestandliche Voraussetzungen hinweggegangen wird – eine Entscheidung zu Lasten der grundrechtlichen Freiheit des Bürgers, der danach per se einen Eingriff zu dulden hat.

2. Prüfung von Gepäck, Beförderungsmitteln und Ladung, § 10 Abs. 1 S. 5 ZollVG

Für das bloße Anhalten und die Identitätsfeststellung mag man ein voraussetzungsloses Tätigwerden der Zollbediensteten wegen möglicherweise geringer Eingriffsintensität noch hinnehmen[27], gravierender ist allerdings, dass darüber hinaus nach § 10 Abs. 1 S. 5 ZollVG das Gepäck, die Beförderungsmittel und die Ladung des Angehaltenen überprüft werden dürfen. Unter das „Gepäck" fallen dabei alle Waren, die einer bestimmten natürlichen Person zugeordnet werden können[28].

Das Vorgehen der Zollbediensteten nach § 10 Abs. 1 S. 5 ZollVG ist ebenfalls an keine Voraussetzungen geknüpft. Der Blick auf die eigentliche Dimension der „Überprüfung" darf jedoch durch die Begrifflichkeit nicht verstellt werden. Auch wenn der Gesetzeswortlaut von „Überprüfung" spricht, handelt es sich dabei tatsächlich um eine *Durchsuchung* von Sachen. Dies ergibt sich bereits aus der Interpretation des Wortlauts und dem tatsächlichen Gehalt der Maßnahme. Nichts anderes als eine Durchsuchung in der allgemein-strafprozessualen Terminologie stellt die „Überprüfung" nach § 10 Abs. 1 S. 5 ZollVG dar. Es ist auch nicht erkennbar, dass damit ein Weniger an Möglichkeiten als bei einer Durchsuchung

---

27 Dazu ausführlich unten Kap. D. II. 3. e) cc).

28 *Zimmermann*, in: Dorsch, Zollrecht, § 10 ZollVG Rn. 25. Zur Definition des Beförderungsmittels siehe oben Kap. B. V. 1.

kodifiziert ist. Dass der Begriff „Durchsuchung von Sachen", wie er in § 102 StPO verwandt wird, nicht benutzt wird, ist dabei unerheblich; entscheidend ist der materielle Gehalt der Regelung. Die Befugnis zur Durchsuchung von *Sachen* des Betroffenen, insbesondere des Pkw, ist unter diesem Blickwinkel in § 10 Abs. 1 S. 5 ZollVG zu verorten. Die *körperliche* Durchsuchung von Personen ist demgegenüber explizit in § 10 Abs. 3 ZollVG geregelt. Es könnte angesichts dieser Regelung zwar auch erwogen werden, die Kompetenz der Zollbediensteten zur Durchsuchung der Sachen des Betroffenen ebenfalls auf § 10 Abs. 3 ZollVG zu stützen und dies mit einem Erst-Recht-Schluss zu begründen: Wenn schon eine Befugnis zur körperlichen Durchsuchung von Personen besteht, dann muss diese als mildere Maßnahme auch die Möglichkeit zur Durchsuchung von Sachen einschließen. Wegen des eindeutigen Wortlauts von § 10 Abs. 3 ZollVG sowie des materiellen Gehalts von § 10 Abs. 1 S. 5 ZollVG ist eine solche Sichtweise jedoch abzulehnen.

Wenn man akzeptiert, dass es sich bei § 10 Abs. 1 S. 5 ZollVG um eine Durchsuchung handelt, dann müsste die Überprüfung der Sachen und des Pkw nach allgemeinen strafprozessualen Grundsätzen stets einen Anfangsverdacht sowie eine richterliche Anordnung voraussetzen, vgl. §§ 102, 105 Abs. 1 StPO, und dies nicht nur bei der Überprüfung von Schiffskabinen, Wohnwagen und Wohnteilen von Wohnmobilen, wie dies die zollrechtliche Literatur mit Blick auf Art. 13 Abs. 2 GG vertritt[29]. § 10 Abs. 1 S. 5 ZollVG erfordert jedoch weder einen Anfangsverdacht noch eine richterliche Anordnung. Ausschlaggebend für eine Durchsuchung der Sachen des Angehaltenen sind nur der Wille und die persönliche Entscheidung des Zollbediensteten. Dass dieser dabei das Übermaßverbot zu beachten habe[30],

29 *Zimmermann*, in: Dorsch, Zollrecht, § 10 ZollVG Rn. 24.

30 *Dannecker/Bürger*, wistra 2004, 81, 83; *Zimmermann*, in: Dorsch, Zollrecht, § 10 ZollVG Rn. 26.

ist eine inhaltsleere Forderung und versucht nur zum Schein, den strengen Anforderungen des Bundesverfassungsgerichts[31] an die Verhältnismäßigkeit einer Durchsuchungsmaßnahme zu genügen. Danach müsse die Durchsuchung in einem angemessenen Verhältnis zur Schwere der Straftat und zur Stärke des Tatverdachts stehen[32]. Vorliegend besteht bei der Einleitung einer Durchsuchung des Pkw und der Sachen des Betroffenen typischerweise noch nicht einmal ein Tatverdacht. Eine solche Regelung, die zu einem erheblichen Eingriff in die Freiheitssphäre des Betroffenen führt, ist deshalb nicht frei von verfassungsrechtlichen Bedenken. Spätestens an dieser Stelle darf nicht unbesehen über den wirklichen Charakter der Eingriffsbefugnisse des § 10 Abs. 1 ZollVG hinweggegangen werden.

3. Körperliche Durchsuchung, § 10 Abs. 3 ZollVG

Schließlich rundet § 10 Abs. 3 ZollVG den Befugniskanon der allgemeinen zollamtlichen Überwachung mit der Möglichkeit auch zur körperlichen Durchsuchung der angehaltenen Person ab. Danach können bei Vorliegen zureichender Anhaltspunkte, dass vorschriftswidrig Waren mitgeführt werden, die der zollamtlichen Überwachung unterliegen, auch körperliche Durchsuchungen angeordnet werden.

a) Begriff der Durchsuchung

Entscheidend hängt die Reichweite dieser Befugnis vom Begriff der „Durchsuchung" ab. Der Begriff der körperlichen Durchsuchung wird von § 10 Abs. 3 ZollVG nicht näher definiert. Dies ist freilich nicht sonderlich erstaunlich, da es sich hierbei um eine aus zahlrei-

---

31 BVerfGE 20, 162, 187; 42, 212, 220.

32 BVerfGE 20, 162, 187; 42, 212, 220.

chen anderen Zusammenhängen bekannte Maßnahme des Gefahrenabwehrrechts[33] bzw. Strafprozessrechts[34] handelt. Sie kann daher sowohl Element des präventiven als auch des repressiven Sicherheitsrechts im weitesten Sinne sein. Systematisch kann mithin auf diese allgemeinen Begriffsbestimmungen zurückgegriffen werden.

Danach ist die Durchsuchung primär von der Untersuchung abzugrenzen: Die Untersuchung ist auf den Zustand und die Beschaffenheit des Körpers selbst gerichtet und dient damit dem Auffinden von körperfremden Gegenständen im Körper*innern*[35]. Als taugliche Ermächtigungsgrundlage dienen hierfür die §§ 81a ff. StPO, wobei – so das Bundesverfassungsgericht – ein strenger Verhältnismäßigkeitsmaßstab anzulegen ist[36]. Im Unterschied dazu zielt die Durchsuchung auf die Entdeckung körperfremder Gegenstände *am* Körper, in der Kleidung bzw. in ohne weitere (medizinische) Hilfsmittel zugänglichen Körperstellen ab[37]. In diesem letztgenannten Sinne ist auch der Begriff der „körperlichen Durchsuchung" nach § 10 Abs. 3 ZollVG zu verstehen. Die Überprüfung von nicht am Körper getragener Kleidungsstücke fällt demnach unter § 10 Abs. 1 ZollVG, da es an einem unmittelbaren Bezug zum Körper des Angehaltenen fehlt.

---

33 Siehe dazu *Drews / Wacke / Vogel / Martens*, S. 201 ff.; *Götz*, § 22 Rn. 301 ff., 562.

34 Vgl. §§ 102 ff. StPO.

35 AK-*Wassermann*, § 81a Rn. 2 f.; *Meyer-Goßner*, § 81a Rn. 9a.

36 BVerfGE 16, 194, 202; 17, 108, 117; BVerfG NJW 1970, 505, 506.

37 *Meyer-Goßner*, § 102 Rn. 9; OLG Celle, NdsRpfl 1997, 162, 162 f. = NJW 1997, 2463, 2464, bejaht eine körperliche Durchsuchung der Mundhöhle, da es sich um eine natürliche Körperöffnung handelt; ebenso *Drews / Wacke / Vogel / Martens*, S. 201.

b) Zureichende tatsächliche Anhaltspunkte

Im Gegensatz zum voraussetzungslosen Tatbestand des § 10 Abs. 1 ZollVG erfordert eine körperliche Durchsuchung nach § 10 Abs. 3 ZollVG „zureichende tatsächliche Anhaltspunkte". Aufgrund des noch tiefer gehenden Eingriffs in die Persönlichkeitssphäre als bei einer Durchsuchung des Gepäcks, der Ladung und des Beförderungsmittels soll ein derartiger Eingriff nicht voraussetzungslos erfolgen. So sehr ein Bemühen um Begrenzung der verdachtslosen Ermittlungsbefugnisse hieran deutlich wird, so wenig hilfreich ist dieses Tatbestandsmerkmal allerdings.

aa) Maßstab des Anfangsverdachts, § 152 Abs. 2 StPO

Aus dem Wortlaut kann zwar abgeleitet werden, dass nur solche Anhaltspunkte das Recht zur körperlichen Durchsuchung erlauben, die sich auf konkrete Tatsachen stützen[38]. Doch bleibt fraglich, wann diese als „zureichend" qualifiziert werden können. Der Gesetzgeber gibt in dieser Hinsicht keine Wertungsmaßstäbe vor, mit deren Hilfe eine Orientierung erleichtert werden könnte.

Zimmermann legt den Schwerpunkt dieses Merkmals vor allem systematisch auf „tatsächlich" und fordert deshalb, dass aufgrund der objektiven Gegebenheiten das Vorliegen eines Zollrechtsverstoßes jedenfalls möglich sein müsse[39]. Dazu sei eine gewisse Wahrscheinlichkeit bereits ausreichend, einer überwiegenden bedürfe es nicht. Unbefriedigend an dieser Sichtweise ist aber, dass das Problem damit auf die Bestimmung einer „gewissen" Wahrscheinlichkeit verschoben wird.

Zur Konturierung des Begriffs der „zureichenden tatsächlichen Anhaltspunkte" bietet sich indes ein Rückgriff auf allgemein aner-

---

38 So zutreffend *Zimmermann*, in: Dorsch, Zollrecht, § 10 ZollVG Rn. 33.

39 *Zimmermann*, in: Dorsch, Zollrecht, § 10 ZollVG Rn. 33.

kannte strafrechtsdogmatische Grundsätze an. Aufgrund der Formulierung liegt es nahe, zunächst den Begriff „zureichende Anhaltspunkte" im Sinne eines strafrechtlichen Anfangsverdachts gemäß § 152 Abs. 2 StPO zu interpretieren. Dann müsste es aufgrund der (zoll-)kriminalistischen Erfahrung möglich erscheinen, dass gegen Zollvorschriften verstoßen und eine verfolgbare Straftat begangen wurde[40]. Um „zureichende Anhaltspunkte" zu bejahen, bedarf es also Indizien, die für den Zollbediensteten aufgrund seiner Erfahrung den konkreten Verdacht eines Zollrechtsverstoßes begründen. Bloße Vermutungen und Spekulationen reichen dafür nicht aus, es bedarf vielmehr einer konkreten Tatsachen- und Bewertungsgrundlage[41]. Gewonnen ist mit dieser Ausformung allerdings auch noch nicht viel. Vielmehr schließt sich die Frage an, wie Vermutungen von zollamtlicher Erfahrung abzugrenzen sind. Im Einzelfall ist diese Frage allerdings kaum zu beantworten. Es erfolgt lediglich eine Problemverlagerung, ohne dass das Merkmal der „zureichenden Anhaltspunkte" damit greifbarer geworden ist. Praktisch wird hier auch keine sinnvolle Grenze gezogen werden können. Teilweise wird es deshalb bereits als hinreichend angesehen, wenn „Erkenntnisse" oder „Hinweise" gegeben sind, dass in bestimmten Gebieten oder Verkehrswegen eine erhöhte Wahrscheinlichkeit für das Mitführen größerer Summen von Zahlungsmitteln besteht[42]. Diese Annahme wird man im grenznahen Raum aber typischerweise regelmäßig treffen können. Die Anknüpfung an „Erkenntnisse" und vor allem „Hinweise" senkt die Anforderungen an die Charakterisierung als „zureichend" in erheblichem Maße ab, sodass noch nicht einmal die Schwelle eines Anfangsverdachts erreicht sein muss. Insbesondere ob der zollamtlichen Überwachung

40 KK-*Schoreit*, § 152 Rn. 3; *Meyer-Goßner*, § 152 Rn. 4; *Freund*, GA 1995, 4, 13 f.

41 LR-*Beulke*, § 152 Rn. 22; SK-*Weßlau*, StPO, § 152 Rn. 17.

42 *Spatscheck/Alvermann*, BB 1999, 2107, 2109.

„Hinweise" vorliegen, ist kaum überprüfbar. Hierauf könnte eine Kontrolle stets gestützt werden: Es kann prinzipiell jede Einschätzung einer Situation durch die Zollbediensteten auf deren subjektive zollamtliche Erfahrung zurückgeführt werden, obwohl aufgrund bloßer Vermutungen und Spekulationen eine Durchsuchung angeordnet und durchgeführt wird. Tatsächlich ist dies dann aber das Eingeständnis, dass es auf einen Anfangsverdacht in Wirklichkeit nicht ankommen kann.

Dies verdeutlichen anschaulich folgende Beispiele: Nachdem eine Person an der Grenze angehalten und deren Identität festgestellt worden ist, könnte von den Zollbediensteten die Frage gestellt werden, ob Einwände gegen die Durchsuchung des Fahrzeugs bestehen. Wenn der Angehaltene diese Frage verneint, könnten die Zollbeamten die Schlussfolgerung ziehen, dass derjenige etwas zu verbergen habe. Nach zollkriminalistischer Erfahrung könnten damit schon „zureichende Anhaltspunkte" für die Annahme eines Verstoßes gegen Zollvorschriften bejaht werden, obwohl es sich in Wirklichkeit um eine bloße Vermutung handelt. Allein aufgrund der Antwort hat sich die objektive Tatsachenlage für den Zoll zur Einleitung weiterer Ermittlungen nicht verändert. Der Angehaltene hat in keiner Weise zu einer Verdachtsbegründung Anlass gegeben. Er war nicht verpflichtet, einer Durchsuchung zuzustimmen und auch nicht verpflichtet, eine solche zu dulden, da tatsächliche, objektive Anhaltspunkte, die diese rechtfertigen, vor seiner Antwort noch nicht vorlagen. Allein aus seiner verneinenden Antwort diese nun aber abzuleiten, würde das Erfordernis zureichender Anhaltspunkte für eine Durchsuchung allzu leicht umgehbar bzw. sogar obsolet machen.

Gleichermaßen zweifelhaft wird die Beurteilung, wenn der Kontrollierende z.B. eine ausgebeulte, prall gefüllte Tasche, ein tief liegendes Auto etc. wahrnimmt. Können daraus schon „zureichende Anhaltspunkte" für das Mitführen erheblicher Mengen zollpflichtiger Waren abgeleitet werden? Oder gibt es sogar eine zoll-kriminalistische Erfahrung, dass mit bestimmten Fahrzeugen regelmäßig Schmuggel betrieben wird? Man wird dies verneinen müssen. Denn ein Anfangsverdacht für § 373 AO ist aus der äußeren Beobachtung keineswegs begründbar. Bejaht man ein strafrechtlich relevantes Verhalten gemäß § 373 AO und damit einen Anfangsverdacht i.S.v. § 152 Abs. 2 StPO, liefe dies darauf hinaus, dass ein äußerlich sozialadäquates Verhalten – z.B. die Nutzung eines bestimmten Pkw oder Lkw etc. – als verdachtsbegründendes Moment verwandt würde. Wenngleich sich in neuerer Rechtsprechung der Bundesgerichtshof zwar in diesem Zusammenhang mit dem Beihilfevorsatz bei sozialüblichen Handlungen befasst und an diesen keine allzu hohen Anforderungen stellt, fordert er dennoch insofern zumindest eine bewusste Risikoerhöhung durch den Beihilfetäter, als dieser dem Haupttäter ein entscheidendes Tatmittel an die Hand gibt, wobei er davon ausgehen muss, dass dadurch die Haupttat verübt wird[43]. Von der Literatur wird diese sehr weite Rechtsprechung kritisiert, da sozialadäquates Verhalten pönalisiert werde[44]. Einschränkend erfordere eine Gehilfenstrafbarkeit zumindest ein Überschreiten des erlaubten Risikos, es bedürfe einer „Solidarisierung" des Gehilfen mit dem Täter[45].

Für einen Vorsatz des Angehaltenen gibt es aber überhaupt keine vernünftigen objektiven Anhaltspunkte, die ein äußerlich sozialübliches Verhalten rechtswidrig erscheinen ließen. Selbst bei entsprechend großzügiger Anwendung der Vorgaben des Bundesgerichtshofs wäre ein Anfangsverdacht nicht zu begründen. Die Annahme eines Anfangsverdachts hierauf zu stützen, wäre mit dem Rechtsstaatsprinzip nicht vereinbar. Vielmehr wäre die Bejahung der Möglichkeit eines strafrechtlichen Verhaltens mangels anderweitiger

43 BGH NJW 1996, 2517, 2518.

44 Siehe *Roxin*, JZ 1997, 210, 211; *Scheffler*, JuS 1997, 598, 599.

45 So insbesondere *Roxin*, a.a.O.

Indizien insoweit eine bloße Vermutung und damit zur Begründung eines Anfangsverdachts i.S.v. § 152 Abs. 2 StPO untauglich. Indem – offensichtlich – gleichwohl Kontrollen und Eingriffe als zulässig erachtet werden, können obige „Anknüpfungspunkte" also nur über die persönliche Einschätzung der Zollbeamten relevant werden. Ihre subjektive Einschätzung entscheidet darüber, ob sie jemanden anhalten und ggf. weitere Maßnahmen einleiten oder nicht[46]. Es gilt Gleiches wie im ersten Beispielsfall[47]. Anhand derartiger äußerer Umstände bewegt sich der Zollbedienstete im Bereich der Vermutungen. Mit Hilfe der für einen Anfangsverdacht entwickelten Maßstäbe ist eine Bestimmung „zureichender Anhaltspunkte" daher nicht möglich.

bb) „Willkür" als Grenze der Beurteilung „zureichender Anhaltspunkte"

Vom Wortlaut her ist es indessen aber auch nicht zwingend geboten, dass eine Orientierung an den Voraussetzungen eines Anfangsverdachts zu erfolgen hat. Die Formulierung „zureichende tatsächliche Anhaltspunkte" ist insofern weiter gefasst, als es auch genügt, dass lediglich die *Möglichkeit* eines Verstoßes gegen Zollvorschriften besteht. Da im jeweiligen Einzelfall ein entsprechendes Vorgehen aber – wie gesehen – stets auf die *persönliche* Erfahrung der Zollbeamten gestützt werden kann, ist fraglich, wie das Merkmal der „zureichenden Anhaltspunkte" seine begrenzende Funktion dann überhaupt entfalten soll, wenn man es nicht vollends aufgeben will. Die vollkommene Nichtbeachtung wäre allerdings weder mit dem Willen des Gesetzgebers, der eine klare Differen-

46 Flankiert werden diese Vorgehensmöglichkeiten durch entsprechende Ordnungswidrigkeitstatbestände nach § 31a ZollVG, die die Durchsetzung der dem Kontrollierten obliegenden Pflichten zusätzlich erleichtern sollen.

47 Siehe Kap. A. I.

zierung zwischen § 10 Abs. 1 und § 10 Abs. 3 ZollVG vorgegeben hat, noch mit dem persönlichen Schutzinteresse des Betroffenen vor einer körperlichen Durchsuchung vereinbar.

(1) Strafprozessuale Maßgaben zur Durchsuchungsanordnung

Der einleitend diskutierte zweite Beispielsfall[48] wird in der Praxis regelmäßig zu einer Durchsuchung führen. Dies ist im Ergebnis auch richtig; mit den bisher entwickelten Maßstäben allerdings nicht zu erklären. Es ist zur Entwicklung eines tauglichen Erklärungsmodells hierzu hilfreich, auf die allgemeinen Durchsuchungsgrundsätze der Strafprozessordnung zurückzugreifen. Wenn für eine Durchsuchung nach § 10 Abs. 3 ZollVG diese gerade Geltung beanspruchen sollen[49], dann muss die Grenze für die Anordnung einer körperlichen Durchsuchung durch den Zoll auch entsprechend abgeleitet werden. Auffällig ist bei einer solchen Betrachtung zunächst, dass es einer richterlichen Durchsuchungsanordnung, wie sie den Regelfall in § 105 Abs. 1 StPO darstellt, für eine Durchsuchung nach § 10 Abs. 3 ZollVG nicht bedarf. Die Zollbediensteten können diese Anordnung selbst treffen. In den §§ 102 ff. StPO stellt die nicht-richterliche Durchsuchungsanordnung durch die Staatsanwaltschaft und ihre Hilfsbeamten hingegen die Ausnahme dar und erfordert das Vorliegen von Gefahr im Verzug (§ 105 Abs. 1 S. 1 StPO). Die Umkehrung dieser Verhältnisse im Rahmen von § 10 Abs. 3 ZollVG, dass die nicht-richterliche Durchsuchungsanordnung der Regelfall ist, ist jedoch möglicherweise hinzunehmen, wenn die allgemeinen Durchsuchungsgrundsätze und verfassungsrechtlichen Vorgaben nicht entgegenstehen sowie bei der Grenzkontrolle eine vergleichbare Situation wie bei Gefahr im Verzug anzunehmen ist.

---

48 Siehe Kap. A. I.

49 Vgl. Kap. B. V. 3. a).

Die Beurteilung von Gefahr im Verzug unterliegt – so das Bundesverfassungsgericht in ständiger Rechtsprechung – voller richterlicher Überprüfung und muss in einer Hauptverhandlung zur Nachvollziehbarkeit des Gerichts hinreichend konkretisiert werden[50]. Dabei wird zunächst immer versucht werden müssen, einen Ermittlungsrichter für die Anordnung einer Durchsuchung zu erreichen, um Gefahr im Verzug annehmen zu können. Zur Einrichtung eines Eil- und Notdienstes – und damit einer jederzeitigen Erreichbarkeit – sind die Gerichte nach Auffassung des Bundesverfassungsgerichts von Verfassungs wegen verpflichtet[51]. Auch in der Masse der Alltagsfälle müsse die in der Verfassung vorgesehene „Verteilung der Gewichte"[52], nämlich die Regelzuständigkeit des Richters, gewahrt bleiben. Nur so könne der Ausnahmecharakter der Anordnung einer Durchsuchung durch die Staatsanwaltschaft oder die Polizei gewahrt und der gesetzliche Regelfall der richterlichen Anordnung vor der Aushöhlung bewahrt werden. Wie das Bundesverfassungsgericht formuliert, ist der Richtervorbehalt für die Durchsuchung die Regel und die nicht-richterliche Anordnung die Ausnahme. Sofern ein besonders schwerwiegender Verstoß gegen diese Grundsätze vorliegt, ist die Anordnung rechtsfehlerhaft[53]. Von besonderer Schwere ist ein Verstoß insbesondere dann, wenn die Anordnung der Durchsuchung durch die Staatsanwaltschaft bzw. die Polizei entweder ohne vorheriges richterliches Ersuchen oder willkürlich oder unter vorsätzlicher bzw. grob fahrlässiger Missachtung von Verfahrensvorschriften getroffen wurde. Dann ist von der Unwirksamkeit einer solchen Anordnung auszugehen und ein Beweisverwertungsverbot für sämtliche dabei erlangten Beweismittel und Funde die Folge[54].

---

50 BVerfG StV 2001, 207, 211; NJW 2002, 1333, 1333.

51 BVerfG StV 2001, 207, 210.

52 BVerfGE 95, 1, 15.

53 BVerfG StV 2001, 207, 207, 212; siehe auch BVerfG NJW 1999, 273, 274.

54 BVerfG StV 2002, 113, 113; OLG Koblenz, NStZ 2002, 660, 661.

(2) Übertragung auf § 10 Abs. 3 ZollVG

Diese Maßgaben sind auf § 10 Abs. 3 ZollVG entsprechend übertragbar. Bei § 10 Abs. 3 ZollVG darf der Zoll und in seinem Auftrag damit auch der Bundesgrenzschutz die Anordnung einer Durchsuchung bei tatsächlich zureichenden Anhaltspunkten unmittelbar selbst treffen, da eine vergleichbare Situation wie bei Gefahr im Verzug vorliegt. Dies resultiert aus einer vergleichbaren Eilbedürftigkeit der Durchsuchungsmaßnahme. Die Grenzsituation ist gleichermaßen durch ihre Unwiederholbarkeit geprägt und erfordert ein sofortiges Einschreiten.

Nach den Vorgaben des Bundesverfassungsgerichts wäre Gefahr im Verzug aber nur gegeben, wenn kein Richter erreichbar wäre. In der Praxis wird von den Zollbediensteten allerdings keineswegs versucht, die Anordnung des zuständigen Ermittlungsrichters zu erlangen. Die Zollpraxis steht zur Rechtsprechung des Bundesverfassungsgerichts dennoch nicht im Widerspruch: Eine Verletzung des verfassungsrechtlich implementierten Gebots einer Kontrolle durch den Richter gemäß Art. 13 Abs. 2 GG ist nicht gegeben. Denn zu beachten ist, dass die Entscheidungen des Bundesverfassungsgerichts insoweit zu Wohnungsdurchsuchungen ergangen sind. Wegen der überragenden Bedeutung des Wohnungsgrundrechts gilt es hier, einen besonderen Grundrechtsschutz für den Bürger zu gewährleisten. Bei der Durchsuchung nach § 10 Abs. 1 S. 5 und Abs. 3 ZollVG geht es jedoch darum gerade nicht, als vielmehr um die Durchsuchung des Beförderungsmittels und der Person, die nicht unter den Schutzbereich von Art. 13 Abs. 1 GG fallen[55]. Ein vergleichbarer Richtervorbehalt findet sich zwar in Artt. 2 Abs. 2, 104 GG, jedoch ist das Grundrecht der Freiheit der Person ebenfalls nichts einschlägig[56]. Eine Übertragung der stren-

---

55 Siehe dazu ausführlich Kap. D. I.

56 Siehe Kap. D. II. 1. c) cc).

gen Anforderungen des Bundesverfassungsgerichts hinsichtlich der vorherigen Erreichung des Ermittlungsrichters auf den vorliegenden Fall ist daher nicht geboten. Etwas anderes gilt natürlich, um dem verfassungsrechtlichen Richtervorbehalt des Art. 13 Abs. 2 GG zu entsprechen, sofern z.B. Schiffskabinen, Wohnmobile durchsucht werden sollen. Dann müsste zunächst eine richterliche Anordnung einzuholen versucht werden.

Dabei darf gleichwohl nicht verkannt werden, dass mit einer Durchsuchung der Person nach § 10 Abs. 3 ZollVG ein erheblicher Grundrechtseingriff einhergeht. Dem Rechtsschutz für den Bürger wird aber dadurch hinreichend Rechnung getragen, dass eine *Willkür*begrenzung und die volle gerichtliche Überprüfbarkeit gewährleistet sind. Somit darf eine körperliche Durchsuchung nach § 10 Abs. 3 ZollVG jedenfalls auch ohne vorheriges Ersuchen an einen Ermittlungsrichter durchgeführt werden, sofern nicht willkürlich zureichende tatsächliche Anhaltspunkte angenommen werden oder offensichtlich eine Durchsuchung aussichtslos ist. Sollte dennoch nach § 10 Abs. 3 ZollVG durchsucht werden, dann ist hier konsequenterweise ein Verwertungsverbot aufgrund einer Abwägung unter Berücksichtigung der widerstreitenden Interessen im Sinne der (erweiterten) Rechtskreistheorie[57] anzunehmen.

(3) Begriffsbestimmung von „Willkür"

Der Begriff der „Willkür" ist in diesem Zusammenhang allerdings greifbar zu machen, um nicht selbst dem Vorwurf ausgesetzt zu sein, bloß eine weitere Floskel bzw. „leere Hülle" darzustellen. Nach allgemeinem Verständnis wird eine Maßnahme als willkürlich bezeichnet, wenn sich unter Berücksichtigung der Eigenart des jeweiligen Sachverhalts für das konkrete Handeln kein einsichtiger Grund bzw.

57 Vgl. dazu BGHSt 11, 213, 216.

keine ernsthafte Erwägung finden lässt[58]. Demzufolge wäre eine willkürliche Maßnahme bezogen auf die vorliegende Konstellation dann anzunehmen, wenn der Zollbedienstete nicht *nachvollziehbar* und *begründet* darlegen kann, warum – trotz fehlenden Anfangsverdachts – eine körperliche Durchsuchung des Angehaltenen von ihm angeordnet und durchgeführt wurde. Eine körperliche Durchsuchung allein auf die persönliche Motivation zu stützen, wäre nicht ausreichend. Zwar wird die jeweilige Motivationslage des Zollbediensteten die Durchsuchung mit auslösen und beeinflussen, allerdings bedarf es insoweit eines logischen bzw. tatsächlichen Anknüpfungspunktes. Zumindest eine begründete Vermutung ist insoweit zu fordern.

(4) Zwischenergebnis

Das Merkmal „zureichende Anhaltspunkte" ist damit insgesamt nur eingeschränkt tauglich, um ein Vorgehen nach § 10 Abs. 3 ZollVG im Interesse der Betroffenen zu begrenzen. Es wird demgegenüber typischerweise so sein, dass Anhalten, Identitätsfeststellung und Durchsuchung fließend ineinander übergehen und kaum voneinander getrennt werden können – im Anhalten ist das gesamte weitere Kontrollgeschehen praktisch bereits angelegt. Die Durchsuchung ist damit – praktisch gesehen – letztlich genauso wenig wie das Anhalten und die Identitätsfeststellung von konkreten objektiven Voraussetzungen abhängig, sondern im Unterschied dazu einzig durch eine Willkürkontrolle im vorstehend skizzierten Umfang begrenzbar. Das Erfordernis „zureichender tatsächlicher Anhaltspunkte" hat nur Alibi-Funktion, um eine erhöhte Eingriffsintensität zu rechtfertigen – de facto ist es nicht hinreichend konkretisierbar, sodass der Betroffene nur vor willkürlichen Maßnahmen geschützt werden kann.

58 BVerfGE 52, 264, 273; 75, 108, 157; 80, 109, 118; ferner ausführlich m.w.N. Isensee/Kirchhof-*Kirchhof*, Band V, § 124 Rn. 91.

c) Übertragbarkeit auf § 10 Abs. 1 S. 5 ZollVG

Die eben entwickelten Maßstäbe sind auf die Überprüfung nach § 10 Abs. 1 S. 5 ZollVG, d.h. die Durchsuchung des Pkw, entsprechend zu übertragen. Zwar liegt die Eingriffintensität nicht so hoch wie bei der körperlichen Durchsuchung gemäß § 10 Abs. 3 ZollVG, doch wird auch hierbei in erheblichem Maße in die Privatsphäre des Bürgers eingegriffen. Aufgrund der verfassungsgerichtlichen Vorgaben muss in jedem Falle insoweit auch zumindest das sofortige Einschreiten von den Zollbediensteten begründet werden, damit eine gerichtliche Überprüfung möglich ist. Ein vorheriges Erreichen des Ermittlungsrichters braucht man hier erst recht nicht zu fordern, wenn es schon für § 10 Abs. 3 ZollVG nicht erforderlich ist. Allerdings ist eine gerichtliche Überprüfung auf Willkür als Begrenzung der zollamtlichen Befugnisse hier gleichermaßen notwendig. Die Eingriffsintensität liegt nicht so weit unterhalb der einer körperlichen Durchsuchung, dass darauf verzichtet werden könnte.

4. Zollamtliche Überwachung außerhalb des grenznahen Raumes, § 10 Abs. 2 ZollVG

Über den grenznahen Raum hinaus eröffnet § 10 Abs. 2 ZollVG örtlich und zeitlich begrenzte Kontrollen nach § 10 Abs. 1 ZollVG, wenn Grund zu der Annahme besteht, dass Waren, die der zollamtlichen Überwachung nach dem gemeinschaftlichen Zollrecht oder diesem Gesetz unterliegen, von Personen oder in Beförderungsmitteln mitgeführt werden. Damit sind faktisch im gesamten Bundesgebiet Kontrollen nach § 10 Abs. 2 ZollVG zulässig[59]. Nach Ansicht des Bundesministeriums für Finanzen besteht „Grund zu der Annahme" schon dann, wenn aufgrund allgemeiner zöllnerischer Erfahrung an bestimmten Orten in verstärktem Maße mit einem

---

59 *Zimmermann*, in: Dorsch, Zollrecht, § 10 ZollVG Rn. 29.

überwachungsbedürftigen Sachverhalt zu rechnen ist[60]. Erforderlich ist dafür ein gehäuftes Auftreten von grenzüberschreitender Delinquenz an bestimmten Orten. Dies wird man regelmäßig nur in einem erweiterten grenznahen Raum annehmen können und keineswegs in der gesamten Bundesrepublik.

60 BMF vom 27.10.1998, III B 1 – Z 07 01 – 12/98.

C. Besondere Befugnisse der Zollverwaltung zur Überwachung des grenzüberschreitenden Bargeldverkehrs

I. Anzeige und Darlegung der Herkunft von Bargeld, § 12a Abs. 1 ZollVG

Nach § 12a Abs. 1 ZollVG haben Personen auf Verlangen der Zollbediensteten Bargeld und gleichgestellte Zahlungsmittel, die sie in das, aus dem und durch das Zollgebiet der Europäischen Gemeinschaft verbringen, ab einem Gesamtwert von 15.000 € anzuzeigen sowie die Herkunft und den Verwendungszweck anzugeben.

1. Entstehungsgeschichte

Durch Gesetz vom 20. Dezember 2001 wurden die Befugnisse zur Überwachung des Bargeldverkehrs aus dem Finanzverwaltungsgesetz in das Zollverwaltungsgesetz umgegliedert, zusammengefasst und neu geordnet[61]. In diesem Rahmen wurden die §§ 12a ff. FVG, die durch das Gesetz zur Verbesserung der Bekämpfung der Organisierten Kriminalität (OrgKG) vom 4. Mai 1998 eingeführt wurden[62], in das Zollverwaltungsgesetz eingegliedert. Der bisherige § 12a Abs. 1 FVG a.F. wurde als Aufgabennorm und Zweck der Zollüberwachung in § 1 Abs. 3c ZollVG eingefügt. Ebenso wortlautidentisch wurde in § 12a Abs. 1 S. 1 ZollVG der § 12a Abs. 2 FVG a.F. übernommen, dessen Zielsetzung die Verhinderung und Verfolgung der Geldwäsche i.S.d. § 261 StGB durch die Überwachung des grenz-

61 BGBl. I 2001, S. 3714 ff.

62 BGBl. I 1998, S. 845, 848 f.; BT-Drs. 13/8651, S. 18.

überschreitenden Bargeldverkehrs war. An diesem Normzweck hat der Gesetzgeber weiterhin festgehalten: Ziel war und ist eine verbesserte und effizientere Bekämpfung der organisierten Kriminalität, wofür § 12a FVG a.F. geschaffen wurde[63].

Es sollte damit insbesondere Bestrebungen begegnet werden, Gewinne aus der Begehung von Straftaten in körperlicher Form über die Grenze zu verbringen, um auf diese Weise deren tatsächliche bemakelte Herkunft zu verschleiern[64]. Dass vermehrt auf diese Wege durch die organisierte Kriminalität ausgewichen werden würde, bedingen die strengen Vorschriften des Geldwäschegesetzes im Hinblick auf umfangreiche Meldepflichten von Kredit- und Finanzinstituten bei verdächtigen Transaktionen bzw. bei Transfers ab einer bestimmten Höhe[65]: Gemäß § 2 Abs. 1 GwG haben Kreditinstitute bei Annahme oder Abgabe von Bargeld, Wertpapieren i.S.d. § 1 Abs. 1 DepotG oder Edelmetallen im Wert von 15.000 € oder mehr die Pflicht zur Identifizierung der auftretenden Person. Gleiches gilt auch, wenn mehrere Transaktionen durchgeführt werden, die zusammen einen Betrag von mindestens 15.000 € ausmachen und Anhaltspunkte dafür vorliegen, dass zwischen ihnen eine Verbindung besteht. Durch § 3 GwG werden diese allgemeinen Identifizierungspflichten auf weitere Personengruppen erstreckt. Namentlich Rechtsanwälte, Notare, Wirtschaftsprüfer, Steuerberater, Immobilienmakler, aber auch Versicherungen, Autohändler, Juweliere und Spielbanken sind danach meldepflichtig[66].

---

63 § 12a FVG a.F. wurde eingefügt durch das Gesetz zur Verbesserung der Bekämpfung der organisierten Kriminalität vom 4.5.1998, BGBl. I 1998, S. 845, 848 f. und BT-Drs. 13/8651. Geändert wurde die Norm durch Gesetz vom 22.12.1999, BGBl. I 1999, S. 2601, 2621 f., in Abs. 2 S. 3 und 4 sowie Abs. 3 S. 1 und 2.

64 *Beckemper/Wegner*, wistra 2003, 36, 37; *Wegner*, PStR 2002, 246, 248.

65 Siehe *Kindshofer*, PStR 2001, 128, 128 f.

66 Detailliert dazu *Hetzer*, ZRP 2002, 407, 408 f.

Die Notwendigkeit für die Schaffung der §§ 12a ff. FVG bzw. §§ 12a ff. ZollVG lag damit zur Schließung von Umgehungsmöglichkeiten nahe. Sie ergab sich aber ebenso aufgrund einer bereits latent bestehenden Neigung zum Bargeldtransport ins europäische Ausland, die durch den Wegfall der Binnengrenzkontrollen noch verstärkt wurde[67].

2. Normzweck

Mit § 1 Abs. 3a und 3c ZollVG hat somit eine explizite Erweiterung der Aufgabenzuweisung der Zollverwaltung stattgefunden, die über ihre bisherigen Aufgaben der Überprüfung des Warenverkehrs gemäß § 1 Abs. 1, 2 und 3 ZollVG hinausgeht. Das Aufgabenfeld der Zollüberwachung beschränkt sich demnach nicht mehr nur auf Verfolgung und Ahndung grenzüberschreitender, internationaler Kriminalität im Rahmen des Warenverkehrs, sondern wird gleichermaßen nunmehr auf die Bekämpfung der Geldwäsche ausgeweitet. Geldwäsche ist das Einschleusen von Vermögenswerten aus bestimmten kriminellen Handlungen in den legalen Finanzkreislauf zum Zwecke der Tarnung[68]. Davon unberührt bleibt grundsätzlich die Bekämpfung der Steuerhinterziehung, wie sich aus der Aufgabenzuweisung des § 1 Abs. 3c ZollVG ergibt. Darüber hinaus sieht § 12a Abs. 3 S. 3 ZollVG sogar die Möglichkeit der Datenübermittlung an die Finanzbehörden zu diesem Zweck vor[69].

Dem Bargeldverkehr gleichgestellt werden allerdings gemäß § 1 Abs. 3a ZollVG Wertpapiere i.S.d. § 1 Abs. 1 DepotG und Papiere gemäß § 808 BGB, d.h. hinkende Inhaberpapiere bzw. qualifizierte

---

67 Vgl. BT-Drs. 13/8651, S. 20.

68 BT-Drs. 12/9879, S. 26; Sch/Sch-*Stree*, § 261 Rn. 1; *Lackner/Kühl*, § 261 Rn. 2; *Tröndle/Fischer*, § 261 Rn. 4.

69 Zur Problematik dieser Norm siehe Kap. E.

Legitimationspapiere[70], sowie Schecks, Wechsel, Edelsteine und Edelmetalle. Diese Gleichbehandlung mit dem Bargeld rechtfertigt sich aus der schnellen Umwandlungs- und Veräußerungsmöglichkeit, was diese Papiere und Gegenstände im erhöhten Maße als Anlage- und Schmuggelobjekte interessant macht[71]. Diese Betrachtung zeigt, dass die „Bargeldüberwachung" weit zu verstehen ist und auch mit dem Bargeld vergleichbare Gegenstände und Anlagen umfasst. Es können keine Zweifel daran bestehen, dass der Zollüberwachung diese umfassenden Überwachungsmöglichkeiten des Waren- sowie des Bargeldverkehrs im weitesten Sinne zu Recht zugewiesen sind. Dem Gesetzgeber kommt für eine derartige Aufgaben- und Befugniszuweisung ein Beurteilungsspielraum zu, den er zutreffend ausgeübt hat: Entscheidend kommt es insoweit auf den materiellen Gehalt der Normen an. Geldwäsche und internationale Kriminalität können typischerweise jedenfalls nicht voneinander getrennt werden – Geldwäsche ist gerade eine besondere Ausprägung und Erscheinungsform organisierter und grenzüberschreitender Kriminalität. Dies belegt die Überlegung, dass beim illegalen Verbringen von Waren und Bargeld – z.B. durch Schmuggel – neben der Verkürzung von Steuern auch regelmäßig der Tatbestand des § 261 StGB verwirklicht wird, da in der Regel eine gewerbsmäßige Steuerhinterziehung nach § 370a AO taugliche Vortat ist. Verstöße gegen die §§ 370 ff. AO gehen mit Geldwäsche und organisierter Kriminalität typischerweise einher, sodass eine Bündelung und Zusammenfassung der Ermittlungsbefugnisse überzeugend ist.

70 Ausführlich Staudinger-*Marburger*, § 808 Rn. 1 ff.

71 BT-Drs. 13/8651, S. 18.

3. „Verbringen“ von Bargeld und gleichgestellten Zahlungsmitteln

Die Befugnis der Zollbediensteten und der Beamten des Bundesgrenzschutzes nach § 12a Abs. 1 S. 1 ZollVG, von Personen bei der Ausfuhr oder Durchfuhr von 15.000 € oder mehr bzw. dem Bargeld gleichgestellten Zahlungsmitteln durch das Gebiet der Europäischen Gemeinschaft die Anzeige und Darlegung von deren Herkunft zu verlangen, setzt lediglich voraus, dass ein „Verbringen“ vorliegt. Im Übrigen bedarf es keiner weiteren Voraussetzungen. Das Recht der Zollbediensteten zum Anhalten muss als Annexbefugnis mit umfasst sein[72], wenn schon die Anzeige verlangt werden kann. Andererseits ergibt sich das Recht zum Anhalten auch aus der Verweisung in § 12a Abs. 1 S. 4 ZollVG auf § 10 Abs. 1 ZollVG. Aus dem Wortlaut „kann … verlangen“ wird ferner deutlich, dass für das Mitführen von 15.000 € oder mehr eine Anzeigepflicht des Kontrollierten besteht, wenn er danach gefragt wird. Umgekehrt folgt daraus, dass weder eine grundsätzliche Selbstanmeldepflicht und noch eine Anzeigepflicht bei Mitführung von bezeichneten Zahlungsmitteln im Wert unter 15.000 € besteht[73].

Zu bestimmen ist, wann ein „Verbringen“ i.S.v. § 12a Abs. 1 ZollVG vorliegt. In den bisherigen Kommentierungen wurde mit diesem Begriff keinerlei Problematik verbunden. Schließlich existierte ein anerkanntes zollrechtliches Verständnis von „Verbringen“. Demzufolge bedeutet „Verbringen“ das tatsächliche Gelangen einer Ware aufgrund eines von einem Menschen getragenen

---

72 Vgl. allgemein zu den Annexbefugnissen bei einer körperlichen Untersuchung nach § 81a StPO OLG Dresden, NJW 2001, 3643; zu § 100c StPO BGH NJW 1997, 2189; NJW 2001, 1658.

73 *Schmieszek* in: Hübschmann/Hepp/Spitaler, § 12a FVG a.F. Rn. 17; *Wegner*, PStR 2002, 246, 248

Willens in das Zollgebiet[74]. Neben einem objektiven Element – dem tatsächlichen Gelangen – ist auch immer eine subjektive Komponente – ein entsprechender Handlungswille – erforderlich. Für das Mitführen von Bargeld kann nichts anderes gelten. Ob Waren oder Bargeld ein- bzw. ausgeführt werden, kann keinen Unterschied für die Definition machen.

Zweifelhaft ist die Auslegung des Begriffs jedoch durch den eingangs skizzierten Beschluss des Oberlandesgerichts Karlsruhe vom 24. September 2002 geworden: Im Rahmen einer Grenzkontrolle nach § 12a Abs. 2 FVG a.F. (= § 12a Abs. 1 ZollVG) wurde ein Ehepaar angehalten und die Ehefrau als Beifahrerin nach dem Mitführen von Bargeld befragt. In ihrer Handtasche auf dem Rücksitz des Pkw befanden sich 55.000 DM, sodass die zulässige Grenze von seinerzeit 30.000 DM – jetzt 15.000 € – überschritten war[75]. Trotz mehrmaligen Nachfragens des Zollbeamten verschwieg die Ehefrau bewusst und gewollt, dass sich in ihrer Handtasche eine entsprechende Bargeldsumme befand. Später berief sie sich darauf, dass ihrem Ehemann, dem Fahrer, und ihr diese 55.000 DM gemeinschaftlich gehörten, sodass sie keine Angabe nach § 12a Abs. 2 FVG a.F. (= § 12 Abs. 1 ZollVG) machen musste, da der ihr zuzurechende Betrag unter der seinerzeit maßgeblichen Grenze der Meldepflicht lag.

Das Oberlandesgerichts Karlsruhe hatte folglich die Frage zu entscheiden, ob bei der Ehefrau ein „Verbringen" im zollrechtlichen Sinne hinsichtlich der gesamten *oder* nur der hälftigen Bargeldsumme vorlag. Legt man die herkömmliche zollrechtliche Definition zugrunde, wird an dem objektiven Element kein Zweifel bestehen. Entscheidend kommt es also auf den Willen des Befragten an. Mit der bisher vorherrschenden Meinung müsste man zunächst

---

74 *Kock*, in: Dorsch, Zollrecht, Art. 37 ZK Rn. 23; Schwarz/Wockenfoth-*Schwarz*, Art. 37 ZK Rn. 13; Witte-*Kampf*, Art. 37 ZK Rn. 3.

75 OLG Karlsruhe, wistra 2003, 36, 36.

einen entsprechenden Willen annehmen, wenn der Befragte von dem Geld weiß. Wenn er mitfährt und Kenntnis von den Zahlungsmitteln hat, dann hat auch er den Willen, diese über die Grenze zu bringen. Andere Kriterien gibt diese Sichtweise nicht an die Hand. Friktionen entstehen aber, wenn die Zahlungsmittel einem Dritten gehören, dieser ebenfalls mitfährt und gerade im eigenen Interesse die Zahlungsmittel über die Grenze befördert, wie im vorliegenden Fall. Dann würde es an einer tatsächlichen Einflussmöglichkeit des Befragten auf dieses Geld fehlen. Dieser Gesichtspunkt wäre im zollrechtlichen Begründungsansatz jedoch irrelevant. Obwohl eine mögliche Anzeigepflicht auf Nachfragen nicht in den Verantwortungsbereich des Befragten fällt, müsste auch in dieser Konstellation ein Verbringungswille bejaht werden. Dies kann nicht überzeugen. Über die Anzeige kann und muss allein derjenige entscheiden, dem die Herrschaftsbefugnis zugewiesen ist.

Hiervon ist richtigerweise – ohne nähere Begründung allerdings – auch das Oberlandesgericht Karlruhe ausgegangen und hat für das „Verbringen" i.S.d. § 12a Abs. 2 FVG a.F. bzw. § 12a Abs. 1 ZollVG n.F. im Gegensatz zum vorherrschenden zollrechtlichen Verständnis zusätzlich eine von einem natürlichen Herrschaftswillen getragene Sachherrschaft über den anzeigepflichtigen Geldbetrag gefordert[76]. Die Frage nach dem „Verbringen" beurteilt sich mithin nach den jeweiligen Gewahrsamsverhältnissen. Der Begriff des Gewahrsams bei § 12a Abs. 1 ZollVG korrespondiert dabei – wie *Beckemper / Wegner* zutreffend feststellen – mit dem des § 242 Abs. 1 StGB[77]. Demzufolge wird vom Oberlandesgericht Karlsruhe bei der Ehefrau Alleingewahrsam und mithin ein „Verbringen" aufgrund ihrer tatsächlichen Sachherrschaft über die Handtasche und ihren gesamten Inhalt bejaht. Dies ist indes fehlerhaft. Vielmehr ist

76 OLG Karlsruhe, wistra 2003, 36, 36.

77 *Beckemper / Wegner*, wistra 2003, 36, 37.

ein Mitgewahrsam beider Ehegatten über den Handtascheninhalt anzunehmen, wenn man die Umstände des gesamten Geschehens stärker akzentuiert und berücksichtigt, dass sich die Ehegatten mehrere Hundert Kilometer von ihrem Wohnort entfernt befunden haben, sich die Handtasche im Pkw befindet und deshalb beide auch den Gewahrsam gemeinschaftlich ausüben wollen[78].

Die Sichtweise, dass das „Verbringen" von Bargeld und gleichgestellten Zahlungsmitteln neben einem natürlichen Herrschaftswillen zur Mitführung auch eine tatsächliche Sachherrschaft, mithin „Gewahrsam" i.S.v. § 242 Abs. 1 StGB erfordert, ist im Gegensatz zur bisher vorherrschenden Ansicht der vorzugswürdige Ansatz. Eine tragfähige Begründung liefern sowohl der Beschluss des Oberlandesgerichts Karlsruhe als auch die Anmerkung von *Beckemper / Wegner* jedoch nicht. Die Erklärung liegt aber – wie eben ausgeführt – in der Anzeigepflicht ab einem Wert von € 15.000 verankert. Allein auf den Willen des Betroffenen abzustellen, ohne dass dieser eine tatsächliche Beziehung zu der Wertsumme bzw. eine Einwirkungsmöglichkeit auf diese hat, wäre zu weitgehend. Eine Anzeige*pflicht*, also ein aktives Handeln, trifft nur denjenigen, der auch eine tatsächliche Herrschaftsbeziehung zu der Sache hat.

4. Anwendbarkeit der Befugnisse von § 10 Abs. 1 und 3 ZollVG

Um die Feststellung, ob der Befragte eine bestimmte Bargeld- bzw. Zahlungsmittelsumme bei sich führt, auch tatsächlich treffen zu können, ordnet § 12a Abs. 1 S. 4 ZollVG die Anwendung des § 10 ZollVG an.

---

78 *Beckemper / Wegner*, wistra 2003, 36, 37; *Wegner*, PStR 2002, 260.

a) Verweisungstechnik

Da § 10 ZollVG unmittelbar nur für Waren gilt, ist ein entsprechender Verweis in § 12a Abs. 1 S. 4 ZollVG für die Anwendung des § 10 ZollVG im Rahmen der Bargeld- und Zahlungsmittelkontrollen notwendig. Die Verweisungstechnik wird jedoch insgesamt unklar und zweifelhaft, wenn man § 12a Abs. 1 S. 5 ZollVG betrachtet. Danach wird für die Binnengrenzen der Gemeinschaft lediglich die Anwendbarkeit von § 10 *Abs. 1* ZollVG – und nicht auch § 10 Abs. 3 ZollVG – bestimmt. Im Gegensatz zu den Warenkontrollen sind danach Bargeld- und Zahlungsmittelkontrollen an den Binnengrenzen lediglich mit dem Befugniseinsatz nach § 10 Abs. 1 ZollVG zulässig. Zwar ist diese Verweisung in § 12 Abs. 1 S. 5 ZollVG angesichts der grundsätzlich ausschließlichen Anwendbarkeit von § 10 ZollVG im grenznahen Raum erforderlich[79], indes fallen damit der Befugnisumfang der Zollverwaltungsbehörden an den Binnen- und Außengrenzen bei der Bargeld- und Zahlungsmittelkontrolle auseinander.

Es stellt sich somit die Frage, ob eine derart streng am Wortlaut orientierte Sichtweise geboten ist oder ob nicht vielmehr die Kompetenzen der Zollverwaltung insoweit zu harmonisieren sind, als auch an den Binnengrenzen § 10 *Abs. 3* ZollVG zur Anwendung gelangen kann und dort ebenfalls körperlich durchsucht werden darf. *Dannecker / Bürger* vertreten dazu die Ansicht, dass die Differenzierung zwischen § 12a Abs. 1 S. 4 und § 12a Abs. 1 S. 5 ZollVG keinen Sinn macht, wenn eine körperliche Durchsuchung auch an den Binnengrenzen für zulässig erachtet wird[80].

---

79 Siehe Kap. B. II.; ferner *Dannecker / Bürger*, wistra 2004, 81, 83.

80 *Dannecker / Bürger*, wistra 2004, 81, 83 f. Gleichzeitig erkennen sie aber auch an, dass allein aus der ausdrücklichen Verweisung in § 12 Abs. 1 S. 5 ZollVG auf § 10 Abs. 1 ZollVG nicht auf die Nichtanwendung der übrigen Absätze geschlossen werden darf, *Dannecker / Bürger*, a.a.O.

Obwohl das systematische Zusammenspiel von § 12a Abs. 1 S. 4 und S. 5 ZollVG eine solche Interpretation nahe legt, überzeugt sie unter teleologischen Gesichtspunkten nicht: Aufgrund der ausschließlichen Möglichkeit von Warenkontrollen an den Außengrenzen der Gemeinschaft bedingt eine wachsende organisierte Kriminalität – insbesondere in Form von Geldwäsche und Steuerhinterziehung – eine Erweiterung der Kompetenzen der Zollverwaltungsbehörden im Binnenraum der Europäischen Union. Hierfür wurde § 12a ZollVG konzipiert. Allein die Befugnisse des § 10 *Abs. 1* ZollVG an den Binnengrenzen wären jedoch kaum ausreichend, um dieses Ziel zu erreichen. Es ist kein plausibler Grund erkennbar, warum die Kompetenzen der Zollverwaltung an den Binnengrenzen, wenn man sie als Gesetzgeber schon eröffnet, hinter denen an den Außengrenzen zurückbleiben sollen. Den Gesetzesmaterialien ist hierzu weder eine Begründung zu entnehmen, noch enthalten sie in dieser Hinsicht irgendwelche Anhaltspunkte. Der Gesetzgeber dekretiert vielmehr, dass eine effektive Bekämpfung der Geldwäsche gerade den Einsatz der Kontrollbefugnisse des § 10 ZollVG für das Verbringen von Bargeld über die Grenzen zu anderen Mitgliedsstaaten erfordert[81]. Wenngleich er im Änderungsgesetz aus dem Jahre 1999 eine Beschränkung in der amtlichen Begründung auf Abs. 1 des § 10 ZollVG ausdrücklich bestätigt[82], so entspricht dies jedoch keineswegs seiner Intention: Bei Einfügung des § 12a FVG a.F. entsprach es ausweislich der Gesetzesbegründung gerade seinem Willen, dass auch an den Binnengrenzen eine körperliche Durchsuchung bei Vorliegen zureichender Anhaltspunkte möglich sein sollte[83]. Dass sich daran etwas geändert hat, ist nicht ersichtlich. Es ist deshalb bei § 12a Abs. 1 S. 5 ZollVG von einem *redaktionellen Versehen* auszugehen. Für die

81 Siehe BT-Drs. 14/2070, S. 33.

82 BT-Drs. 14/2070, a.a.O.

83 BT-Drs. 13/8651, S. 18.

Binnengrenzen muss der gleiche Kontrollumfang wie an den Außengrenzen der Gemeinschaft gelten.

Die allgemeinen Befugnisse von § 10 Abs. 1 *und* 3 ZollVG finden somit auch in einem dem § 14 Abs. 1 ZollVG entsprechenden Bereich an den Binnengrenzen für die Überwachung des grenzüberschreitenden Bargeldverkehrs Anwendung.

b) Ermittlung des Sachverhalts

Darüber hinaus ist die Verweisung auf die allgemeinen Befugnisse in einem weiteren Punkt missverständlich formuliert. Die Ausübung der Befugnisse des § 10 ZollVG ist zur „Ermittlung des Sachverhalts" zulässig. Unklar ist dabei, welcher „Sachverhalt" hiermit gemeint ist. Überwiegend wird die Ansicht vertreten, dass es nur um die Klärung gehen kann, ob die Zahlungsmittel zu Geldwäschezwecken mitgeführt werden oder nicht[84]. Dies folge schon aus dem Normzweck, der auf die Bekämpfung der Geldwäsche gerichtet ist[85].

Dem muss allerdings entgegengehalten werden, dass die Befugnisse des § 10 ZollVG dies nicht zu leisten vermögen. Die Art und Herkunft mitgeführter Zahlungsmittel kann erst nach ihrer Aufdeckung in einem sich anschließenden Verwaltungs- bzw. staatsanwaltschaftlichen Ermittlungsverfahren geklärt werden. Angesichts dieses Umstandes kann die „Ermittlung des Sachverhalts" aber auch so verstanden werden, dass nur die Mitführung von 15.000 € oder mehr überprüft werden darf[86].

---

84 *Spatscheck/Alvermann*, BB 1999, 2107, 2108; Tipke/Kruse-*Tipke*, § 12a FVG a.F. Rn. 6.

85 Vgl. § 1 Abs. 3a, 3c ZollVG.

86 Ebenso *Dannecker/Bürger*, wistra 2004, 81, 84.

Dieser Überlegung hält *Tipke* freilich entgegen, dass es dazu einer ausdrücklichen Kodifizierung bedurft hätte, nach der die Ermittlungsbefugnisse gerade auf diese Feststellung bezogen sind[87]. Zu konzedieren ist diesem Einwand, dass sich eine Auslegung zuerst am Wortlaut zu orientieren hat. Der Wortlaut von § 12a Abs. 1 S. 4 ZollVG ist jedoch gerade nicht eindeutig und lässt eine ambivalente Deutung zu. Hätte der Gesetzgeber den Befugniseinsatz im Sinne der Ermittlung, ob der Tatbestand der Geldwäsche verwirklicht worden ist, verstanden wissen wollen, dann hätte sich sein Wille entweder im Wortlaut oder in der Gesetzesbegründung niederschlagen müssen. Zieht man diese hinzu, so wird deutlich, dass es in § 12a Abs. 1 ZollVG nur um die Ermittlung der Höhe der Bargeldmitführung gehen kann: Die Überprüfung sonstiger Gegenstände und Unterlagen darf gerade – so der Wille des Gesetzgebers – durch die Ermittlungen nach §§ 12a Abs. 1, 10 ZollVG nicht erfolgen, um die Verwirklichung des Tatbestands von § 261 StGB zu belegen[88]. Indem der Gesetzgeber dies ausweislich ablehnt, gibt er gleichzeitig zu erkennen, dass – richtigerweise – die Befugnisse des § 10 ZollVG nur zur Ermittlung, ob Zahlungsmittel von 15.000 € oder mehr mitgeführt werden, eingesetzt werden dürfen. Die Formulierung „zur Ermittlung des Sachverhalts" ist daher richtigerweise im Hinblick auf die Feststellung zu verstehen, ob 15.000 € oder mehr bzw. gleichgestellte Zahlungsmittel in entsprechender Höhe mitgeführt werden.

87 Tipke/Kruse-*Tipke*, § 12a FVG a.F. Rn. 6.

88 BT-Drs. 13/8651, S. 18.

II. Sicherstellung und zollamtliche Verwahrung, § 12a Abs. 2 ZollVG

Weitere Befugnisse für die Überwachung des grenzüberschreitenden Zahlungsmitteltransfers sind in § 12a Abs. 2 ZollVG kodifiziert.

1. Allgemeines

Sofern die Zollbediensteten im Rahmen einer Bargeld- bzw. Zahlungsmittelkontrolle – sei es durch freiwillige Angabe des Angehaltenen bzw. nach einer Durchsuchung des Pkw oder der Person – von Bargeld oder gleichgestellten Zahlungsmitteln Kenntnis erlangt haben, können sie diese gemäß § 12a Abs. 2 S. 1 ZollVG bis zum Ablauf des dritten Werktags sicherstellen und in die zollamtliche Verwahrung nehmen, um die Herkunft und den Verwendungszweck aufzudecken. Voraussetzung ist dabei, dass Grund zur Annahme von Geldwäsche besteht. Die Frist von drei Tagen kann einmalig durch richterliche Anordnung auf einen Monat verlängert werden, § 12a Abs. 2 S. 3 ZollVG. Sollte bis dahin die Aufklärungsarbeit erfolglos geblieben sein, so folgt aus der Norm, dass die Zahlungsmittel freizugeben sind. Wenn sich in diesem Rahmen hingegen der Verdacht der Geldwäsche oder einer anderen Straftat konkretisiert, so legitimiert diese Norm aber keine weitere Sicherstellung; unberührt bleiben nach Fristablauf jedoch die Möglichkeiten der Beschlagnahme nach den allgemeinen Grundsätzen der §§ 94 ff. StPO[89].

---

89 So zutreffend Tipke/Kruse-*Tipke*, § 12a FVG a.F. Rn. 14.

2. Anwendungsbereich

Mit der Sicherstellung und Verwahrung wurde eine Ermächtigungsgrundlage für *Folgemaßnahmen* geschaffen, wonach verbrachte Gelder und Zahlungsmittel nicht bei dem Betroffenen belassen werden müssen, sondern im Falle des Vorliegens eines Grundes zur Annahme von Geldwäsche sichergestellt werden dürfen. Im Gegensatz zu § 12a Abs. 1 ZollVG findet sich allerdings keine Anknüpfung an eine bestimmte Bargeldhöhe. Aus dieser fehlenden summenmäßigen Begrenzung auf 15.000 € in § 12a Abs. 2 ZollVG folgt bei *systematischer Betrachtung* zu § 12a Abs. 1 ZollVG, dass auch geringere Werte als 15.000 € sichergestellt werden können[90]. Zudem liegen keine Anhaltspunkte dafür vor, dass der Gesetzgeber die Möglichkeit der Sicherstellung auf entdeckte Bargeldbeträge ab 15.000 € begrenzen wollte.

Erforderlich ist indes ein Grund, der die Annahme der Begehung einer Geldwäschestraftat trägt, also das Vorliegen *konkreter* Anhaltspunkte. Da es sich bei der Sicherstellung um einen Folgeeingriff handelt, müssen derartige Anhaltspunkte für eine Geldwäschestraftat spätestens *bei* Abschluss der letzten durchgeführten Maßnahme – sei es bei der Frage nach Bargeld oder bei der Durchsuchung – gegeben sein. Zu welchem Zeitpunkt genau diese Anhaltspunkte gewonnen wurden, ist dabei unerheblich: § 12a Abs. 2 ZollVG stellt nur darauf ab, *dass* sie vorliegen.

Als Beurteilungsmaßstab für das Vorliegen konkreter Anhaltspunkte könnte zunächst wieder auf die obigen Ausführungen zu § 10 Abs. 3 ZollVG verwiesen werden, sodass es den Anforderungen eines Anfangsverdachts nicht bedarf, sondern lediglich ein Willkürverbot gilt. Eine solche Auslegung wäre vorliegend allerdings zu

---

90 A.A. *Schulz*, in: Erbs / Kohlhaas / Ambs, Band 4, § 12a ZollVG Rn. 5, der eine Sicherstellung von Beträgen unter 15.000 € – indes ohne nähere Begründung – für grundsätzlich unzulässig erachtet.

weitgehend. Der Wortlaut von § 12a Abs. 2 ZollVG ist mit der Formulierung „Grund zur Annahme“ enger gefasst als § 10 Abs. 3 ZollVG, der für eine körperliche Durchsuchung lediglich „*zureichende* tatsächliche *Anhaltspunkte*“ erfordert. Diese bewusste Differenzierung des Gesetzgebers in den Voraussetzungen darf nicht eingeebnet werden, indem auf § 12a Abs. 2 ZollVG die gleichen Maßstäbe wie bei § 10 Abs. 2 ZollVG angewendet werden. Denn durch die strengere Fassung von § 12a Abs. 2 ZollVG soll der betroffene Bürger vor weiteren Eingriffen – nunmehr auch in seine Vermögenssphäre – geschützt werden, wenn nicht zusätzliche Voraussetzungen hinzutreten. Es ist deshalb geboten, „Grund zur Annahme von Geldwäsche“ im Sinne eines strafprozessualen Anfangsverdachts auszulegen.

Damit ein Anfangsverdacht für die Begehung von Geldwäsche bejaht und eine (vorläufige) Sicherstellung der aufgefundenen Zahlungsmittel angeordnet werden kann, müssen folglich weitere Umstände zum bloßen Auffinden des Bargeldes hinzutreten. Diese können beispielsweise darin liegen, dass der Angehaltene die bemäkelte Herkunft der Zahlungsmittel angegeben hat. Auch können sich bei der Überprüfung bzw. Durchsuchung Hinweise auf die Herkunft etc. der Zahlungsmittel ergeben haben. Zwar dürfen sich Überprüfung und Durchsuchung nicht gezielt auf sonstige Gegenstände und Unterlagen ohne Bezug zu einer Geldwäschehandlung erstrecken, doch können bei der Bargeldkontrolle *zufällig* aufgefundene Unterlagen gleichwohl für die Erhärtung bzw. Begründung eines Geldwäscheverdachts herangezogen werden. Die hieran zu stellenden Anforderungen werden freilich umso geringer sein, je höher der bei der Grenzkontrolle aufgefundene Betrag ist.

3. Ergebnis

Mit § 12a Abs. 2 S. 1 ZollVG ist eine Eingriffsermächtigung geschaffen worden, die bei Vorliegen eines Geldwäscheverdachts zur Sicherstellung und Verwahrung von aufgespürten Zahlungsmitteln jeglicher Höhe legitimiert.

III. Datenübermittlung, § 12a Abs. 3 S. 2 und 3 ZollVG

1. Entstehungsgeschichte

In § 12a Abs. 3 S. 2 und 3 ZollVG wurden schließlich § 12a Abs. 4 S. 2 und 3 FVG a.F. übernommen. Nach § 12a Abs. 3 S. 2 ZollVG können die Zollbehörden erhobene Daten an die zuständigen Strafverfolgungs- oder Verwaltungsbehörden übermitteln, soweit dies zur Erfüllung ihrer Aufgaben oder der des Empfängers erforderlich ist. Darüber hinaus erklärte § 12a Abs. 3 S. 3 ZollVG in seiner ursprünglichen Gesetzesfassung die Übermittlung personenbezogener Daten, d.h. die Höhe der bei einer Bargeldkontrolle mitgeführten Zahlungsmittel, an die Finanzbehörden für zulässig, wenn *Grund zu der Annahme* bestand, dass die Zahlungsmittel zum Zwecke der Geldwäsche verbracht werden sollten oder verbracht worden waren. Damit eröffnet die Norm den Zollbehörden die Möglichkeit von Folgemaßnahmen, die an die Befugnisse nach § 12a Abs. 1 und 2 ZollVG anknüpfen und darauf aufbauen. Durch das Änderungsgesetz vom 22. Dezember 1999 ist jedoch die Einschränkung für die Datenübermittlung, dass konkrete Anhaltspunkte für Geldwäsche bestehen, als Voraussetzung für eine Übermittlung weggefallen. An dieser geltenden Fassung ist bei Übernahme in das Zollverwaltungsgesetz keine inhaltliche Änderung vorgenommen worden.

2. Bekämpfung der Steuerhinterziehung

Im Änderungsgesetz von 1999 wurde in der amtlichen Begründung der Sinn und Zweck der Datenübermittlung wie folgt erläutert[91]:

> Im Interesse einer *gesetzmäßigen, gleichmäßigen Besteuerung*, zur Aufdeckung möglicher illegaler steuerlicher Aktivitäten und zur *Verhinderung einer nachhaltigen Schädigung der Volkswirtschaft* soll ermitteltes Bargeld dem zuständigen Finanzamt mitgeteilt werden dürfen.

Augenscheinlich erklärtes Ziel ist es, dass der Staat zum einen seine in § 85 AO festgeschriebene Aufgabe der Durchsetzung von Steuergesetzen wahrnimmt, zum anderen Allgemeinwohlbelange vor der nachhaltigen Beeinträchtigung durch steuerrechtswidriges Verhalten schützt.

Mit dieser Zielrichtung erhält der gesamte § 12a ZollVG indes eine wesentliche andere Bedeutung. Es geht nicht mehr nur um die Bekämpfung von Geldwäsche, wie in § 1 Abs. 3c ZollVG programmatisch dekretiert wird, sondern im Gewande und unter dem Vorwand jenes weiteren Normzwecks tatsächlich um eine Umfunktionierung der zollamtlichen Überwachung zu einer „mobilen Steuerfahndung"[92]. So pointiert dies von *Spatscheck / Alvermann* formuliert wird, so treffend ist diese Aussage: Der *geschriebene* Gesetzeszweck wird an dieser Stelle schlechterdings missachtet und der gesetzliche Pfad verlassen. Unbehagen und Zweifel an Sinn und Zweck dieses Normkomplexes kommen dabei unweigerlich auf. Ob es wirklich noch um eine Verbesserung der rechtlichen Instrumentarien zur Bekämpfung der organisierten Kriminalität und insbesondere der Verhinderung des körperlichen Transports von Bargeld über die Grenze unter Umgehung der Kontrollvorschriften

---

91 Vgl. BT-Drs. 14/2070, S. 34.

92 *Spatscheck / Alvermann*, BB 1999, 2107 ff.

des Geldwäschegesetzes[93] gehen soll, erscheint angesichts einer solchen Regelung höchst zweifelhaft. Die gängige Praxis der Zollbehörden zeigt zudem, dass trotz Aufspürens von 15.000 € und mehr wegen einer möglichen Begehung von Geldwäsche gar nicht weiter ermittelt wird, sondern neben einem Bußgeldverfahren nach § 31a ZollVG primär eine Kontrollmitteilung an das zuständige Finanzamt erfolgt[94]. Die Aufdeckung von Steuerhinterziehungen und ähnlichen Delikten steht offensichtlich im Vordergrund. Hierdurch erhält § 12a ZollVG einen weiteren – wenn auch nicht ausdrücklich kodifizierten – Normzweck, nämlich die Bekämpfung der Steuerhinterziehung.

Auch wenn sich die Intention des Gesetzgebers hier scheinbar von dem Zweck, wie er in § 1 Abs. 3a und 3c ZollVG zum Ausdruck kommt, entfernt, wäre es gleichwohl vorschnell, dies als unzulässig oder sogar systemwidrig zu bezeichnen. Der Gesetzgeber hat nicht nur die Möglichkeit, Normzwecke explizit zu kodifizieren, sondern kann sie ebenso in den Gesetzesmaterialien festschreiben. Im Rahmen des Änderungsgesetzes vom 22. Dezember 1999 hat er seinen Willen jedenfalls dahingehend kundgetan, dass gerade und insbesondere auch eine gleichmäßige Besteuerung sowie die Aufdeckung illegaler Steueraktivitäten bekämpft werden soll. Durch die Umgliederung der Normen in das Zollverwaltungsgesetz wurden inhaltlich keine Änderungen vollzogen[95], sodass davon auszugehen ist, dass die Bekämpfung der Steuerhinterziehung weiterhin als legitimes Ziel der Norm anzusehen ist und der ursprüngliche Wille des Gesetzgebers auch Eingang in das Zollverwaltungsgesetz gefunden hat.

---

93 So BT-Drs. 13/8651, S. 1 und 10; dazu *Meyer/Hetzer*, NJW 1998, 1017, 1017, 1021 f.

94 *Wegner*, PStR 2002, 246, 248; *Spatscheck/Alvermann*, BB 1999, 2107, 2108.

95 BGBl. I 2001, S. 3718, 3718; siehe dazu auch Kap. C. I. 1.

Dem steht auch nicht entgegen, dass der Gesetzgeber mit der Umgliederung der Normen in das Zollverwaltungsgesetz mit Gesetz vom 20. Dezember 2001[96] in § 1 Abs. 3a und 3c ZollVG den Gesetzeszweck explizit benannt und erstaunlicherweise auf eine Aufnahme der „Gleichmäßigkeit der Besteuerung" und „Aufdeckung illegaler Steueraktivitäten" – zu Klarstellungszwecken – verzichtet hat. Daraus kann allerdings nicht die Motivation abgeleitet werden, die Bekämpfung der Steuerhinterziehung als Zweck der Datenübermittlung nicht mehr in § 12a Abs. 3 S. 3 ZollVG hineinzulesen. Denn es ist nicht erforderlich, dass bei Änderungsgesetzen stets die ratio legis wiederholt wird, damit sie weiterhin Geltung besitzt. Indem der Gesetzgeber einer Norm nicht ausdrücklich einen neuen Regelungsgehalt zuschreibt, gibt er zu erkennen, dass er an dem bisherigen Sinn und Zweck festhalten will. Trotz fehlender Aufnahme der Bekämpfung der Steuerhinterziehung in § 1 ZollVG ist dieser Zweck auch weiterhin in § 12a Abs. 3 S. 3 ZollVG hineinzulesen.

Es vereinen sich in § 12a ZollVG somit zwei Normzwecke – Bekämpfung der Geldwäsche und Bekämpfung der Steuerhinterziehung. Der Zollverwaltung wird auf diese Weise gleichermaßen eine Initiativ-Ermittlungsbefugnis für Steuerdelikte zugeschrieben, wodurch ihr Kompetenzbereich mit derjenigen der Finanzbehörden i.e.S. verquickt wird. Zu den typischen Aufgaben der Zollverwaltungsbehörden zählt zwar auch die Überwachung der ordnungsgemäßen Entrichtung von Ein- und Ausfuhrabgaben, allerdings wird mit § 12a Abs. 3 S. 3 ZollVG die Ermittlungskompetenz auf *sämtliche* Steuerarten ausgedehnt. Die Zollverwaltung wird dadurch in den Stand versetzt, schwerpunktmäßig typische finanzbehördliche Ermittlungen einzuleiten. An dieser Stelle entstehen Bedenken, da für den Bürger nicht mehr erkennbar ist, zu welchem Zweck und in wel-

96 BGBl. I 2001, S. 3718, 3718.

cher Funktion die Zollverwaltung ihm gegenüber jeweils tätig wird. *Tipke* sieht deshalb – ähnlich wie *Spatscheck/Alvermann*, die die Einrichtung einer „mobilen Steuerfahndung“ kritisieren – in § 12a ZollVG insgesamt eine „Mogelpackung“[97].

3. Voraussetzungen

Während § 12a Abs. 3 S. 2 ZollVG an die Aufgabenerfüllung der Zollbehörden bzw. des Empfängers anknüpft und damit regelmäßig ein Anfangsverdacht vorliegen muss[98], können gemäß § 12a Abs. 3 S. 3 ZollVG personenbezogene Daten an die Finanzämter bereits übermittelt werden, soweit ihre Kenntnis für die Durchführung eines Verwaltungs-, Bußgeld- oder Strafverfahrens in Steuersachen erforderlich ist. Relevante personenbezogene Daten in diesem Sinne sind typischerweise die Höhe sowie die Art der bei den Grenzkontrollen nach § 12a Abs. 1 ZollVG gefundenen Zahlungsmittel.

Darüber hinaus hat die Regelung des § 12a Abs. 3 S. 3 ZollVG scheinbar keine weiteren Voraussetzung. Ausgehend von diesem Wortlaut könnte deshalb sogar die Annahme abgeleitet werden, dass – unabhängig von der Erhebung und Gewinnung des Datenmaterials – *jegliche* Daten, selbst rechtswidrig erlangte, weitergegeben werden dürfen.

Sieht man die Regelung allerdings in ihrem systematischen Kontext, so ergibt sich eine andere Beurteilung: § 12a Abs. 3 S. 1 und 2 ZollVG macht die Datenerhebung, -verarbeitung und -nutzung insoweit von der Erfüllung der Aufgaben nach § 1 Abs. 3a ZollVG und § 12a Abs. 1 und 2 ZollVG abhängig. Die Verwendung des

---

97 Tipke/Kruse-*Tipke*, § 12a FVG a.F. Rn. 15. Siehe ausführlich Kap. E.

98 Siehe ausführlich Kap. E. III. 1. a).

Datenmaterials bestimmt sich mithin nach der Verfolgung legitimer, gesetzlicher Interessen. Man kann diese allerdings nur bejahen, wenn die Datengewinnung im Rahmen der Befugnisse der hier maßgeblichen § 12a Abs. 1 und 2 ZollVG lag und zulässig war. Dann und nur dann handeln die Zollbehörden rechtmäßig zur Erfüllung ihrer Aufgaben und dürfen gewonnene Erkenntnisse auch im Rahmen der gesetzlichen Vorschriften verwenden. Dies folgt aus dem Grundsatz der Gesetzmäßigkeit des Verwaltungshandelns als Ausfluss des Rechtsstaatsprinzips. Ansonsten wäre es widersprüchlich, dass Folgeeingriffe in Form der Datenübermittlung möglich wären, obwohl bereits die weitergeleiteten Daten überhaupt nicht hätten erhoben werden dürfen. Ungeschriebene und unabdingbare Voraussetzung für eine nach § 12a Abs. 3 S. 2 und 3 ZollVG überhaupt zulässige Datenübermittlung sind zunächst zulässig erhobene Daten nach § 12a Abs. 1 ZollVG. Sofern es bereits hieran fehlt, wäre eine Weiterleitung personenbezogener Daten a priori rechtswidrig. Die Folge einer rechtswidrigen Datenweitergabe ist dann ein Verwertungsverbot[99].

IV. Ermittlungsbefugnisse nach § 12b ZollVG

Durch § 12b ZollVG werden den Zollfahndungsämtern und ihren Beamten bei ihrer Aufgabenerfüllung nach § 1 Abs. 3c ZollVG die gleichen Rechte und Pflichten eingeräumt bzw. auferlegt, wie diese für den Polizeidienst nach den Vorschriften der Strafprozessordnung gelten. Die Zollbediensteten sind daher zugleich Hilfsbeamte der Staatsanwaltschaft (§ 152 GVG). Somit finden über § 12b ZollVG strafprozessuale Regelungen entsprechende Anwendung für die Tätigkeit der zollamtlichen Überwachung des grenzüberschrei-

99 BVerfGE 65, 1, 46.

tenden Bargeldverkehrs. Systematisch muss die Befugniszuweisung über § 12b ZollVG aber auf den Zusammenhang zur Überwachung des Grenzübergangs beschränkt werden. Folgeermittlungen sind dabei nicht von § 12b ZollVG gedeckt. Hierzu bedarf es einer Abgabe an die jeweils zuständige Strafverfolgungs- bzw. Verwaltungsbehörde.

D. Verfassungsrechtliche Analyse von § 12a Abs. 1 ZollVG

I. Vereinbarkeit mit dem Wohnungsgrundrecht – Recht auf Privatheit

Der Regelungsgehalt von § 12a Abs. 1 ZollVG könnte zunächst mit Art. 13 Abs. 1 GG unvereinbar sein. Ein Verstoß könnte durch das Anhalten und Durchsuchen des Beförderungsmittels ausgelöst werden. Zu beachten ist hierbei, dass bei einer Einschlägigkeit von Art. 13 Abs. 1 GG Durchsuchungen nur durch den Richter, bei Gefahr im Verzug auch durch die in den Gesetzen vorgesehenen anderen Organe angeordnet und nur in der dort vorgeschriebenen Form durchgeführt werden dürfen (Art. 13 Abs. 2 GG). Um jedoch einen Verstoß von § 12a Abs. 1 ZollVG gegen Art. 13 Abs. 1 GG feststellen zu können, ist zunächst die Eröffnung des Schutzbereichs erforderlich.

1. Schutzbereich

Art. 13 Abs. 1 GG schützt seinem Wortlaut nach die Unverletzlichkeit der Wohnung. Unter „Wohnung" versteht man alle Räume, die der allgemeinen Zugänglichkeit durch eine räumliche Abschottung entzogen sind und zur Stätte privaten Lebens und Wirkens gemacht werden[100]. Dazu zählen neben den „klassischen" Wohnungen i.e.S. weiterhin auch Nebenräume, wie Keller, Böden, abgeschlossene Höfe, ferner Gast- und Hotelzimmer sowie Wohnboote[101].

100 Jarass/Pieroth-*Jarass*, Art. 13 Rn. 2.

101 BGHZ 31, 285, 289.

Darüber hinaus sieht das Bundesverfassungsgericht in ständiger Rechtsprechung Arbeits-, Geschäfts- und Büroräume, obwohl diese dem *privaten* Wirken nicht unmittelbar dienen, ebenfalls als Wohnungen i.S.v. Art. 13 GG an[102]. Die Literatur sowie die fachgerichtliche Rechtsprechung sind diesem Standpunkt weitestgehend gefolgt[103].

Elementarer Grundgedanke des Wohnungsbegriffs ist es, eine Stätte zu haben, die einen umfassenden Schutz der räumlichen Privatsphäre garantiert und vor ungewollten Einwirkungen jedweder Art geschützt ist. Für Aktivitäten in Büro- und Geschäftsräumen gilt dieses Wesensmerkmal entsprechend, sodass die Erweiterung des Schutzbereichs in diese Richtung überzeugend ist. Mit dem Begriff der Wohnung ist vor diesem Hintergrund also zusammenfassend untrennbar ein Mindestmaß an physischer und informationeller Abschottung des geschützten Raumes nach außen verbunden[104].

Wenn man diese Maßgaben zugrunde legt, dann fragt sich, ob unter den Wohnungsbegriff auch das Beförderungsmittel des Angehaltenen, regelmäßig der Pkw, zu fassen ist. Diesbezüglich vertreten Rechtsprechung und Literatur teilweise uneinheitliche Positionen. Grundsätzlich wird die Eröffnung des Schutzbereichs von Art. 13 Abs. 1 GG im Falle eines Pkw von der Literatur verneint[105]. Dem ist jedoch das Amtsgericht Stendal entgegengetreten und fasste den Pkw als umschlossenen Raum unter den Regelungsgehalt von Art. 13 Abs. 1 GG. Der angefochtene Beschluss wurde jedoch durch das Landgericht Stendal aufgehoben, welches seinerseits den Schutzbereich von Art. 13 Abs. 1 GG als nicht eröffnet erachtete, da der Pkw

---

102 BVerfGE 32, 54, 69 ff.; 42, 212, 219; 44, 353, 371; 76, 83, 88.

103 v. Münch/Kunig-*Kunig*, Art. 13 Rn. 11; BVerwGE 78, 251 ff.; BFH NJW 1989, 855.

104 Dreier-*Hermes*, Art. 13 Rn. 16.

105 BK-*Herdegen*, Art. 13 Rn. 29; *Mahnkopf/Döring*, NStZ 1994, 556, 557.

nicht eine Stätte des Aufenthalts und Wirkens darstellt, sondern als Verkehrsmittel der Fortbewegung dient[106]. Die neuere Rechtsprechung hat sich dieser Entscheidung und der Argumentation angeschlossen[107].

Der Sichtweise des Landgerichts Stendal und der daran anknüpfenden Rechtsprechung ist zuzustimmen. Richtig ist, dass Art. 13 GG gerade nicht das Besitzrecht an einer Wohnung oder Ähnlichem, sondern vielmehr ein *Recht auf Privatheit* schützt[108]. Art. 13 GG schützt demgemäß nicht das Interesse, eine bestimmte Wohnung oder Ähnliches zum Lebensmittelmittelpunkt machen zu dürfen und sie hierfür zu behalten, als vielmehr die Freiheit von Störungen der privaten Lebenssphäre[109]. Der Pkw stellt zwar auch in den meisten Fällen einen nicht allgemein zugänglichen Raum dar. Dennoch ist kaum anzunehmen, dass dieser von dem einzelnen Autofahrer zu dessen Ort des Lebens und Wirkens gemacht worden ist, von dem er sämtliche von außen kommenden Störungen dauerhaft fernhalten kann und will. Im Gegensatz zum Pkw kann man allenfalls Wohnmobilen bzw. Wohnwagen die Wohnungseigenschaft zusprechen, da in diesen auch längere Aufenthalte möglich sind und diese somit während ihrer Benutzung zum Lebens- und Wirkbereich gemacht werden. Diese Eigenschaft weisen Pkw nach ihrer eigentlichen Gebrauchsbestimmung aber gerade nicht auf. Obwohl der Pkw für seinen Benutzer die nach Art. 13 GG notwendige Rückzugsmöglichkeit bietet, wird er primär als Fortbewegungsmittel im Straßenverkehr genutzt. Zudem ist die Rückzugsmöglichkeit nicht derart umfassend ausgestaltet, wie dies bei einer Wohnung im

---

106 LG Stendal, NStZ 1994, 556, 556.

107 BGH NJW 1997, 2189; LG Freiburg, NJW 1996, 3021.

108 Vgl. BVerfGE 89, 1 ff.

109 Schmidt-Bleibtreu/Klein-*Klein*, Art. 13 Rn. 3.

klassischen Sinne der Fall ist. Eine Gleichstellung von Pkw und Wohnung scheidet somit aus.

2. Ergebnis

Mit dem Pkw liegt folglich keine „Wohnung“ i.S.d. Art. 13 Abs. 1 GG vor, sodass der Schutzbereich nicht eröffnet ist.

II. Vereinbarkeit mit dem allgemeinen Persönlichkeitsrecht

Im Mittelpunkt der rechtlichen Betrachtung und Auseinandersetzung mit den Befugnissen der Zollbediensteten bei der Überwachung des grenzüberschreitenden Bargeldverkehrs gemäß §§ 12a Abs. 1, 10 Abs. 1 und 3 ZollVG steht das verfassungsgerichtlich ausgeformte und aus Artt. 2 Abs. 1, 1 Abs. 1 GG abgeleitete allgemeine Persönlichkeitsrecht in seiner Ausprägung mit dem Recht auf informationelle Selbstbestimmung[110].

1. Schutzbereich

a) Ausformung des allgemeinen Persönlichkeitsrechts

Als eine den speziellen Freiheitsrechten angenäherte Grundrechtsgarantie ist das allgemeine Persönlichkeitsrecht Produkt richterlicher Rechtsfortbildung[111]. In jahrzehntelanger Rechtsprechung hat

110 Seit BVerfGE 65, 1, 43, ist dieser Terminus anerkannt. Siehe ferner BVerfGE 78, 77, 84; 96, 171, 181; 101, 106, 121 sowie aus neuerer Rechtsprechung BVerfGE NJW 2001, 503, 505; EuGRZ 2001, 249, 252.

111 Zur Genese in der Rechsprechung des BGH beginnend mit dem „Schachtbrief“-Urteil, BGHZ 13, 334, 337 ff., siehe *v. Caemmerer*, FS Hippel,

das Bundesverfassungsgericht das allgemeine Persönlichkeitsrecht herausgebildet[112] und gewährt seither über den Schutz der allgemeinen Handlungsfreiheit hinaus im Rahmen von Art. 2 Abs. 1 GG auch Schutz der persönlichen Integrität[113] sowie der engeren persönlichen Lebenssphäre[114] selbst. Der Schutzbereich von Art. 2 Abs. 1 GG wird damit nicht mehr nur auf die Gewährleistung jeglicher aktiven Handlungsfreiheit begrenzt, sondern erweitert auf die Persönlichkeitsentfaltung. Zentraler Bezugspunkt eines so verstandenen Grundrechtsschutzes sind die „konstituierende Elemente der Persönlichkeit"[115], dasjenige also, was den Menschen als solchen ausmacht und ihn gerade von anderen Lebensformen abhebt. Inhaltlich bestimmend und prägend für die Ausgestaltung des allgemeinen Persönlichkeitsrechts ist maßgeblich auch und gerade die Menschenwürde, die ihm erst die notwendige Schutzintensität verleiht. Aus dieser Prämisse folgt, dass Eingriffe nicht grundsätzlich unzulässig sind; wegen der stets gleichzeitigen Berührung des Menschenwürdegehalts aber nur unter erhöhten Anforderungen gerechtfertigt werden können[116]. Erst insoweit ergänzt das allgemeine Persönlichkeitsrecht sinnvoll und umfassend die benannten Grundrechte und vervollständigt die verbürgten Schutzgarantien für den Bürger.

Gleichwohl ist es ungenau, von *dem* allgemeinen Persönlichkeitsrecht zu sprechen. Die Bandbreite und die oben beschriebene grundsätzliche Reichweite dieser Freiheitsgarantie deuten bereits einen Schutz für eine Vielzahl von Lebensbereichen an. Konse-

---

S. 27 ff.; verfassungsrechtlich ist diese Figur spätestens mit der sog. „Mikrozensus"-Entscheidung (BVerfGE 27, 1 ff.) akzeptiert.

112 BVerfGE 27, 1, 6; 27, 344, 351; 34, 205, 208 f.; 35, 202, 220; 54, 148, 153.

113 Sachs-*Murswiek*, Art. 2 Rn. 59.

114 BVerfGE 54, 148, 153.

115 Anschaulich BVerfGE 54, 148, 153.

116 Im Einzelnen siehe dazu Kap. D. II. 3. b).

quenterweise gliedert sich deshalb das allgemeine Persönlichkeitsrecht in verschiedene Erscheinungsformen auf. Die Differenzierung orientiert sich an verschiedenen Entfaltungsweisen des Subjekts. Anerkannt sind die Fallgruppen der Selbstbestimmung, Selbstbewahrung und Selbstdarstellung[117]. Für eine tiefere Betrachtung der jeweiligen Ausprägungen sei verwiesen auf die einschlägigen Kommentierungen[118], für die gegenständliche Betrachtung ist lediglich das Recht der Selbst*darstellung* von Bedeutung. Diese dritte Fallgruppe betrifft allgemein die persönliche Darstellung des Einzelnen in jeglicher Form innerhalb der Gemeinschaft. Der Schutz vor einer Darstellung in der Öffentlichkeit bezieht sich insoweit auf das Recht des Individuums, dass Informationen aus seiner Privatsphäre grundsätzlich nicht ohne seine Zustimmung der Öffentlichkeit bzw. dem Staat zugänglich gemacht werden dürfen[119]. Angesprochen sind mithin der Schutz der persönlichen Ehre[120], das Recht am eigenen Wort und Bild[121] und das Recht auf Gegendarstellung[122] sowie das Recht, nicht zur Selbstbezichtigung gezwungen werden zu dürfen[123].

117 Dazu übersichtlich und treffend *Pieroth/Schlink*, Rn. 373 ff.; ferner kasuistisch Sachs-*Murswiek*, Art. 2 Rn. 68 ff.; Dreier-*Dreier*, Art. 2 Rn. 50. Die Teilgehalte und Konkretisierungen sind wegen der Entwicklungsoffenheit dieses Grundrechts jedoch nicht als abschließend zu betrachten.

118 *Di Fabio*, in: Maunz/Dürig/Herzog, Art. 2 Rn. 166 ff.; Sachs-*Murswiek*, Art. 2 Rn. 68 f.; Dreier-*Dreier*, Art. 2 Rn. 51 ff.; Schmidt-Bleibtreu/Klein-*Kannengießer*, Art. 2 Rn. 3c ff.

119 Sachs-*Murswiek*, Art. 2 Rn. 71.

120 BVerfGE 54, 208, 217.

121 BVerfGE 35, 202, 220; 54, 148, 155.

122 BVerfGE 63, 131, 142 f.

123 BVerfGE 38, 105, 114 f.

b) Recht auf informationelle Selbstbestimmung

Der skizzierte Schutzumfang würde allerdings nur ein unvollständiges Bild sowohl von der Bedeutung des Selbstdarstellungsrechts als auch von seinem relevanten Anwendungsbereich vermitteln. Gerade die neueren technischen Entwicklungen im Bereich der automatischen und elektronischen Datenverarbeitung haben die Gefahren für den Persönlichkeitsschutz durch die Kenntnisnahme persönlicher Daten deutlicher denn je hervortreten lassen. Als wiederum spezielle Ausformung der Selbstdarstellung hat das Bundesverfassungsgericht deshalb das *Recht auf informationelle Selbstbestimmung* im Volkszählungsurteil entwickelt und konturiert[124]: Die freie Entfaltung der Persönlichkeit setze demnach den Schutz des Einzelnen gegen unbegrenzte Erhebung, Speicherung, Verwendung und Weitergabe seiner persönlichen Daten voraus. Jeder müsse grundsätzlich jederzeit über die Preisgabe und Verwendung persönlicher Daten bestimmen können.

So leicht – und vielleicht auch selbstverständlich – diese Leitsätze und Kernaussagen des Bundesverfassungsgerichts klingen mögen, enthalten sie fundamental-herausragende grundrechtliche Verbürgungen, die das Individuum erst in den Stand versetzen, Freiheit vom Staat zu erleben und genießen zu können. Die Befugnis über jedes persönliche Datum disponieren zu können, zu wissen, wer was wann über einen für Daten und Erkenntnisse erhoben hat, stellt die grundlegende Basis für jedwede Persönlichkeitsentwicklung dar. Es verdichten sich hier in den Einzelverbürgungen des Schutzes der Privat- und Geheimsphäre, des Rechts auf Resozialisierung sowie in den Rechten am eigenen Wort und am eigenen Bild bereits angedeutete Grundrechtsinhalte zu Aspekten eines übergeordneten und umfassenden informationellen Selbstbestimmungs-

---

124 BVerfGE 65, 1, 41 ff.; 80, 367, 373.

rechts[125]. Das Recht auf informationelle Selbstbestimmung kann mithin gleichsam als ein Selbstbestimmungsrecht über personenbezogene Informationen begriffen werden[126].

Im Zeitalter der Informationsgesellschaft, der lokalen, regionalen und globalen Vernetzung, der unbeschränkten und zugleich auch unbeschränkbaren Datenflut sowie eines damit zusammenhängenden unkontrollierbaren Datenaustausches drohen dem Bürger unübersehbare Gefahren – nicht zuletzt wie beispielsweise bei der Terrorismusbekämpfung und Verfolgung organisierter Kriminalität. Verwiesen sei für den Bereich der Zollfahndung nur auf den internationalen Datenaustausch im Rahmen der „MAR-Info"- und „BALKAN-Info"-Systeme.[127] Erforderlich sind deshalb umso mehr Einschränkungen und Kontrollmechanismen staatlicher, aber genauso privater Tätigkeiten, die dem Bürger in seiner Freiheit in Bezug auf die Preisgabe persönlicher Informationen sowie im Hinblick auf die öffentliche Teilnahme in der Gesellschaft Schutz gewähren. Nur dann wird der Einzelne sein persönliches Verhalten frei von irgendwelchen Ängsten vor einer persönlichen Überwachung, frei von der Bedrohung, fortan als „gläserner Mensch" zu erscheinen, bestimmen und sich ungezwungen bewegen. Selbstbestimmung bedeutet folglich auch, ein Recht auf Anonymität im personenbezogenen-datenrechtlichen Sinn zu haben und effektiv geltend machen zu können[128].

125 Pieroth/Schlink, Rn. 377.

126 So *Di Fabio*, in: Maunz/Dürig/Herzog, Art. 2 I Rn. 175.

127 Siehe dazu ausführlich mit Hintergründen http://www.zka.org/organisation/mar-info.htm sowie http://www.zka.org/organisation/balkan-info.htm.

128 LVerfG MV, LKV 2000, 149 ff.

c) Betroffenheit des Schutzbereichs

Im Folgenden wäre daher zu untersuchen, ob der Schutzbereich des allgemeinen Persönlichkeitsrechts durch die in Rede stehenden Maßnahmen und Kontrollbefugnisse berührt ist. Die Zollbediensteten haben gemäß §§ 12a Abs. 1, 10 Abs. 1 und 3 ZollVG die Möglichkeit, den Grenzüberschreitenden anzuhalten, nach dem Mitführen von 15.000 € Bargeld oder gleichgestellten Zahlungsmitteln und mehr zu fragen, die Identität festzustellen, Gepäck und Beförderungsmittel zu überprüfen bzw. sogar eine körperliche Durchsuchung anzuordnen und vor Ort selbst durchzuführen. Die Frage steht nunmehr im Raum, inwieweit dadurch eine Betroffenheit des allgemeinen Persönlichkeitsrechts vorliegt.

aa) Anhalten (§ 12a Abs. 1 S. 1 ZollVG)

Bereits mit dem Anhalten könnte eine unzulässige Betroffenheit ausgelöst sein. Betrachtet man zunächst das Anhalten durch die Zollbediensteten bzw. den Bundesgrenzschutz, so erscheint es fraglich, ob dadurch das Recht auf informationelle Selbstbestimmung berührt wird. Die Informationsbeschaffung ist in diesem ersten Stadium der Kontrolle scheinbar noch gar nicht relevant. Der Betroffene wird nicht aufgefordert, persönliche Informationen preiszugeben, sondern einzig einen tatsächlichen Vorgang – das Anhalten seines Fahrzeugs – zu dulden.

Bei dieser Betrachtung wird aber der entscheidende Aspekt vernachlässigt, dass in dem Anhalten bereits die weiteren, grundrechtsintensiven Maßnahmen, namentlich die Durchsuchung, angelegt sind. Dies folgt – wie bereits ausgeführt – daraus, dass wegen der fehlenden tatbestandlichen Voraussetzungen von § 12a Abs. 1 ZollVG die Ausübung der einzelnen Befugnisse fließend ineinander übergehen können und es sich faktisch um ein einziges Maßnahmebündel handelt[129]. Das Anhalten – so könnte man formulieren – stellt mithin bereits den Beginn der Durchsuchung dar – und diese führt schließlich zur Preisgabe persönlicher Informationen. Da mögliche Folgemaßnahmen aber somit auf das Anhalten zurückzuführen sind und reflexiv auf dieses zurückwirken, müssen diese Maßnahmen auch bei dessen grundrechtsrelevanter Beurteilung berücksichtigt werden. Unter diesem Gesichtspunkt ist der Schutzbereich des Rechts auf informationelle Selbstdarstellung also bereits durch das Anhalten berührt.

Weiterhin könnte man darüber hinaus auch auf das übergeordnete, allgemeine Recht der Selbstdarstellung in der Öffentlichkeit abheben und erwägen, ob nicht in dieser Hinsicht ebenfalls eine Beeinträchtigung vorliegt. Vergegenwärtigt man sich die Situation an einer Grenzkontrolle, so wird bei dem Betroffenen durch das Anhalten ein Gefühl des Unwohlseins entstehen[130]: Die Gefühlsauslöser sind Angst und Ungewissheit vor dem weiteren Vorgehen der Kontrolleure, Angst vor der Ahndung eines möglicherweise unrechtmäßigen Verhaltens und nicht zuletzt auch Angst vor dem stigmatisierenden Eindruck in der Öffentlichkeit, der durch die Kontrolle entsteht. Unter dem Blickwinkel des Rechts der Selbstdarstellung ist gerade die Wirkung des Anhaltens in der Öffentlichkeit von Bedeutung. Aufgrund der Kenntnisnahme durch unbeteiligte Dritte – und auch nur der bloßen Möglichkeit dazu – erfolgt eine Darstellung des Betroffenen in der Öffentlichkeit, über die er wegen der gesetzlichen Befugnis des Zolls nach § 12a Abs. 1 ZollVG keine freie Entscheidungsmöglichkeit besitzt. Durch das Anhalten wird die Aufmerksamkeit Dritter auf den betroffenen Bürger gelenkt, sodass er dadurch gegen seinen Willen in die Öf-

129 Vgl. Kap. B. V. 3. b) bb) (4).

130 Vgl. *Waechter*, DÖV 1999, 138, 147, der sogar von „Herrschafts- und Einschüchterungselementen" der Personenkontrolle spricht; ähnlich *Lisken*, NVwZ 1998, 22, 24.

fentlichkeit gezogen wird. Der Schutzbereich des allgemeinen Persönlichkeitsrechts ist daher auch unter diesem Blickwinkel mit dem Anhalten eröffnet.

bb) Frage nach Zahlungsmitteln (§ 12a Abs. 1 S. 1 ZollVG)

An das Anhalten schließt sich die Frage nach dem Mitführen von Bargeld bzw. sonstigen Zahlungsmitteln sowie die Aufforderung zur Mitteilung der persönlichen Identität an. Der Schutzbereich ist auch hinsichtlich der Frage nach dem Mitführen von Bargeld und Zahlungsmitteln grundsätzlich eröffnet. Hier ist das allgemeine Persönlichkeitsrecht in seiner speziellen Ausprägung des Rechts auf informationelle Selbstbestimmung berührt. Es gilt insoweit der Tatsache Aufmerksamkeit zu schenken, dass mit der Beantwortung der Frage eine persönliche Information, ein persönliches Datum, offenbart wird. Der Schutz vor grenzenloser Preisgabe und Erhebung von persönlichen Daten und Kenntnissen wird aber gerade durch das Recht auf informationelle Selbststimmung gewährt. Allein die Entäußerung dieser Informationen berührt schon dieses Recht.

Gegen diese Sichtweise könnte sich gleichwohl Kritik erheben. Denn selbst wenn die Frage nach Zahlungsmitteln gestellt werden darf, bliebe es dem Befragten unbenommen, die Frage nicht zu beantworten. Für das Mitführen von weniger als 15.000 € besteht schon per se keine Anzeigepflicht, und auch für einen Betrag ab 15.000 € kann der Angehaltene nicht gezwungen werden, sich zu äußern. Es verbleibt den Zollbediensteten in diesem Falle dann zunächst nur die Verhängung eines Bußgeldes nach § 31a ZollVG wegen fehlender Mitwirkung bei der Bargeldkontrolle. Eine Schutzbereichstangierung wäre – so könnte man meinen – durch den Betroffenen somit beeinflussbar und könnte deshalb möglicherweise abzulehnen sein. Überzeugend ist dies aber nicht, wenn der Fortgang des Geschehens bei der Durchführung der Grenzkontrolle weiterverfolgt wird. Mögliche Folgemaßnahmen müssen auch hier – ebenso wie beim Anhalten – in die

Betrachtung eingestellt werden, da diese Maßnahmen reflexiv auch die Effektivität einer Grundrechtsberührung durch das Aussageverhalten beeinflussen. Bei Verweigerung der Antwort müsste der Befragte nämlich regelmäßig damit rechnen, dass die Zollbediensteten zu den weiteren Maßnahmen der Identitätsfeststellung und Durchsuchung greifen. Auf diese Weise wird ein faktischer Zwang zur Beantwortung erzeugt. Es besteht in der Nichtbeantwortung der Frage mithin keine wirkliche, effektive Verhinderungsmöglichkeit des Angehaltenen hinsichtlich der Preisgabe persönlicher Informationen.

Wenn die Handlungsalternativen des Betroffenen weiterverfolgt werden, bestünde ferner noch die Möglichkeit der Lüge, d.h. der Falschbeantwortung der Frage. In concreto könnte der Angehaltene einen geringeren Betrag angeben und damit ein persönliches Datum, d.h. die *tatsächliche* Höhe der mitgeführten Zahlungsmittel, verschleiern. Der Betroffene muss dann allerdings darauf vertrauen, dass ihm die Zollbediensteten dies glauben. Denn sonst hätte er durch seine Antwort die Aufdeckung einer personenbezogenen Information – wie bei der Antwortverweigerung – nur vorübergehend verhindert, weil sich eine Durchsuchung seines Fahrzeugs bzw. seiner Person anschließt und dann die wahre Höhe der mitgeführten Zahlungsmittel zutage tritt[131]. Da aber gerade letztlich eine Durchsuchung auch durch eine falsche Anzeige nicht ausgeschlossen werden kann, hat der Betroffene keinen Einfluss darauf, ob die Information zur Kenntnis der Zollbediensteten gelangt. Wenn aus diesen Überlegungen zum Antwortverhalten aber abzuleiten ist, dass der Betroffene eine Kenntniserlangung von dem tatsächlich mitgeführten Zahlungsmittelwert nicht sicher verhindern kann, ist der Schutzbereich des Rechts auf informationelle Selbstbestimmung durch die Frage nach Bargeld und Zahlungsmitteln eröffnet.

131 Dazu ausführlich Kap. D. II. 3. e) cc) (3).

cc) Identitätsfeststellung (§§ 12a Abs. 1 S. 4, 10 Abs. 1 S. 2 ZollVG)

Gemäß § 12a Abs. 1 S. 4 i.V.m. § 10 Abs. 1 S. 2 ZollVG ist es dem Zoll auch erlaubt, die Identität des Angehaltenen festzustellen. Ob dabei die Identitätsfeststellung der Frage nach Zahlungsmitteln vorausgeht oder nachfolgt, ist gesetzlich nicht vorgeschrieben und abhängig von dem jeweiligen Zollbediensteten und der konkreten Situation an der Grenze. Typischerweise wird der Angehaltene zur Kundgabe seiner persönlichen Identität durch Vorlage von Personalausweis, Reisepass etc. aufgefordert. Nach § 1 Abs. 1 PAuswG ist jeder Bürger verpflichtet, entsprechende Ausweispapiere zu besitzen und auf Verlangen auch jederzeit vorzuzeigen. Hieran wird mit der Identitätsfeststellung nach dem Zollverwaltungsgesetz angeknüpft. Unstreitig wird allein schon mit der Identitätsbekundung – der klassischen Konstellation der Offenbarung persönlicher Daten – der Schutzbereich des Selbstbestimmungsrechts tangiert, sodass insoweit eine Eröffnung dieser Freiheitsverbürgung gegeben ist.

Darin erschöpft sich im Rahmen der Identitätsfeststellung allerdings nicht die ausschließliche, grundrechtliche Relevanz dieser Maßnahme. Ein weiterer Aspekt tritt für die Schutzbereichseröffnung hinzu, wenn man die Identitätsfeststellung im Zusammenhang mit der Antwort auf die Frage hinsichtlich des Mitführens von Zahlungsmitteln sieht: Die Identitätsfeststellung dient nicht mehr nur allein der Ermittlung, *wer* die Grenze überquert und angehalten worden ist, sondern liefert darüber hinaus die Information, *in welcher Höhe* derjenige Zahlungsmittel über die Grenze verbringt. Es erfolgt dadurch eine Verknüpfung von zwei personenbezogenen Daten – Identität *und* Höhe der Zahlungsmittel – zu einer weiteren, darüber hinausgehenden Information. Sollte die Frage verneint bzw. ein geringerer Betrag angegeben werden, so wird die entsprechende Information über die tatsächliche Zahlungsmittelhöhe mittels Durchsuchung festgestellt werden. Dann ist die Verknüpfung mit der Identität des Angehaltenen aber ebenfalls hergestellt.

Praktisch wird an der Feststellung, dass eine namentlich bekannte Person einen bestimmten Betrag über die Grenze verbringen wollte, gerade das überwiegende zollamtliche Interesse bestehen. Prinzipiell wird es den Zollbediensteten egal sein, wen sie kontrollieren. Die bloße Feststellung der Identität wird vielleicht in besonderen Situationen von Bedeutung sein, falls beispielsweise gesuchte Personen auf diese Weise gefunden werden; regelmäßig werden die bei der Grenzkontrolle festgestellten Summen und Beträge gemäß § 12a Abs. 3 S. 3 ZollVG vor allem an das zuständige Finanzamt des Befragten weitergegeben[132]. Hierin liegt die eigentliche Zielrichtung der Maßnahme. Die Identitätsfeststellung ist für diese personenbezogene Weitergabe allerdings notwendige Voraussetzung. In ihr ist aufgrund dieser typischen Vorgehensweise deshalb das weitere Vorgehen des Zolls bereits angelegt. Beide Befugnisse – Befragung und Identitätsfeststellung – werden notwendigerweise kumuliert angewandt und sind deshalb nicht voneinander zu trennen. Eine isolierte Betrachtung wäre lebensfremd, da sie die Bedeutung der Maßnahme in ihrer gesamten Dimension verstellen würde. Entscheidend ist einzig, dass dadurch über den Betroffenen eine weitere persönliche Information – die Höhe des mitgeführten Bargeldes – bekannt wird und diese auch weitergeben werden kann.

dd) Durchsuchung (§§ 12a Abs. 1 S. 4, 10 Abs. 1 S. 5 und Abs. 3 ZollVG)

Die Durchsuchung der Person sowie des Fahrzeugs des Angehaltenen nach §§ 12a Abs. 1 S. 4, 10 Abs. 1 S. 5 und Abs. 3 ZollVG dient primär der Informations- und Erkenntnisgewinnung über

132 Vgl. *Wegner*, PStR 2002, 246, 248.

Geschehnisse und Tatsachen sowie das Auffinden von mitgeführtem Bargeld. Hierin liegt der Schwerpunkt des Vorgehens, sodass der Schutzbereich des Rechts auf informationelle Selbstbestimmung unzweifelhaft eröffnet ist.

In Betracht käme allerdings auch eine Berührung des Schutzbereichs von Artt. 2 Abs. 2 S. 2, 104 GG. Anerkanntermaßen wird mit der Freiheit der Person die körperliche Bewegungsfreiheit geschützt[133]. Umfasst ist hiervon die Freiheit, jeden beliebigen Ort aufzusuchen bzw. einem Ort fernzubleiben. Für die Zeit der Durchführung der Maßnahme nach §§ 12a Abs. 1 S. 4, 10 Abs. 3 ZollVG muss der Betroffene an einem bestimmten Ort verbleiben und hat dort die Durchsuchung nach körperfremden Gegenständen über sich ergehen zu lassen. Seine Freiheit, diesen Ort zu verlassen, wird ihm dadurch genommen, was impliziert, dass sein negatives Recht, einem Ort fernzubleiben, tangiert sein könnte. Gegen die negative Freiheitsverbürgung im Rahmen von §§ 2 Abs. 2 S. 2, 104 GG werden jedoch bereits grundsätzliche Bedenken erhoben, ob diese grundrechtlich von der Freiheit der Person überhaupt gedeckt ist[134]. Nicht ganz so weit im Sinne einer völligen Ablehnung der negativen Freiheit der Person geht die überwiegende Literatur und Rechtsprechung, die stärker die Funktion der Grundrechte als klassische Abwehrrechte in den Vordergrund rückt und deshalb die negative Schutzrichtung jedenfalls bejaht, soweit unmittelbarer Zwang hinzutritt[135].

133 Dreier-*Dreier*, Art. 2 Rn. 60; *Pieroth / Schlink*, Rn. 413.

134 Ablehnend Dreier-*Dreier*, Art. 2 Rn. 65 m.w.N.

135 v. Münch / Kunig-*Kunig*, Art. 2 Rn. 76; ebenso Jarass / Pieroth-*Jarass*, Art. 2 Rn. 76; BVerfGE 22, 21, 26; BVerwGE 6, 354, 355. Danach sind Artt. 2 Abs. 2 S. 2, 104 GG nicht einschlägig, wenn zum Erscheinen einer Person ein hoheitliches Gebot besteht. Dahinter steht der Gedanke, dass gerade kein unmittelbarer Zwang vorliegen kann, soweit eine rechtliche Verpflichtung für die Aufsuchung eines bestimmten Ortes besteht.

Im Ergebnis kommt es hier darauf allerdings nicht entscheidend an, da andere Gründe gegen die Einschlägigkeit der Personenfreiheit sprechen: Bereits das Vorliegen einer nur kurzfristigen Freiheitsentziehung, um die es sich hier handelt, kann schon nicht ausreichend sein, um eine Beeinträchtigung dieses Schutzbereichs auszumachen. Vergleicht man eine körperliche Durchsuchung mit typischen Fällen von Freiheitsentziehung und -beschränkung, so wird deutlich, dass Mindestvoraussetzung eine gewisse Dauer des Eingriffs ist. Auch wenn die Anforderungen an die Dauerhaftigkeit des Eingriffs nicht allzu hoch zu setzen sind und mitunter selbst kurzfristige Einschränkungen für eine Grundrechtsbeeinträchtigung genügen[136], wird die Durchsuchung an der Grenze im Regelfall eher kurzfristiger Natur sein. Selbst wenn im Einzelfall eine Durchsuchung mehrere Stunden andauert – z.B. bei Lkws – gilt nichts anderes: Schließlich steht von der Zielrichtung der Maßnahme nicht die Einschränkung der Bewegungsfreiheit im Vordergrund, sondern vielmehr – wie ausgeführt – die Informationserhebung. Artt. 2 Abs. 2 S. 2, 104 GG und Artt. 2 Abs. 1, 1 Abs. 1 GG treten daher zwar insoweit allenfalls konkurrierend nebeneinander; doch geht das allgemeine Persönlichkeitsrecht hier als das speziellere und sachnähere Grundrecht vor.

ee) Zwischenergebnis

Ebenso ist mit der Durchsuchung folglich der Schutzbereich des Selbstbestimmungsrechts eröffnet. Ziel ist es, Bargeld und gleichgestellte Zahlungsmittel aufzufinden und auf diese Weise die durch Befragung erlangte bzw. nicht erlangte personenbezogene Information zu überprüfen bzw. überhaupt erst zu erlangen. Festzuhalten ist vor dem Hintergrund dieser Erörterungen, dass mit *sämtlichen* Maßnahmen der zollamtlichen Überwachung nach §§ 12a Abs. 1

136 Isensee/Kirchhof-*Grubitz*, Band VI, § 130 Rn. 23.

S. 4, 10 Abs. 1 und 3 ZollVG das allgemeine Persönlichkeitsrecht des Individuums berührt wird.

2. Eingriff in den Schutzbereich

Weiterhin müsste in den Schutzbereich dieses Rechts eingegriffen werden. Darunter fällt jede Verkürzung des Schutzbereichs durch staatliches Handeln, d.h. eine nicht unerhebliche Einwirkung des Staates auf ein grundrechtliches Schutzgut gegen den Willen des Grundrechtsträgers[137]. Die uneingeschränkte Ausübung des Rechts muss dem Einzelnen erschwert oder sogar gänzlich unmöglich geworden sein[138]. Nach dem modernen, faktischen Eingriffsverständnis kommt es dabei nicht mehr allein auf die Finalität hoheitlichen Handelns und deren unmittelbare Wirkung gegenüber dem Bürger an, sondern entscheidend auf die Intensität des Eingriffs[139]. Faktische und mittelbare Wirkungen, selbst wenn sie unbeabsichtigte, objektive Nebenfolge der hoheitlichen Maßnahme sind, können gleichermaßen einen grundrechtlichen Eingriff darstellen.

a) Eingriffsqualität des Anhaltens und der Frage nach Bargeld

Die Feststellung des Eingriffs beim Anhalten und der Frage nach Zahlungsmitteln liegt vor diesem Hintergrund nicht selbstverständlich auf der Hand. Es sind durchaus Zweifel angebracht, ob die dadurch gegebene Berührung des Schutzbereichs einen Eingriff darstellt. Obwohl die Anforderungen an einen Eingriff aus Gründen des Grundrechtsschutzes nicht allzu hoch gelegt werden dürfen, scheint auf den ersten Blick die Betroffenheit des Schutzbereichs

---

137 Isensee/Kirchhof-*Isensee*, Band V, § 111 Rn. 59.
138 Isensee/Kirchhof-*Isensee*, Band V, § 111 Rn. 60.
139 Isensee/Kirchhof-*Isensee*, Band V, § 111 Rn. 62 ff.

unterhalb der Schwelle eines Eingriffs zu liegen, weil das Anhalten einen an sich allgemein üblichen Vorgang an einem Grenzübergang darstellt. Gleichwohl ist diese Frage im Rahmen einer verfassungsrechtlichen Rechtfertigung zu bewältigen und darf nicht mit einer Verneinung des Eingriffs beantwortet werden. Da zudem im Anhalten mangels weiterer relevanter Voraussetzungen für Folgemaßnahmen auch diese bereits – bis hin zur Durchsuchung – angelegt sind, stellt das Anhalten also selbst schon einen faktischen Grundrechtseingriff dar. Gleiches gilt für das Fragen nach Zahlungsmitteln: Obwohl die Möglichkeit der Lüge besteht und die Information über die tatsächlich mitgeführte Zahlungsmittelhöhe nicht ohne weiteres durch die Frage gewonnen werden kann, ist die Durchsuchung hierin ebenfalls angelegt, sodass ein Eingriff in das Recht auf informationelle Selbstbestimmung also auch mit der Frage nach Zahlungsmitteln gegeben ist. In Anbetracht fehlender tatbestandlicher Voraussetzungen von § 12a Abs. 1, 10 Abs. 1 und ZollVG sind die Übergänge zwischen der Anwendung der einzelnen Befugnisse fließend. Es ist deshalb geboten, das *gesamte Kontrollgeschehen* als eine *Einheit* zu begreifen und im Ergebnis in dem Anhalten des Betroffenen bereits den Beginn der Durchsuchung zu sehen.

b) Eingriffsqualität der Identitätsfeststellung und Durchsuchung

Ein den Schutzbereich tangierendes staatliches Handeln liegt dagegen mit den Maßnahmen der Identitätsfeststellung und Durchsuchung, die die Preisgabe persönlicher Informationen zur Folge haben, evident vor. Der Einzelne ist insoweit in seiner individuellen Freiheit eingeschränkt, über persönliche Daten selbst disponieren zu können. Verstärkt wird der Eingriff in diesem Zusammenhang zudem durch die Möglichkeit von Folgeeingriffen, sodass auch mittelbare Einwirkungen – z.B. durch eine Sicherstellung nach § 12a Abs. 2 ZollVG – gegeben sind, die nach dem modernen, faktischen Eingriffsbegriff ebenfalls einen Eingriff in den Schutzbereich bedeuten.

3. Rechtfertigung

Der Eingriff in den Schutzbereich des Rechts auf informationelle Selbstbestimmung besagt aber noch nicht, dass damit gleichzeitig ein Verfassungsverstoß vorliegt. Ein solcher wäre nur gegeben, wenn keine Rechtfertigung des Eingriffs vorliegt.

a) Gesetzesvorbehalt

Grundsätzlich unterliegt Art. 2 Abs. 1 GG der sog. „Schranken-Trias“: Sowohl aus der verfassungsmäßigen Ordnung als auch den Rechten anderer sowie schließlich dem Sittengesetz kann sich eine Begrenzung ergeben. Von Bedeutung ist allerdings lediglich die „verfassungsmäßige“ Ordnung, während den anderen Vorbehalten keine nennenswerte Relevanz zukommt[140]. Der Begriff der „verfassungsmäßigen“ Ordnung wird vor dem Hintergrund der Entstehungsgeschichte als verfassungsmäßige Rechtsordnung verstanden, woraus folgt, dass die Gesamtheit aller Normen, die formell und materiell verfassungsgemäß sind, umfasst ist[141]. Beschränkungen bedürfen demnach einer gesetzlichen Grundlage, aus der sich die Voraussetzungen und der Umfang der Beschränkungen für den Bürger eindeutig erkennbar im Sinne des Gebots der Normenklar-

140 Dazu Jarass/Pieroth-*Jarass*, Art. 2 Rn. 19, wonach das Sittengesetz wegen der Durchnormiertheit aller Lebensbereiche sogar in der verfassungsmäßigen Ordnung aufgehen soll.

141 BVerfGE 91, 186, 201; 95, 267, 306; 96, 375, 397 f. m.w.N.

heit ergeben[142]. Mit § 12a Abs. 1 S. 1 und 4 ZollVG könnte eine derart einschränkende Norm vorliegen. Maßgeblich kommt es dafür allerdings darauf an, dass sie selbst verfassungsgemäß ist. Dies ist allerdings nur der Fall, soweit Einschränkungen der individuellen Freiheit zu Gunsten überwiegender Allgemeininteressen hinzunehmen sind, wobei letztere jedoch nicht einseitig zu Lasten des allgemeinen Freiheitsanspruchs des Bürgers gewichtet werden dürfen. Vielmehr hat eine Austarierung persönlicher und öffentlicher Belange vor dem Hintergrund des Grundsatzes der Verhältnismäßigkeit zu erfolgen.

b) Ausformung durch das Bundesverfassungsgericht

Im Zusammenhang mit der Rechtfertigung von Eingriffen ist zunächst auch – so hat das Bundesverfassungsgericht im Volkszählungsurteil verlautbart – für das allgemeine Persönlichkeitsrecht von den eben skizzierten Erwägungen auszugehen[143]. Denn naturgemäß kann das allgemeine Persönlichkeitsrecht wegen der Gemeinschaftsgebundenheit des Einzelnen nicht schrankenlos gewährleistet sein. Allein das Vorliegen eines verhältnismäßigen Gesetzes, das dem Gebot der Normenklarheit genügt, würde jedoch zu kurz greifen und der herausgehobenen Bedeutung dieser Freiheit – nicht zuletzt auch wegen des Einflusses der Menschenwürde – nur ungenügend Rechnung tragen. Dies gilt umso mehr, als die beschriebenen neueren technischen, gesellschaftlichen und politischen Entwicklungen zeigen, dass es kein „belangloses" Datum mehr geben kann. Auch für sich allein unbedeutende Informationen können durch eine entsprechende Verknüpfung mit anderen Tatsachen eine personenbezogene,

142 BVerfGE 35, 382, 399 f.; 49, 168, 180 f.; *Di Fabio*, in: Maunz/Dürig/Herzog, Art. 2 I Rn. 41.

143 BVerfGE 65, 1, 1 (2. LS), 41.

erhebliche Aussagekraft erlangen, wie schon für die gegenständliche Problematik ein einfaches Beispiel zeigt:

Wird wertmäßig die Grenze von 15.000 € nicht erreicht und treten auch keine weiteren Umstände hinzu, die eine Sicherstellung nach § 12a Abs. 2 ZollVG legitimieren könnten[144], so hat dieser Betrag im Rahmen der zollamtlichen Überwachung des grenzüberschreitenden Bargeldverkehrs grundsätzlich keine weiteren Konsequenzen. An gesteigerter Relevanz würde es diesem Datum folglich fehlen. Zusammen mit der Feststellung der Identität und der Übermittlung dieses vorgefundenen Betrages an das zuständige Veranlagungsfinanzamt des Betroffenen wird dieser scheinbar belanglosen Information allerdings eine gänzlich andere Bedeutung zugemessen. Auf einmal entfaltet sie für die Frage eines Verstoßes gegen Steuergesetze aufgrund fehlender Anmeldung dieser Summe eine ausschlaggebende Wichtigkeit. Während offensichtlich die Art der Daten keine Rolle spielt – es insoweit unter den Bedingungen der automatischen Datenverarbeitung kein „belangloses" Datum mehr geben kann[145] –, kommt es entscheidend auf die Nutzungs- und Verwendungsmöglichkeiten der Daten an. Zweckverwendungen und -verknüpfungen bestimmen maßgeblich Art und Intensität von Informationseingriffen.

Um den Bürger deshalb vor einer unkontrollierten Erhebung, Speicherung und vor allem Verwendung persönlicher Daten zu schützen, ist für jedes das allgemeine Persönlichkeitsrecht beschränkende Gesetz zusätzlich eine *eindeutige* Zweckbestimmung für die Datenerhebung und -verwendung notwendig[146]. Für den Bürger muss klar und vor allem *eindeutig erkennbar* sein, zu welchem Zweck seine Daten erhoben und auf welche Art und Weise sie verwandt werden

---

144 Siehe Kap. C. II. 2.

145 BVerfGE 65, 1, 45.

146 BVerfGE 65, 1, 45.

können. Insbesondere gelten diese hohen Anforderungen an personenbezogene Daten, die in individualisierter und nicht anonymisierter Form vorliegen[147]. Es bedarf vor diesem Hintergrund einer *bereichsspezifischen* Rechtsgrundlage, durch die der Gesetzgeber den Verwendungszweck präzise bestimmt und im Übrigen deutlich macht, dass die Angaben für die Erreichung dieses Zwecks geeignet und erforderlich sind[148]. Über den gesetzlich geregelten Zweck hinausgehende Verwendungen von Daten sind demzufolge unzulässig. Konsequenterweise ist es dem Gesetzgeber aufgetragen, durch organisatorische und verfahrensrechtliche Vorkehrungen einer dabei entstehenden Persönlichkeitsrechtsverletzung entgegenzuwirken[149]. Durch Weitergabe- und Verwertungsverbote ist in diesem Sinne ein effektiver Rechtsschutz vor der Entwertung materieller Grundrechtspositionen zu gewährleisten. Flankierend treten als weitere verfahrensrechtliche Schutzvorkehrungen Aufklärungs-, Auskunfts- und Löschungspflichten hinzu[150]. Sollten diese Schutzinstrumentarien im Einzelfall nicht gesetzlich kodifiziert sein, so führt dies gleichwohl nicht zu einem herabgesetzten Schutz für den Bürger. Abwehr- und Schutzansprüche, die Untersagung der Weitergabe im Rahmen von Amtshilfe oder auch die Verwertung von unrechtmäßig erlangten Daten können dann durch unmittelbaren Rückgriff auf Artt. 2 Abs. 1, 1 Abs. 1 GG hergeleitet werden[151]. An diesen Voraussetzungen und Bedingungen einer verfassungsmäßigen Rechts-

---

147 BVerfGE 65, 1, 45. Geringere Anforderungen sind bei Datenerhebungen und -verarbeitungen zu statistischen Zwecken zu stellen, da in diesem Falle in der Regel anonymisierte Daten erhoben und genutzt werden.

148 BVerfGE 65, 1, 46.

149 BVerfGE 65, 1, 1 (2. LS), 44.

150 BVerfGE 65, 1, 46.

151 BVerfGE 65, 1, 46. In diese Richtung auch OVG Lüneburg, NJW 1992, 192, 194 f.; OVG Münster, CR 1995, 115, 116; *Di Fabio*, in: Maunz/Dürig/Herzog, Art. 2 Rn. 180 ff. m.w.N.

grundlage zur Einschränkung des Rechts auf informationelle Selbstbestimmung ist § 12a Abs. 1 ZollVG zu messen.

Entsprechend dem gesetzgeberischen Willen dient die Norm der Bekämpfung organisierter Kriminalität[152]. Der Anwendungsbereich und daran anknüpfend auch der Verwendungszweck erhobener Daten sind damit prima facie bestimmt. Zweifel an einer bereichsspezifischen Rechtsgrundlage könnten allenfalls deshalb entstehen, weil sich der gesetzliche Verwendungszweck nicht explizit aus der Norm selbst ergibt, sondern aus den Gesetzesmaterialien und der Systematik gewonnen werden muss. Nach Ansicht des Bundesverfassungsgerichts ist es jedoch allgemein ausreichend, wenn Zweck und Ermächtigungsumfang zumindest im Zusammenspiel mit anderen Normen deutlich hervorgehen[153]. Angesichts des Umstandes, dass intendierte Zwecke selten direkt Eingang in die gesetzliche Normierung finden, ist diese Sichtweise konsequent und wird durch die allgemein anerkannten Auslegungsregeln gedeckt. Für § 12a Abs. 1 ZollVG wird der Datenerhebungs- und -verwendungszweck aus den Gesetzesmaterialien sowie insbesondere § 1 Abs. 3a und 3c ZollVG im Sinne der Rechtsprechung des Bundesverfassungsgerichts hinreichend deutlich.

c) Geeignetheit

Entscheidend für die verfassungsrechtliche Vereinbarkeit der Befugnisse der zollamtlichen Überwachung nach § 12a Abs. 1 ZollVG

---

152 Der in Kap. C. III. 2. herausgearbeitete zusätzliche steuerliche Zweck der Bekämpfung der Steuerhinterziehung bezieht sich nicht auf § 12a Abs. 1, sondern auf § 12a Abs. 3 ZollVG. Auf die Zulässigkeit einer solchen Vereinigung von strafrechtlichen und steuerlichen Ermittlungen bei der Zollverwaltung wird bei der Analyse der Verfassungsmäßigkeit des § 12a Abs. 3 ZollVG in Kap. E zurückzukommen sein; die Beurteilung der Befugnisse nach § 12a Abs. 1 ZollVG wird hiervon aber nicht berührt.

153 BVerfGE 92, 191, 198.

kommt es somit weiterhin darauf an, inwieweit diese dem Verhältnismäßigkeitsgrundsatz entsprechen. Es fragt sich, ob vorliegend die Individualinteressen zu Gunsten eines überwiegenden Allgemeininteresses zurücktreten müssen.

Mit dem intendierten Zweck der Bekämpfung organisierter Kriminalität wird ein legitimes und hochrangiges Interesse der Allgemeinheit verfolgt. Den Staat trifft eine Verpflichtung zum Schutz seiner Bürger[154]. Die zu dieser Zielverwirklichung in § 12a Abs. 1 ZollVG – einschließlich der Verweisung auf § 10 ZollVG – kodifizierten Befugnisse stellen dazu auch geeignete Mittel dar. Selbst wenn einzelne Befugnisse – Anhalten, Befragen und Identitätsfeststellung – isoliert betrachtet in dieser Hinsicht wenig ergiebig sind, steht dies der Geeignetheit der Norm insgesamt nicht entgegen. Die Maßnahmen müssen konsequenterweise – wie ausgeführt – als *Einheit* betrachtet werden, sodass im Anhalten bereits das gesamte Kontrollgeschehen angelegt ist und dieses bereits den Beginn der Durchsuchung darstellt. Der Kontrollvorgang kann stets ohne weiteres in die Durchsuchung einmünden. Es ist deshalb das richtige Verständnis, Anhalten, Befragen, Identitätsfeststellung und Durchsuchung als *ein* „Maßnahmebündel" zu begreifen und die Geeignetheit auf dieses insgesamt – und nicht jeweils auf die Einzelbefugnis – zu beziehen. Nur so kann ein zusammenhängendes, interdependentes Vorgehen der Zollbediensteten angemessen gewürdigt würden. Eine isolierte Betrachtung von Einzelmaßnahmen würde den tatsächlichen Sinngehalt und die Dimension der Grenzkontrolle verdecken.

d) Erforderlichkeit

Das Übermaßverbot gebietet weiter, dass ein Grundrechtseingriff stets auf das mildeste Mittel, auf die am wenigsten beeinträchtigende

---

154 BVerfGE 49, 24, 56 f.; BayVGH DVBl. 2003, 861, 864.

Art und Weise zu begrenzen ist[155]. Es darf demnach kein gleich geeignetes, ebenso effektives Mittel zur Verfügung stehen. Fraglich ist, ob hier mildere – gleich effektive – Eingriffsmaßnahmen denkbar wären. Alternativen könnten in Ansehung des Schengener Durchführungsübereinkommens[156] erwogen werden, wo für den Wegfall der Binnengrenzkontrollen Ausgleichsmaßnahmen zur Bekämpfung internationaler Kriminalität in Form von intensiverer polizeilicher Zusammenarbeit und gemeinsamer Fahndungsdateien vorgesehen sind[157]. Insgesamt weisen diese Maßnahmen jedoch keine vergleichbare Effizienz zu Grenzkontrollen auf[158]. Unter verfassungsrechtlichen Gesichtspunkten ist dem nationalen Gesetzgeber für die Beurteilung der Erforderlichkeit bei der Schaffung von Bargeldkontrollen eine gewisse *Einschätzungsprärogative* zuzugestehen, damit er seine Aufgaben sachgerecht und effektiv erfüllen kann und nicht durch umfangreiche Analysen zur Eingriffsintensität behindert wird[159]. Insofern zielen die erörterten Befugnisse genau in die gewünschte Richtung. Die Heranziehung des Schengener Durchführungsübereinkommens spricht daher nicht gegen die Erforderlichkeit von Grenzkontrollen jeglicher Form. Der Wegfall der „Filterfunktion" der Binnengrenzkontrollen muss gerade auf andere Art und Weise kompensiert werden[160].

e) Angemessenheit

Der Kern der Auseinandersetzung um die Erörterung der verfassungsrechtlichen Vereinbarkeit der Norm manifestiert sich bei der

---

155 *Herzog*, in: Maunz/Dürig/Herzog, Art. 20 Abschnitt VII Rn. 71.
156 BGBl. II 1993, S. 1010 ff.
157 *Stephan*, DVBl. 1998, 81, 84.
158 *Stephan*, DVBl. 1998, 81, 84.
159 BVerfGE 96, 10, 23 ff.
160 Vgl. BayVGH, DVBl. 2003, 861, 864.

Frage, ob die Grundrechtseingriffe durch § 12a Abs. 1 ZollVG in Bezug auf das mit ihnen verfolgte Ziel noch angemessen sind. Die betroffenen und relevanten Rechtspositionen sind vor diesem Hintergrund gegeneinander abzuwägen und auszutarieren. Dabei ist den widerstreitenden Interessen jeweils zu optimaler Geltung zu verhelfen, indem ihre Bedeutung in der Abwägung eingestellt, berücksichtigt und entsprechend ihrem Gehalt auch gewürdigt wird.

Es gilt dabei, das informationelle Selbstbestimmungsrecht auf der einen, die Bekämpfung der organisierten Kriminalität und das daran anknüpfende Strafverfolgungsinteresse als Ausfluss des Rechtsstaatsprinzips auf der anderen Seite gegeneinander abzuwägen. Doch ist es nicht nur die Auflehnung des Täters gegen die Rechtsordnung, die im Einzelfall geahndet werden soll, als vielmehr – spiegelbildlich – insbesondere auch die Befriedigung elementarer Sicherheitsbedürfnisse der Bürger und des Staates. Der allgegenwärtigen latenten Bedrohung von Staat und Bürgern durch strukturierte, auf Kapitaldelikte ausgerichtete kriminelle Organisationsformen[161] ist deshalb zum Schutz grundlegender Freiheitsrechte und der Funktionsfähigkeit staatlicher Institutionen zu begegnen. Im Gegensatz zum Vorliegen eines Anfangsverdachts, bei dem die persönlichen Freiheiten des Bürgers grundsätzlich hinter dem Strafverfolgungsinteresse wegen einer Pflicht zur Ermittlungseinleitung nach § 152 Abs. 2 StPO zurückzustehen haben, ist bei § 12a Abs. 1 ZollVG ein derartiges Überwiegen mangels Anfangsverdachts gerade nicht per se gegeben. Es kommt deshalb maßgeblich darauf an, wie gravierend der Eingriff in das Persönlichkeitsrecht im Verhältnis zur Wahrscheinlichkeit ist, dass eine Geldwäschehandlung aufgedeckt werden kann.

Ein Einschreiten nach § 12a Abs. 1 ZollVG muss dafür allerdings zunächst durch rechtsstaatliche Grundsätze gedeckt sein. Sollte das

161 Siehe beispielhaft *Schwind*, § 29 Rn. 22 ff.; *Kaiser*, § 38 Rn. 24 ff.

Vorgehen gegen die organisierte Kriminalität mit dem Maßnahmekatalog der §§ 12a Abs. 1, 10 ZollVG bereits gegen *Vorgaben des Rechtsstaatsprinzips* verstoßen, würde die Abwägung a priori zu Gunsten des Persönlichkeitsrechts ausfallen, da ein Eingriff in dessen Schutzbereich dann auch in jedem Fall unangemessen wäre.

aa) Maßgaben der Unschuldsvermutung für § 12a Abs. 1 ZollVG

Ob das Rechtsstaatsprinzip (Artt. 20 Abs. 3, 28 Abs. 1 GG) durch die Kontrollbefugnisse der §§ 12a Abs. 1, 10 ZollVG gewahrt ist, könnte im Hinblick auf die Unschuldsvermutung zweifelhaft sein. Das wesentliche Charakteristikum des § 12a Abs. 1 ZollVG ist die Zulässigkeit von Kontrollbefugnissen – sowohl des § 10 Abs. 1 als auch des § 10 Abs. 3 ZollVG – unterhalb der Schwelle eines strafrechtlichen Anfangsverdachts. Dieser ist gemäß § 152 Abs. 2 StPO aber grundsätzliche Bedingung für die Aufnahme repressiver Ermittlungstätigkeit. Dahinter steht der Sinn und Zweck, auf diese Weise die Sicherung der Grundrechte des Bürgers zu gewährleisten und diesen vor unberechtigten Ermittlungen zu schützen[162]. § 152 Abs. 2 StPO enthält damit ein sog. repressives Ermittlungsverbot[163]. Schützenswert vor strafprozessualen Maßnahmen ist jedermann aber gerade deshalb, weil zu seinen Gunsten zunächst von dessen Redlichkeit auszugehen ist. Ein solches Ermittlungsverbot kann jedoch dann nicht mehr greifen, wenn wenigstens die begründete Möglichkeit besteht, dass eine Straftat verwirklicht wurde. Insofern bedingt die Funktionsfähigkeit des Rechtsstaates ein Zurücktreten der Interessen des Betroffenen. Indem § 152 Abs. 2 StPO in einem solchen Fall die Einleitung strafprozessualer Ermittlungen erlaubt, fällt die Abwägung zwischen den Belangen des Betroffenen und einer effektiven Strafverfolgung zu Gunsten der Interessen des Staa-

162 IntKomm-*Vogler*, Art. 6 Rn. 392.
163 *Roggan*, S. 39.

tes aus. § 152 Abs. 2 StPO stellt vor diesem Hintergrund insoweit eine verfassungsrechtlich gerechtfertigte Konkretisierung der Vermutung der Redlichkeit dar, als die Einleitung strafrechtlicher Ermittlungen nur bei Vorliegen eines Anfangsverdachts zulässig ist.

Wenn aber §§ 12a Abs. 1, 10 ZollVG einen Anfangsverdacht nicht erfordern und auch Durchsuchungsmaßnahmen nach § 10 Abs. 3 ZollVG lediglich auf eine willkürliche Vornahme überprüft werden können, so kommt es auf § 152 Abs. 2 StPO offensichtlich nicht an. In Betracht kommt deshalb durch die Maßnahmen nach §§ 12a Abs. 1, 10 Abs. 1 und 3 ZollVG ein Verstoß gegen die Unschuldsvermutung, wenn letztere für die *Aufnahme* strafrechtlicher Ermittlungen *stets* das Vorliegen eines Anfangsverdachts erfordert. Sofern dies jedoch nicht zwingend der Fall ist – z.B. weil herausgehobene Interessen des Allgemeinwohls auch die Einleitung repressiver Maßnahmen ohne das Bestehen eines Anfangsverdachts ausnahmsweise rechtfertigen –, so wäre § 12a Abs. 1 ZollVG im Vergleich zu § 152 Abs. 2 StPO als speziellere gesetzliche Regelung anzusehen, die dann ihrerseits für die besondere Situation der Grenzkontrolle eine verfassungsrechtlich zulässige Konkretisierung der Unschuldsvermutung darstellt.

Dies setzt jedoch zunächst überhaupt voraus, dass dieses rechtsstaatliche Prinzip für die *Aufnahme* von Ermittlungen und Maßnahmen überhaupt eine Aussage trifft.

(1) Verfassungsrechtliche Einordnung

Die Unschuldsvermutung ist in Art. 6 Abs. 2 EMRK kodifiziert, sodass sie insoweit Bestandteil des positiven Rechts im Range eines Bundesgesetzes ist[164]. Die Menschenrechtskonvention ist bei der Auslegung des Grundgesetzes zu berücksichtigen und konkreti-

164 BVerfGE 19, 342, 347; 22, 254, 265; 25, 327, 331; 35, 311, 320.

siert elementare verfassungsrechtliche Wertungen. Auch die Auswirkungen der Entscheidungen des Europäischen Gerichtshofs für Menschenrechte sind deshalb von nationalen Gerichten und Organen bei ihrem Handeln zu „berücksichtigen“[165]. Der Unschuldsvermutung wird damit der Status eines elementaren Rechtsprinzips zuteil, dem stets zur optimalen Geltung verholfen werden muss[166]. Darüber hinaus herrscht allerdings wenig Einigkeit, was die Herleitung und Einordnung der Unschuldsvermutung in den Kontext grundrechtlicher Prinzipien, ihren Schutzbereich, die Abwägungsfestigkeit bis hin zu den konkreten Garantien anbelangt[167].

Während eine nicht unbeachtliche Ansicht die Unschuldsvermutung als selbstverständliche Folge des Gebots der Achtung der Menschenwürde versteht und in der Vermutung der Rechtstreue ein geradezu konstituierendes Merkmal des Rechtsstaates im Gegensatz zum Polizei- bzw. Überwachungsstaat erblickt[168], begreift das Bundesverfassungsgericht[169] und mit ihm die wohl überwiegende Literatur[170] die Unschuldsvermutung als besondere Ausprägung des Rechtsstaatsprinzips und weist dieser damit Verfassungsrang zu. Dem Gesetzgeber sei deshalb auch aufgetragen, der Unschulds-

---

165 BVerfG NJW 2004, 3407, 3410 = L & L 2005, 48, 51, 53.

166 *Stuckenberg*, S. 59 m.w.N.

167 Umfassend zu den einzelnen Streitpunkten und Positionen *Stuckenberg*, S. 48 ff.

168 *Sax*, in: Bettermann/Nipperdey/Scheuner, Band III/2, S. 987, 990; *Apell*, S. 60 f.; *Denzel*, S. 62; *Vogler*, FS Kleinknecht, S. 429, 436; *Wolter*, Ermittlungsmaßnahmen und Verfahrenssicherung, S. 89, 92; ders., NStZ 1993, 1, 6; ähnlich *Köster*, S. 143 ff., der jedoch das wertphilosophische Moment der Menschenwürde als Begründungsansatz hervorhebt.

169 BVerfGE 74, 358, 370; 82, 106, 114.

170 *v. Becker*, S. 209 f.; IntKomm-*Vogler*, Art. 6 Rn. 382; *Jarass/Pieroth*, Art. 20 Rn. 71; *Meyer-Goßner*, Art. 6 EMRK Rn. 12; *Pieroth/Schlink*, Rn. 466; SK-*Rudolphi*, StPO, Vor § 94 Rn. 8; SK-*Rogall*, StPO, Vor § 133 Rn. 74; *Tettinger*, S. 34.

vermutung durch Schaffung entsprechender Regelungen im Strafverfahren stets zu optimaler Geltung zu verhelfen[171].

Die Verortung der Unschuldsvermutung als Ausfluss der Menschenwürde einerseits oder als Teil des Rechtsstaatsprinzips andererseits ist von entscheidender Bedeutung: Folgt man dem Menschenwürdeansatz ist eine Beeinträchtigung der Unschuldsvermutung nach ganz allgemeiner Ansicht nicht rechtfertigungsfähig[172], während bei einem Eingriff in das Rechtsstaatsprinzip eine Rechtfertigung nicht a priori ausgeschlossen ist. Die Ansicht, die Unschuldsvermutung als Ausfluss der Menschenwürde zu begreifen, kann für sich reklamieren, dass die Annahme der grundsätzlichen Rechtstreue des Menschen ein Wesensmerkmal des homo sapiens ist. Wenn dadurch aber das strafprozessuale (Ermittlungs-)Verfahren sowie die Befriedigung der menschlichen Sicherheitsbedürfnisse stets völlig unberücksichtigt bleiben müssten, entstehen berechtigte Zweifel, ob dies eine tragfähige Lösung sein kann. Es drängt sich dabei der Verdacht auf, dass (häufig) voreilig die Einschlägigkeit der Menschenwürde bejaht wird. Richtig an diesem Bemühen ist zwar, dass die Menschenwürde als Kristallisationspunkt und Fundamentalprinzip der Verfassung besondere Beachtung verdient. Doch führt ein inflatorischer Gebrauch dieses Wertes gerade zu einer Verkehrung in sein Gegenteil, nämlich einer Relativierung: Der exzeptionelle Schutz der Menschenwürde wäre seiner Besonderheit beraubt, wodurch erst recht der Weg zu Einschränkungen geebnet würde. Denn unbefriedigende Ergebnisse würde man ver-

171 BVerfGE 74, 358, 370; 82, 106, 114.

172 Durch neuere Entwicklungen – insbesondere in dem sensiblen Bereich der Gen- und Fortpflanzungstechnik – zeichnen sich indes vermehrt Tendenzen hin zu einer Relativierung der Menschenwürde ab, vgl. dazu *Herdegen*, in: Maunz/Dürig/Herzog, Art. 1 I Rn. 69, 76 ff. und 93 ff. Dies ist bedingt durch den ethisch-philosophischen Bezug dieser Materien und angesichts der Aussage des Art. 1 Abs. 1 GG, dass die Menschenwürde unantastbar ist, nicht verallgemeinerungsfähig.

suchen, auf Rechtfertigungsebene wieder zu korrigieren. Dies wäre die unweigerliche Folge einer Überhöhung von Positionen, die auch durch andere Verfassungsprinzipien hinreichend geschützt werden können, bei denen im Einzelfall eine Abwägung kollidierender Belange möglich ist.

Unter diesem Gesichtspunkt ist es deshalb überzeugender, die Unschuldsvermutung aus dem im Grundsatz abwägungsfähigen Rechtsstaatsprinzip der Artt. 20 Abs. 3, 28 Abs. 2 GG herzuleiten. Dafür spricht zudem der enge Zusammenhang dieses Prinzips zum Recht des Beschuldigten auf ein faires, von rechtsstaatlichen Grundsätzen getragenes Verfahren[173]. Um dieses geht es typischerweise, wenn die Unschuldsvermutung zu Schutzzwecken bemüht wird. So verständlich der Menschenwürdeansatz im Ausgangspunkt ist, verkennt er indes den Schwerpunkt des Geschehens. Selbst wenn man die Bedenken gegen die Einschlägigkeit der Menschenwürdegarantie nicht vollends teilt, so würde freilich die Schwerpunktbetrachtung zu einer Anwendung des Rechtsstaatsprinzips nötigen.

(2) Anerkannter Kernbereich

Nach dieser dogmatischen Verortung gilt es, nunmehr die Frage zu klären, ob die Unschuldsvermutung auch eine Aussage über die *Aufnahme* von Ermittlungen trifft. Übereinstimmend ist man sich jedenfalls darin einig, dass keine Strafe ohne Schuld verhängt werden darf. Oder anders formuliert: Dass keine Strafe vorweggenommen werden darf, bevor auf ihre Rechtsfolge rechtskräftig und rechtsfehlerfrei erkannt worden ist. In einem geordneten rechtsstaatlichen Verfahren ist daher der Strafanspruch des Staates unter Wahrung der Rechte des Verdächtigen durchzusetzen. Dazu müssen insbesondere Tat

173 BVerfGE 74, 358, 371.

und Schuld nachgewiesen werden[174]. Solange dies nicht geschehen ist, ist grundsätzlich von der Unschuld des Angeklagten auszugehen. Mithin greift die Vermutung der Redlichkeit also unstreitig dann, wenn es um den konkreten Ausspruch von Strafe geht. Erforderlich ist insoweit zumindest eine Anklageerhebung.

Damit ist für die eigentlich zu erörternde Problematik, ob die *Aufnahme* von verdachtslosen Ermittlungen nach §§ 12a Abs. 1, 10 Abs. 1 und 3 ZollVG unter dem Blickwinkel der Unschuldsvermutung gesteuert wird, allerdings nicht viel gewonnen. Schließlich geht es hier nicht um einen strafenden staatlichen Eingriff, als vielmehr – dem vorgelagert – um die Zulässigkeit der Vornahme von Maßnahmen ohne Anfangsverdacht. Man könnte deshalb geneigt sein, die Einschlägigkeit der Unschuldsvermutung aus diesem Grunde schon zu verneinen.

(3) Geltung nur für strafende Eingriffe

Lisken und *Roggan* lehnen eine zeitliche Vorverlagerung der Schutzwirkung der Unschuldsvermutung strikt ab und wollen den Geltungsbereich der Unschuldsvermutung auf den Schutz vor *strafenden* staatlichen Eingriffen beschränken[175]. Sie knüpfen unmittelbar an den allgemein anerkannten Kernbereich der Unschuldsvermutung an, der das Zuerkennen von Strafe ohne Feststellung tatbestandlicher Merkmale – insbesondere der Schuld – als unzulässig bestimmt, und wollen darüber nicht hinausgehen. Denknotwendig seien somit selbst schwerste Eingriffe in die Rechte des Beschuldigten erlaubt, wenn damit keine Strafe ausgesprochen wird[176]. Ein weitergehender Anwendungsbereich könne aus der Unschuldsvermutung nicht abgeleitet werden. Da mit der Aufnah-

174 BVerfGE 9, 167, 169.

175 *Lisken*, NVwZ 1998, 22, 24; *Roggan*, S. 39 m.w.N.

176 *Roggan*, S. 39.

me verdachtsloser Ermittlungen kein Strafausspruch verbunden ist, sind die Kontrollbefugnisse der §§ 12a Abs. 1, 10 ZollVG auch nicht an den Vorgaben der Unschuldsvermutung zu messen. Deren Anwendungsbereich wäre demzufolge überhaupt nicht eröffnet. Um freilich einen adäquaten Grundrechtsschutz für den Bürger auch in vorgelagerten Verfahrensstadien des Strafausspruchs sicherzustellen, verweisen die Vertreter dieser Ansicht insoweit auf Art. 1 Abs. 1 GG[177]. Dem Schutz der Menschenwürde würde danach widersprochen, wenn einer Person per se strafbare Handlungen zugetraut würden[178]. Diese Lösung wird von dem Verständnis einer Degradierung des Bürgers zum bloßen Objekt staatlichen Handelns getragen, wenn dieser jederzeit ohne Anlass Strafverfolgungsmaßnahmen ausgesetzt sein dürfte. Die Aufnahme der Ermittlungstätigkeit trotz Nichtvorliegens eines Anfangsverdachts bedeutet demnach einen Verstoß gegen Art. 1 Abs. 1 GG. Unmittelbar daraus ergibt sich in solchen Fällen ein Ermittlungsverbot, und als Konsequenz müssten erlangte Beweismittel wegen des nicht gesetzlichen Schuldnachweises einem Beweisverwertungsverbot unterliegen.

(4) Geltung ab Ermittlungsbeginn

Während sich das Bundesverfassungsgericht bisher in Bezug auf den zeitlichen Beginn der Schutzwirkung der Unschuldsvermutung explizit nicht festgelegt hat[179], lässt die vorherrschende Ansicht die

---

177 *Roggan*, S. 40. Es liegt damit aber keinesfalls eine Zuordnung der Unschuldsvermutung in den Schutzbereich der Menschwürde vor. Dass die Unschuldsvermutung Teil des Rechtsstaatsprinzips ist, wird auch von *Lisken* und *Roggan* anerkannt. Soweit aber ihr Anwendungsbereich nicht eröffnet ist, kann für einen effektiven Grundrechtsschutz auf andere Verfassungsprinzipien und Freiheitsverbürgungen – hier die Garantie der Menschenwürde – zurückgegriffen werden.

178 *Lisken*, NVwZ 1998, 22, 24.

179 Lediglich über das Ende des zeitlichen Anwendungsbereichs, nämlich den rechtskräftigen Abschluss des Verfahrens, findet sich in der Judikatur des

Unschuldsvermutung nicht erst mit Erhebung der Anklage, sondern schon mit Entstehen des Tatverdachts bzw. Beginn der Ermittlungen greifen[180]. Begründet wird dies überwiegend mit einem Argument *a maiore ad minus*: Wenn schon der Richter von der Unschuld des Angeklagten auszugehen habe, dann dürfen erst recht nicht die anderen Strafverfolgungsorgane den Beschuldigten im Vorfeld als schuldig behandeln. Die *Einleitung* einer Anwendung der Kontrollbefugnisse durch die Zollbediensteten nach §§ 12a ff. ZollVG könnte also auch nach dieser Ansicht nicht den Schutzbereich der Unschuldsvermutung berühren.

(5) Eigene Ansicht – Geltung bereits vor Verfahrenseinleitung

Die beiden vorgenannten Ansichten vermögen nicht zu überzeugen. Gegen die Mindermeinung von *Lisken* und *Roggan* erhebt sich die bereits zur Einordnung der Unschuldsvermutung als Teilaspekt der Menschenwürde vorgetragene Kritik entsprechend[181]. Die Unschuldsvermutung würde nach dieser Position für das Strafverfahren faktisch keine Bedeutung haben. Einem solchen Verständnis ist eine verschleierte Zuordnung der Unschuldsvermutung zur Menschenwürde vorzuwerfen, indem man für den Beschuldigten den grundrechtlichen Schutz im Ermittlungsverfahren im Wesentlichen aus Art. 1 Abs. 1 GG herleitet. Die Unschuldsvermutung würde damit für den Betroffenen aber auch keinen besonderen Grundrechtsschutz beinhalten, da über das allgemeine Persönlichkeitsrecht – bei der Aufnahme verdachtsloser Ermittlungen – die Menschenwürdegarantie im Wesentlichen bereits abgedeckt ist.

BVerfG eine Aussage, vgl. BVerfGE 74, 358, 371, 374; 82, 106, 114. Dazu *Stuckenberg*, S. 62 f. m.w.N.

180 *Köster*, S. 175; *Dalbkermeyer*, S. 24; *Schroeder*, 140 Jahre GA, 205, 209; OLG Köln, NJW 1987, 2682, 2684; für das österreichische Recht *Höpfel*, S. 16, 24.

181 Vgl. Kap. D. II. 3. e) aa) (1).

Mit der vorherrschenden Meinung kann hinsichtlich der Aufnahme verdachtsloser Ermittlungen freilich überhaupt keine Einschränkung abgeleitet werden. Dies ist wenig verständlich, wenn man bedenkt, dass gerade insofern hervorgehoben wird, dass nicht nur der Richter, sondern auch die Ermittlungsbehörden von der Unschuld des Beschuldigten auszugehen haben. Dieses Argument *a maiore ad minus* wird jedoch unverständlicherweise auf den jeweiligen Ermittlungsbeginn als zeitliche Zäsur begrenzt und nicht auch auf die Aufnahme von Ermittlungen erstreckt.

Richtigerweise muss die Unschuldsvermutung aber schon vor der Aufnahme von verdachtslosen Ermittlungen als solchen schützen. Der Erst-Recht-Schluss der überwiegenden Ansicht ist insoweit auszudehnen. Der eigentlich maßgebliche Zeitpunkt ist gerade die Ermittlungsaufnahme. Hierin liegt der Ausgangspunkt des weiteren Geschehens und damit auch der Auslöser der grundrechtlichen Bedenken. In der Ermittlungsaufnahme sind die weiteren Maßnahmen bereits angelegt. Ohne einen verdachtslosen Eintritt in die Ermittlungen wären Zwangseingriffe, die den Bürger in geschützten Rechten berühren, überhaupt nicht möglich. Durch die Ermittlungen wird jedoch grundsätzlich zum Ausdruck gebracht, dass aus Sicht der Ermittlungsbehörden eine schuldhafte Tatbegehung zumindest möglich erscheint. Sein Anspruch, als unschuldig behandelt zu werden, ist somit bereits evident berührt, da die Verfahrenseinleitung eine derartige Unterstellung der Schuld impliziert.

§ 152 Abs. 2 StPO gestattet eine Ermittlungsaufnahme jedoch bei Vorliegen eines Anfangsverdachts. Insofern stellt diese Regelung nach den obigen Ausführungen eine Konkretisierung der Unschuldsvermutung dar. Denn wenn die Position des Betroffenen in verfahrens- und grundrechtlicher Sicht bei Ermittlungsaufnahme grundsätzlich nicht schutzbedürftig wäre, bedürfte es einer Norm wie § 152 Abs. 2 StPO und der Notwendigkeit des Vorliegens eines Anfangsverdachts nicht. Nur wenn wenigstens die begründete

Möglichkeit einer schuldhaften Tatbegehung besteht, darf von der Vermutung der Unschuld eine Ausnahme gemacht werden, um Ermittlungen einzuleiten. Aus der Existenz von § 152 Abs. 2 StPO folgt deshalb, dass der Schutzbereich der Unschuldsvermutung auch die Entscheidung über die Verfahrenseinleitung erfasst. Hiergegen kann auch nicht eingewandt werden, dass sich § 152 Abs. 2 StPO nur an die Staatsanwaltschaft richtet. Denn die Pflicht zur Aufnahme von Ermittlungen bei Vorliegen eines Anfangsverdachts folgt nicht aus § 152 Abs. 2 StPO, sondern primär aus dem Legalitätsprinzip, das in § 160 Abs. 2 StPO seinen gesetzlichen Niederschlag gefunden hat.

Der Gesetzgeber hat damit dem Auftrag des Bundesverfassungsgerichts entsprochen, dass durch gesetzliche Regelungen die Geltung der Unschuldsvermutung zu bestimmen ist. Der gesetzgeberische Wille hat sich demzufolge dahin konkretisiert, dass die Unschuldsvermutung bereits maßgeblich die Ermittlungsaufnahme bestimmt. Erst bei Vorliegen eines Anfangsverdachts tritt grundsätzlich die Vermutung der Redlichkeit hinter dem Strafverfolgungsinteresse zurück[182]. Aus der Weite der Unschuldsvermutung folgt die Notwendigkeit solcher Konkretisierungen für die praktische Anwendung; für ein an rechtsstaatlichen Grundsätzen orientiertes Verfahren sind diese unerlässlich[183].

Damit hat der Gesetzgeber aber auch berücksichtigt, dass das entscheidende Momentum für den Betroffenen die Einleitung der jeweiligen Ermittlung ist. Nur diese Sichtweise trägt der Unschuldsvermutung als konstituierendes Prinzip des Rechtsstaats[184]

182 In weiteren Vorschriften, z.B. §§ 100a, 100c, 102, 112, 127 Abs. 2 StPO, hat der Gesetzgeber ebenfalls in zulässiger Weise Maßnahmen von bestimmten Verdachtsgeraden abhängig gemacht. Vgl. dazu BVerfGE 74, 358, 372; 82, 106, 115.

183 BVerfGE 19, 342, 347 f.

184 *Weßlau*, S. 300, 337.

hinreichend Rechnung. Dieses Verständnis steht zudem in Einklang mit der Position der europäischen Menschenrechtskommission, die die Unschuldsvermutung ebenfalls unabhängig von der Erhebung einer Anklage und sogar unabhängig von der Einleitung eines Verfahrens für einschlägig erachtet[185].

Vor diesem Hintergrund ist es überzeugend, den zeitlichen Anwendungsbereich der Unschuldsvermutung schon auf die Entscheidung über die Aufnahme von Ermittlungen zu erstrecken. Mit der Einleitung von verdachtslosen Kontrollen nach § 12a Abs. 1 ZollVG ist mithin der Anwendungsbereich der Unschuldsvermutung berührt.

bb) Nichtgerechtfertigte Beeinträchtigung der Unschuldsvermutung

Indem nach §§ 12a Abs. 1, 10 ZollVG solche Kontrollen aufgenommen und durchgeführt werden dürfen, wird in den Schutzbereich der Unschuldsvermutung als Teil des Rechtsstaatsprinzips auch eingegriffen. Dies muss freilich aber nicht zwingend eine Verletzung des Rechtsstaatsprinzips bedeuten. Möglicherweise erlaubt § 12a Abs. 1 ZollVG in verfassungsrechtlich gerechtfertigter Weise Ermittlungen im Vorfeld eines täterbezogenen Verdachts. Dies wäre dann der Fall, soweit hierdurch entstehende Beeinträchtigungen der Unschuldsvermutung in der Abwägung mit anderen kollidierenden Interessen hinzunehmen sind.

(1) Grundsätzliche Relativierbarkeit der Unschuldsvermutung

Aus dem Verständnis des Bundesverfassungsgerichts[186] und der vorherrschenden Literatur[187] von der Unschuldsvermutung als Aus-

---

185 EKMR 7986/77, DR 13, 73, 75 f. (*Krause*); 9077/80, DR 26, 211, 213 f.

186 BVerfGE 19, 342, 347; BVerfG NStZ 1987, 118, 118.

187 LR^{24}-*Gollwitzer*, Art. 6 EMRK Rn. 120; *Teske*, wistra 1989, 131, 134.

formung des Rechtsstaatsprinzips folgt, dass diese einem Optimierungsauftrag unterliegt und stets mit anderen Prinzipien und Grundrechten austariert werden muss. Die Konsequenz ist deren Relativierbarkeit im Rahmen praktischer Konkordanz. Dennoch wird auch bei Zuordnung der Unschuldsvermutung zum Rechtsstaatsprinzip – und eben nicht zur Menschenwürde – diese Schlussfolgerung in Abrede gestellt. Ohne auf eine Vielzahl differenzierter Ansichten einzugehen und die Diskussion in allen Nuancen umfassend erschöpfend zu beleuchten[188], ist auf den Ansatz von *Paeffgen* zu verweisen, der die diametrale Gegenposition vertritt und eine Einschränkbarkeit der Unschuldsvermutung schlechthin ablehnt[189]. Begründet wird dies damit, dass jede Relativierung dazu führe, dass Schuldindizien zu Lasten des Beschuldigten präjudizielle Wirkungen hervorrufen. Die Gefahren solcher Wirkungen erkennen auch *Degener*[190] und *Kühl*[191], die der Unschuldsvermutung zwar ebenfalls eine wichtige materielle Position für den Beschuldigten zuschreiben, ihre Bedeutung aber zugleich auch im Verhältnis zu anderen Maximen – insbesondere dem Strafverfolgungsinteresse – sehen und es vor diesem Hintergrund für unvermeidbar halten, dass die Unschuldsvermutung auch unter Verhältnismäßigkeitsgesichtspunkten zurücktreten müsse. Gerade eine solche Verhältnismäßigkeitsbetrachtung verbiete sich nach *Paeffgen* aber, weil dadurch erst recht gegen die Unschuldsvermutung verstoßen würde.

Wie schon bei der dogmatischen Verortung der Unschuldsvermutung wird der Streit hier ebenfalls gesteuert von der Frage, ob und inwieweit die Unschuldsvermutung abwägungsfest sein soll. Die

---

188 Hierzu sei verwiesen auf die ausführliche Darstellung von *Stuckenberg*, S. 59 m.w.N.

189 *Paeffgen*, Vorüberlegungen, S. 47 ff.; SK-*Paeffgen*, StPO, Vor § 112 Rn. 26.

190 *Degener*, Grundsatz der Verhältnismäßigkeit, S. 215.

191 *Kühl*, Unschuldsvermutung, S. 21 ff., 25.

grundsätzliche Entscheidung für die Anknüpfung an das Rechtsstaatsprinzip bedingt – grundrechtsdogmatisch – zunächst die Abwägungsfähigkeit. So einleuchtend die Argumentation *Paeffgens* auf den ersten Blick zu sein scheint, kann sie nicht schlüssig erklären, warum die Unschuldsvermutung gegenüber dem Verhältnismäßigkeitsprinzip den Vorrang genießen soll, wo dieses schließlich sämtliches staatliches Handeln prägt und ebenfalls Teil des Rechtsstaatsprinzips ist[192]. Dass es sich bei der Vermutung der Unschuld um einen demgegenüber derart herausgehobenen Wert handelt, der das Verhältnismäßigkeitsprinzip verdrängt, ist nicht ersichtlich. Weitere Ungereimtheiten entstehen zudem bei der Ansicht *Paeffgens*, weil so neben die Menschenwürde eine weitere unverbrüchliche, unantastbare Rechtsposition treten würde, die das Grundgesetz nicht vorsieht. Die Grenzen der Rechtsfortbildung für eine Abwägungsfestigkeit der Unschuldsvermutung wären in Ansehung des deutlichen Wortlauts von Art. 1 Abs. 1 GG sowie des Willens zur Ausnahmestellung der Menschenwürdegarantie überschritten.

Im überzeugenden Ergebnis ist das Rechtsstaatsprinzip deshalb abwägungsfähig, sodass Ausnahmen von der Nichtbeachtung der Unschuldsvermutung grundsätzlich bei überwiegenden Interessen denkbar sind. Im Fortgang der Untersuchung ist deshalb zu beleuchten, ob mit § 12a Abs. 1 ZollVG insofern eine solche Ausnahme kodifiziert wurde, die anerkannte Prinzipien zur legitimen Einschränkung der Unschuldsvermutung – entweder unmittelbar oder in vergleichender Betrachtung – widerspiegelt.

---

192 Isensee/Kirchhof-*Kirchhof*, Band III, § 59 Rn. 25 ff.

(2) Konkrete Entbehrlichkeit eines Anfangsverdachts

(a) Zulässige Sondierungen im Vorfeld eines Verdachts

Knüpft man an den Befund der verdachtslosen Ermittlungen an, die durch §§ 12a Abs. 1, 10 ZollVG ermöglicht werden, so ergibt sich für die aufgeworfene Frage ein erster Ansatzpunkt: Zu gewärtigen ist, dass sich das gesamte Ermittlungsgeschehen im Vorfeld eines konkreten Tatverdachts vollzieht. Ein derartiges Vorgehen ist in Literatur und Praxis indes nicht unbekannt und wird allgemein der „vorbeugenden Verbrechensbekämpfung" zugeordnet. § 12a Abs. 1 ZollVG stellt eine derartige Ausprägung dar. Obwohl es sich um einen von uneinheitlicher Terminologie geprägten und in vielen Einzelfragen umstrittenen Komplex handelt, sind dabei grundsätzlich Vor- und Vor*feld*ermittlungen zu unterscheiden[193].

Im Rahmen sog. Vorermittlungen ist zu klären, ob ein Anfangsverdacht vorliegt und/oder gegen wen er sich richten könnte[194]. Es liegen insoweit tatsächliche Anhaltspunkte vor – es bedarf jedoch der Klärung, ob aufgrund dieser Tatsachenbasis überhaupt ein Ermittlungsverfahren einzuleiten ist[195]. Wenn diese Frage geklärt und zu bejahen ist, kann es weiterhin vorkommen, dass ein konkreter Tatverdächtiger (noch) nicht feststeht. Die Strafverfolgungsbehörden müssen sodann durch Nachforschungen einen tatbezogenen zu einem täterbezogenen Anfangsverdacht konkretisieren[196]. In der staatsanwaltschaftlichen Praxis sind Vorermittlungen häufig zu beobachten.

---

193 *Schulz*, S. 534 ff., 538, verwendet in der neuren Literatur den Begriff der „Vorermittlungen" überhaupt nicht mehr, sondern gliedert diese in die Vorfeldermittlungen ein, indem er bei letzteren zwischen Ermittlungen zur Verdachtsgewinnung und solchen zur Verdachtskonkretisierung differenziert, was inhaltlich zur bisher überwiegend verwandten Terminologie keinen Unterschied darstellt.

194 Vgl. BGHSt 38, 214, 227 ff.; *Keller/Griesbaum*, NStZ 1990, 416, 417.

195 *Lange*, DRiZ 2002, 264, 264.

196 *Weßlau*, S. 255 ff.; *Schulz*, S. 534.

Problematisch daran ist freilich, dass in einem solchen Stadium der Betroffene noch nicht die Stellung eines Beschuldigten besitzt. Die Beschuldigtenrechte – insbesondere nach §§ 136 f. StPO – können damit auch keine Wirkung entfalten[197]. Gleichwohl werden Vorermittlungen – soweit nicht mit erheblichen Grundrechtseingriffen verbunden – mittlerweile grundsätzlich als zulässig anerkannt[198]. Die Gegenansicht lehnt jegliche Tätigkeit der Ermittlungsbehörden ohne konkreten Anfangsverdacht angesichts des eindeutigen Wortlauts von § 152 Abs. 2 StPO ab[199]. Ihr ist zwar zuzugeben, dass die Gefahr möglicher Grundrechtseingriffe bei Vorermittlungen latent gegeben ist, aufgrund praktischer Zwänge müssen Bedenken hiergegen aber mit dem Verweis auf die Notwendigkeit einer „Verdachtskonkretisierung" zurückgestellt werden. Anderenfalls wäre schließlich die Staatsanwaltschaft oftmals nicht in der Lage, ihrem Strafverfolgungsauftrag gerecht zu werden[200]. Ferner werden erhebliche Grundrechtseingriffe in diesem Stadium – insbesondere bezogen auf das Recht auf informationelle Selbstbestimmung – ohnehin als unzulässig erachtet. Auch Zwangsmaßnahmen dürfen schließlich nach der vorherrschenden Ansicht nicht stattfinden[201]. Auf diese Weise wird der Rahmen, in dem sich dann aber überhaupt noch eine Vorfeldtätigkeit abspielen darf, stark eingegrenzt. Es verbleiben lediglich Eingriffe und Maßnahmen der (informatorischen) Befragung, der kurzfristigen, ungezielten Beobachtung, der Besichtigung von Gegenständen und Räumlichkeiten[202].

---

197 *Kühne*, in: Kühne/Miyazawa, S. 153, 163.

198 BGHSt 38, 214, 227 f.; KK-*Schoreit*, § 152 Rn. 31; LR-*Rieß*, § 152 Rn. 34; *Meyer-Goßner*, § 152 Rn. 4a; SK-*Wolter*, StPO, Vor § 151 Rn. 156a; *Beulke*, Rn. 111; *Weßlau*, S. 193 ff.; *Wolter*, ZStW 107 (1995), 793, 824 ff.

199 *Arndt*, NJW 1962, 2000, 2001; *Bottke*, GS Meyer, S. 37, 47.

200 Treffend *Lange*, DRiZ 2002, 264, 273.

201 Siehe *Lange*, DRiZ 2002, 264, 270 m.w.N.

202 AK-*Schöch*, § 152 Rn. 13; LR-*Beulke*, § 152 Rn. 34; *Rogall*, GA 1985, 1, 26 f.; ders., Informationseingriff, S. 88.

Im Gegensatz zu den Vorermittlungen fehlen bei sog. Vor*feld*ermittlungen schlechthin Hinweise für das Vorliegen einer möglichen Straftat. Von daher geht es bei Vor*feld*ermittlungen nicht um die Feststellung, *wer* für eine Tat als Täter überhaupt in Frage kommt, als vielmehr darum, entweder Straftaten aktiv aufzudecken, die bisher aufgrund fehlenden Tatverdachts noch nicht in das Blickfeld der Strafverfolgungsbehörden gerückt sind, oder Kriminalität schon im Planungsstadium zu antizipieren und zu verhindern[203]. Aufgrund dieser Charakteristik werden allgemein hin Vorfeldermittlungen als unvereinbar mit dem Strafprozessrecht angesehen, da es hierfür an einer Aufgabenzuweisungs- und Befugnisnorm fehle[204]. Voraussetzung für jedes Tätigwerden sei gerade ein Anfangsverdacht bzw. – wie bei den Vorermittlungen – zumindest verdachtsbegründende Momente. Es wird insofern darauf hingewiesen, dass derartige Ausforschungen *grundsätzlich* den Verfassungsschutzbehörden vorbehalten sind, wie das G-10-Gesetz und die Verfassungsschutzgesetze der Länder belegen[205]. Es werden auf diese Weise präventive wie repressive Eingriffsbefugnis, anknüpfend an einen konkreten Sachverhalt zur Begründung einer Gefahren- bzw. Verdachtslage, von Vorfeldermittlungen ohne hinreichende Anhaltspunkte getrennt. Dabei sind den Verfassungsschutzbehörden gerade polizeiliche Eingriffsbefugnisse verwehrt[206]. In dieser Zweiteilung der Zuweisung von Ermittlungstätigkeiten offenbart sich das sog. Trennungsgebot, das die Trennung der Tätigkeitsbereiche von Verfassungsschutz auf der einen sowie Sicherheits- und Ordnungsbehörden auf der anderen Seite postuliert und Verschränkungen insoweit für unzulässig erachtet.

203 LR-*Beulke*, § 152 Rn. 22; SK-*Weßlau*, StPO, § 152 Rn. 21.

204 SK-*Wolter*, StPO, Vor § 151 Rn. 156; *Meyer-Goßner*, § 152 Rn. 4a.

205 *Baldus*, ZRP 2002, 400, 403 f.; *Köhler*, StV 1994, 386, 386; *Paeffgen*, StV 1999, 668, 670.

206 Vgl. §§ 2 Abs. 1 S. 3, 8 Abs. 3 BVerfSchG; §§ 1, 2 Abs. 3 BNDG.

Wenngleich gegen das Trennungsgebot teilweise vorgebracht wird, dass dieses Prinzip keinen Verfassungsrang besitzt und lediglich – einseitig – dem Verfassungsschutz der Einsatz polizeilicher Befugnisse untersagt, muss im Umkehrschluss mangels einer ausdrücklichen Aufgabenübertragung in den Polizeigesetzen aber anerkannt werden, dass von den Sicherheits- und Ordnungsbehörden auch verfassungsschutzrechtliche Maßnahmen nicht vorgenommen werden dürfen[207]. Ansonsten wäre eine effektive Abgrenzung der Aufgabenbereiche nicht durchführbar und könnte durch eine Kumulation der Befugnisse bei den Polizei- und Ordnungsbehörden unterlaufen werden. Ebenfalls nicht erklärbar wäre zudem die Regelung des § 20 BVerfSchG, wonach eine Übermittlung von Daten an die Polizei- und Ordnungsbehörden nur erfolgen darf, wenn keine Anhaltspunkte für eine Straftat bestehen. Hätten Polizei und Staatsanwaltschaft im Vorfeld einer Tat bereits Ermittlungskompetenzen, bedürfte es dieser Norm nicht, da die Sicherheitskräfte derartige Informationen selbst erheben könnten.

In den vorstehenden Kontext ist § 12a Abs. 1 ZollVG einzuordnen. Durch § 12a Abs. 1 ZollVG werden Eingriffsbefugnisse eröffnet, die die Erhebung von Daten und Informationen durch Anhalten und Befragung nach dem Mitführen von Zahlungsmitteln erlauben. Sie könnten deshalb als eine gesetzliche Anordnung verstanden werden, die einer informatorischen Befragung vergleichbar und deshalb als zulässige Vorermittlungen zu qualifizieren sind. Ein solches Verständnis von § 12a Abs. 1 ZollVG als kodifizierte Vorermittlungskompetenznorm ist bei genauerer Betrachtung jedoch abzulehnen. Vielmehr handelt es sich bei § 12a Abs. 1 ZollVG um eine klassische Vor*feld*ermittlungstätigkeit. Es fehlt beim Anhalten, der Befragung nach dem Mitführen von Zahlungsmitteln und selbst bei der Durchsuchung nach § 10 Abs. 1 S. 5, Abs. 3 ZollVG für

207 *Weßlau*, S. 229.

eine Geldwäschehandlung an jeglichen konkreten, tatsächlichen, verdachtsbegründenden Anhaltspunkten als Auslöser für die jeweilige Maßnahme. Die Befugnisanwendung ist allein vom Willen des Zollbediensteten und nicht von objektiven Tatsachen abhängig. Eine bestehende Verdachtslage soll damit nicht konkretisiert, sondern erst geschaffen werden.

Es geht deshalb bei der Befugnisanwendung von § 12a Abs. 1 ZollVG richtigerweise nicht um eine zulässige Verdachtskonkretisierung, sondern um eine Verdachts*gewinnung*. Diese zählt aber zu den Vor*feld*ermittlungen und ist *grundsätzlich* nur den Verfassungsschutzbehörden zugewiesen[208]. Somit kann insgesamt allein aus dem Gesichtspunkt der Sondierung im Vorfeld keine Legitimierung für die Tätigkeit der Zollverwaltung nach § 12a Abs. 1 ZollVG gefunden werden.

(b) Kontrollstellen nach § 111 StPO

Wenngleich damit aus den strafprozessualen Vor- bzw. Vorfeldermittlungsgrundsätzen nichts für § 12a Abs. 1 ZollVG gewonnen werden kann, könnte die Zulässigkeit dieser Ermittlungsbefugnisse möglicherweise aber durch übertragbare Wertungen vergleichbarer Normen, die ihrerseits verfassungsrechtlich vereinbar sind, bestätigt werden.

Grundsätzlich ist die Einrichtung von Kontrollpunkten, wie sie die Grenzkontrolle darstellt, der Strafprozessordnung nicht fremd. In § 111 StPO ist eine Ermächtigungsgrundlage für die Einrichtung von Kontrollstellen ausdrücklich normiert. Danach können bei Verdacht für Straftaten nach §§ 129a, b StGB oder für eine in § 129a StGB bezeichnete Straftat sowie für § 250 Abs. 1 Nr. 1 StGB auf öffentlichen Straßen und Plätzen und an anderen öffentlichen zugängli-

208 Zu möglichen Ausnahmen von diesem Grundsatz siehe Kap. D. III.

chen Orten Kontrollstellen eingerichtet werden – dies aber nur dann, wenn Tatsachen die Annahme rechtfertigen, dass diese Maßnahme zur Ergreifung des Täters oder zur Sicherstellung von Beweismitteln führen kann, die der Aufklärung der Straftat dienen können. Voraussetzung ist demnach, dass zumindest ein Anfangsverdacht bejaht werden kann, der sich aufgrund des vorliegenden Tatsachenmaterials bereits in genügendem Maße konkretisiert hat[209]. Aufgrund dieses Erfordernisses unterscheidet sich eine Kontrollstelle nach § 111 StPO bereits grundlegend von der Kontrolle zur Überwachung des grenzüberschreitenden Bargeldverkehrs. Wegen dieser Verschiedenheit scheidet bereits eine Heranziehung von § 111 StPO zur Begründung der verfassungsrechtlichen Legitimität einer Kontrolle nach § 12a Abs. 1 ZollVG aus. Darüber hinaus erfordert eine zulässige Einrichtung einer Kontrollstelle gemäß § 111 StPO weiterhin, dass die Aussicht auf Ergreifung der Täter oder der Auffindung von Beweismitteln am konkreten Ort und zur konkreten Zeit wahrscheinlich ist[210]. Es muss folglich eine gewisse Erfolgserwartung bestehen. Eine solche wird man typischerweise nur dann annehmen können, wenn die Kontrollstelle in räumlicher und zeitlicher Nähe zum Tatort bzw. zur Tatzeit eingerichtet wird. Eine hinreichende Erfolgswahrscheinlichkeit kann man aber bei einer Grenzkontrolle zur Überwachung des Zahlungsmittelverkehrs, weil keine tatsächlichen Anhaltspunkte für das Begehen von Geldwäsche beim Anhalten im Grenzbereich vorliegen, nicht bejahen. Ein Vergleich mit § 111 StPO hilft daher auch insoweit nicht weiter. Schließlich scheitert ein solcher auch aus dem weiteren Grund des grundsätzlichen Richtervorbehalts in § 111 Abs. 2 StPO zur Anordnung einer Kontrollstelle, während in § 12a Abs. 1 ZollVG – diametral entgegengesetzt – die originäre Anordnungsbefugnis bei den Zollbediensteten liegt.

---

209 *Kuhlmann*, DRiZ 1978, 238, 239.

210 *Schroeder*, JZ 1985, 1028, 1029.

(c) Rechtsgedanke aus § 159 StPO

Als weitere vergleichbare Vorschrift, die für § 12a Abs. 1 ZollVG fruchtbar gemacht werden könnte, fällt § 159 StPO in den Blick. Insofern besteht bei Leichensachen eine Ermittlungspflicht, wenn Anhaltspunkte dafür vorhanden sind, dass jemand eines nicht natürlichen Todes gestorben ist. Ausgelöst wird dieser Vorgang durch die Mitteilung der Polizei- und Ordnungsbehörden an die Staatsanwaltschaft, dass ein Leichnam gefunden wurde und die Todesursache zunächst unbekannt ist, aber gleichsam ein unnatürlicher Tod nach Lage der Dinge nicht ausgeschlossen werden kann[211]. Ein konkreter Anfangsverdacht i.S.d. § 152 Abs. 2 StPO liegt zu diesem Zeitpunkt noch nicht vor. Erst durch weitere Anhaltspunkte im Rahmen einer Leichenschau[212] soll dieser fundiert werden. § 159 StPO normiert – im Gegensatz zu § 12a Abs. 1 ZollVG – allerdings keine Eingriffsbefugnis, sondern lediglich eine Aufgabenzuweisung[213]. Der konkrete Eingriff in Form der Obduktion erfolgt dabei aufgrund von § 87 Abs. 2 StPO, der aber im Zusammenhang mit § 159 StPO gesehen werden muss. Aus § 159 StPO folgt nach alledem, dass strafprozessuale Ermittlungen aufgenommen werden dürfen, obwohl noch kein konkreter Verdacht für die Begehung einer Straftat vorliegt. Ausschlaggebend ist einzig der Umstand, dass mit dem Leichenfund ein Faktum in der Welt ist, das bei nicht evidenter natürlicher Todesursache ohne weiteres strafrechtlich nicht vernachlässigt werden darf. Hierin liegt die (eigentliche) Legitimation

---

211 BVerfG NJW 1994, 783, 784 m.w.N.

212 Gemäß Nr. 33 Abs. 1 RiStBV ist eine Leichenschau dann notwendig, wenn eine Straftat als Todesursache nicht von vornherein ausgeschlossen werden kann. Typischerweise wird die Staatsanwaltschaft eine solche bei einem Leichenfund anordnen. Weitergehend steht die Möglichkeit einer Obduktion, vgl. Nr. 33 Abs. 2 RiStBV, zur Verfügung, wenn sich auch bei der Leichenschau eine Straftat als Todesursache nicht gänzlich ausschließen lässt.

213 *Schulz*, S. 540.

der Norm. Inhaltlich liefert sie damit aber einen Beleg für das Anerkennen des Vorfeldes eines Tatverdachts. *Schulz* spricht insoweit anschaulich von einem „Vorfeldverdacht“[214].

Diese Terminologie darf allerdings keineswegs dazu verleiten, dass es sich bei § 159 StPO um eine Vor*feld*ermittlungsaufgabe handelt. Legt man die obigen Definitionen zu Vor- und Vorfeldermittlungen zugrunde[215], so handelt es sich hier nicht um eine Ermittlung im klassischen Vorfeld eines Verdachts. Es ist nämlich gerade die Möglichkeit einer Straftat nicht a priori ausgeschlossen und mit dem aufgefundenen Leichnam ein Anhaltspunkt für eine mögliche Straftat in der Welt. Vor diesem Hintergrund handelt es bei § 159 StPO richtigerweise um gesetzlich anerkannte Vorermittlungen[216]. Schon unter diesem Blickwinkel scheidet damit die § 159 StPO zugrunde liegende Zielrichtung, Vorermittlungen zu ermöglichen, als Vergleichs- und Legitimationsmaßstab für § 12a Abs. 1 ZollVG aus, der gerade das Verdachts*vorfeld* betrifft. Darüber hinaus stellt § 159 StPO allgemein eine Ausnahmeregelung dar[217]. Es ist die Situation eines Kapitaldelikts, die ein besonderes Aufklärungsbedürfnis besitzt. Allein aus diesem Normcharakter heraus ist die Regelung bereits grundsätzlich nicht analogiefähig.

Wenn man gleichwohl für eine Analogie plädieren wollte – weil mit § 12a Abs. 1 ZollVG ja ebenfalls eine Ausnahmeregelung geschaffen wurde –, so wären beide Normen dennoch nicht vergleichbar. Man kann sich des Rechtsgedankens von § 159 StPO nicht in der Weise bedienen, dass danach allgemein eine Vorfeldtätigkeit zulässig ist, falls ein Umstand dies „veranlasst“. Dies liegt in der Struktur bei-

---

214 *Schulz*, S. 540.

215 Vgl. Kap. D. II. 3. e) bb) (2) (a).

216 Die Ausführungen von *Schulz* stehen dazu aber nicht im Widerspruch, da dieser Vorermittlungen als Untergruppe der Vorfeldermittlungen versteht.

217 *Maiwald*, NJW 1978, 561, 561, 564.

der Regelungen, da bei § 159 StPO immerhin überhaupt ein Anhaltspunkt mit der Leiche für das mögliche Vorliegen einer Straftat existiert, während im Gegensatz dazu für die Eröffnung der Befugnisse nach §§ 12a, 10 ZollVG jegliche Voraussetzungen fehlen. Als verfassungsgemäße Ausnahme von dem grundsätzlichen Erfordernis eines Anfangsverdachts für die Aufnahme von Ermittlungen kann § 159 StPO zur Rechtfertigung von § 12a Abs. 1 ZollVG insgesamt keine relevanten Erkenntnisse beisteuern.

(d) Rechtsgedanke aus § 81b, 2. Alt. StPO

Ein weiterer Hinweis auf die ausnahmsweise Zulässigkeit von Vorfeldermittlungen findet sich in § 81b 2. Alt. StPO. Danach dürfen im Rahmen einer erkennungsdienstlichen Behandlung Identifikationsmaßnahmen auch gegen den Willen des Beschuldigten ergriffen werden[218]. Obwohl die Norm Zwecken der Strafverfolgung dienen soll, erlaubt sie zunächst tatsächlich ein präventives Vorgehen. Werden die durch präventive Tätigkeit gewonnenen Daten für die künftige Strafverfolgung verwandt, so macht die Regelung innerhalb der Strafprozessordnung Sinn: Gegenstand ist demzufolge die *Vorsorge* für die künftige Strafverfolgung, und damit bezieht sich die Regelung charakteristischerweise auf die Vorfeldarbeit[219]. Vom Regelungsgehalt soll die Vorschrift sicherstellen, dass die Staatsanwaltschaft jederzeit Herrin des Ermittlungsverfahrens bleibt und nicht durch entgegenstehende polizeiliche Landesgesetze an erkennungsdienstlichen Maßnahmen gehindert wird. Aus diesem Sinn und Zweck wird deutlich, dass es mit § 81b 2. Alt. StPO um eine Harmonisierung möglicher abweichender polizei- und ordnungsrechtlicher Normen

218 *Schulz*, S. 541.
219 Vgl. die Definitionen in Kap. D. II. 3. e) bb) (2) (a).

geht; wegen Art. 31 GG geht diese Zuständigkeit dem Landespolizeirecht vor[220].

Es offenbaren sich zunächst ähnliche Züge wie bei § 12a Abs. 1 ZollVG: Gemeinsam ist beiden die Sammlung von Informationen – einerseits über die Höhe mitgeführter Zahlungsmittelbestände sowie die Identität der Person bei § 12a Abs. 1 ZollVG, andererseits von Lichtbildern und Fingerabdrücken bei § 81b 2. Alt. StPO. Ob dies jedoch die Zulässigkeit der zollamtlichen Befugnisse im konkreten Verdachtsvorfeld zu untermauern vermag, erscheint höchst fraglich. Denn jenseits dieser Ähnlichkeiten werden gleichermaßen Unterschiede unmittelbar deutlich. So zielt das Vorgehen nach § 81b 2. Alt. StPO auf die Unterstützung künftiger Strafverfolgung durch Sammlung von Informationen eines gegenwärtig Verdächtigen ab, während bei Kontrollen nach § 12a Abs. 1 ZollVG typischerweise noch gar kein Verdächtiger ermittelt ist. Zudem wohnt § 12a Abs. 1 ZollVG kein zukunftsbezogener Aspekt inne, wie dies bei § 81b 2. Alt. StPO der Fall ist. Im Mittelpunkt bei § 12a Abs. 1 ZollVG steht vielmehr die Verfolgung bereits bzw. gerade begangener Straftaten. Des Weiteren gehen die Möglichkeiten der zollamtlichen Überwachung nach §§ 12a ff. ZollVG auch weit über reine Identifikationsmaßnahmen hinaus, wie sie § 81 b 2. Alt. StPO lediglich vorsieht, wenn man nur § 10 Abs. 1 S. 5, Abs. 3 ZollVG betrachtet. Schließlich dürfte auch die Tatasche maßgeblich ins Gewicht fallen, dass die Ratio der beiden Normen in völlig verschiedene Richtungen zeigt: Geht es bei § 81 b 2. Alt. StPO um die Sicherung der staatsanwaltschaftlichen Verfahrensherrschaft und folglich um Überwindung landesrechtlicher Polizeibefugnisse, sind die §§ 12a Abs. 1, 10 ZollVG zur elementaren Eingriffsermächtigung und Kontrolle illegalen Bargeldverkehrs konzipiert worden. Allein schon unter diesem Betrachtungswinkel sind beide Regelungen von erheblicher Diver-

---

220 *Schulz*, S. 541.

genz geprägt. Weitergehend lässt sich die rechtliche Ausgestaltung der erkennungsdienstlichen Behandlung daher nicht fruchtbar machen, um die Konformität der Maßnahmen nach § 12a Abs. 1 ZollVG mit der Unschuldsvermutung zu begründen.

(e) Rechtsgedanke des § 208 Abs. 1 Nr. 3 AO

Aus den bisherigen Ansätzen sind keine allgemein anerkannten Wertungen und Rechtsgedanken abzuleiten, die sich auch in § 12a Abs. 1 ZollVG widerspiegeln und damit eine Durchbrechung der Unschuldsvermutung durch den Kanon dieser Kontrollbefugnisse als gerechtfertigt erscheinen lassen. Ähnlichkeit zu § 12a Abs. 1 ZollVG weist aber ferner § 208 Abs. 1 Nr. 3 AO auf, der zwar Anlass umfangreicher Auseinandersetzungen und Diskussionen war[221], aber vom Bundesverfassungsgericht als nicht verfassungswidrig eingestuft wurde[222].

(aa) Normcharakter und Ermittlungsvoraussetzungen

Die Ermittlungsbefugnisse der Steuerfahndung sind darin dergestalt regelt, dass selbst in Fällen, in denen die konkrete Vermutung einer Steuerhinterziehung noch nicht besteht – es sich also um sog. unbekannte Steuerfälle handelt –, ein Auskunftsverlangen eingeräumt wird[223]. Mit dieser Gesetzesformulierung deutet sich schon an, dass

---

221 Zu den grundsätzlichen Bedenken gegenüber § 208 Abs. 1 AO, der zu einer Parallelität von straf- und steuerlicher Ermittlung führt und keine klare Trennung der Befugnisse und Funktionalitäten bereitstellt, siehe Tipke/ Kruse-*Seer*, § 208 Rn. 4 ff.; ferner *Hellmann*, S. 245 ff., 275 f., 325, der am deutlichsten eine klare Separation der Doppelfunktion der Steuerfahndung fordert. Praktisch wird dies kaum zufriedenstellend lösbar sein, wie *Hellmann* selbst einräumen muss.

222 Siehe BVerfG NJW 1990, 701 ff.

223 Ähnliches gilt für die Außenprüfung nach § 193 Abs. 2 Nr. 2 AO, die bereits dann zulässig ist, wenn Anhaltspunkte vorliegen, die es nach den Er-

ohne das Vorliegen eines Anfangsverdachts i.S.v. § 152 Abs. 2 StPO die Steuerfahndung ihre Ermittlungstätigkeit einleiten kann. Dies darf freilich – und insoweit besteht allgemeiner Konsens – nicht zu Ermittlungen „ins Blaue hinein“ führen[224]. In diesem Zusammenhang müssen daher Vorratssammlungen zu unbestimmten Zwecken wegen Verstoßes gegen die verfassungsgerichtlichen Anforderungen aus dem Volkszählungsurteil an eine ordnungsgemäße Datenerhebung und -verwendung ausgeschlossen sein[225]. Um diesen Anforderungen zu genügen, fordert das Bundesverfassungsgericht, dass die erfragten Tatsachen „entscheidungserheblich und aufklärungsbedürftig“ sind[226]. Von der Rechtsprechung wird daraus die Notwendigkeit des Vorliegens „eines hinlänglich begründeten Anlasses“ abgeleitet: Dieser sei anzunehmen, wenn aufgrund konkreter Momente oder aufgrund allgemeiner Erfahrungen im Einzelfall die Heranziehung eines Auskunftspflichtigen *geboten* sei[227]. Hier findet die obige Annahme ihre Bestätigung, dass es der Überwindung der Schwelle eines Anfangsverdachts für die Aufnahme von Ermittlungen nicht bedarf. Die Rechtsprechung vollzieht hiermit den gesetzgeberischen Willen nach, der § 208 Abs. 1 Nr. 3 AO ausdrücklich als *gesetzlich kodifizierte Vorfeldermittlung* begreift[228]. Der Gesetzgeber hat sich mit der Schaffung und noch mehr mit der Ausgestaltung einer derartigen Regelung weit in exzeptionelle Grenzbereiche der Vorfeldermittlung vorgewagt. Der Wortlaut mit der Formulierung „unbekannte Steuerfälle“ sowie die

---

fahrungen der Finanzverwaltung als möglich erscheinen lassen, dass ein Besteuerungstatbestand erfüllt ist, vgl. BFH NJW 1993, 2135 ff.; BStBl. 1993, 148 ff.; Klein-*Rüsken*, § 193 Rn. 4.

224 BVerfG NJW 1990, 701, 702; BFH BStBl. 1988, 359, 362; 1997, 499, 504.

225 Vgl. BVerfGE 65, 1, 46.

226 BVerfG NJW 1990, 701, 701.

227 BVerfG NJW 1990, 701, 701.

228 BT-Drs. 7 /4292, S. 36; Klein-*Rüsken*, § 208 Rn. 41.

historische Bewahrung einer allgemeinen Steueraufsicht[229] untermauern diesen Normcharakter. Dieser Ausnahmecharakter ist dem Gesetzgeber aber sehr wohl bewusst, und er versteht § 208 Abs. 1 Nr. 3 AO zu Recht als eine Sonderaufgabennorm, die einerseits weit in die Freiheitssphäre des Bürgers hineinreicht, andererseits aber durch das Erfordernis eines hinlänglichen Anlasses in ihren Wirkungen auf grundrechtliche Positionen versucht wird zu begrenzen.

Die Frage, die sich trotz dieser Einmütigkeit in Literatur und Rechtsprechung aufdrängt, ist, *wann* abstrakt und im jeweiligen Einzelfall die erforderliche *Gebotenheit* des Auskunftsverlangens bejaht werden kann. Zu ermitteln ist diese – so die Rechtsprechung – durch eine Abwägung des grundrechtlichen Freiheitsanspruchs des Bürgers mit öffentlichen Interessen von Verfassungsrang, d.h. im Rahmen einer Verhältnismäßigkeitsbetrachtung. Relevant werden hier insbesondere die *finanzielle Sicherheit des Staates* und die *Gleichmäßigkeit der Besteuerung*. § 208 Abs. 1 Nr. 3 AO dient demzufolge von seiner Ratio her zum einen der Verwirklichung von Steuergerechtigkeit durch Gewährleistung einer gleichmäßigen Besteuerung, zum anderen dem Schutz fiskalischer Staatsinteressen[230]. Aus diesen beiden übergeordneten Erwägungen speist die Norm ihr Lebenselixier.

Überzeugen kann dies aber nur, wenn beide Interessen – Gleichmäßigkeit der Besteuerung und finanzielle Sicherheit des Staates – sich auch verfassungsrechtlich verankern lassen und damit Wertungen konkretisieren, die in der Abwägung das Selbstbestimmungsrecht des Bürgers und die Unschuldsvermutung sowohl abstrakt als auch im Einzelfall zurücktreten lassen. Nur dann wäre der Ausnahmecha-

229 Vgl. § 201 Abs. 1 RAO.

230 *Seer* spricht insoweit mit Bezug auf § 85 S. 2 AO von einem staatlichen Steuersicherungsauftrag, Tipke/Kruse-*Seer*, § 208 Rn. 26; ähnlich *Tipke/Lang*, § 21 Rn. 2 („Optimierungsauftrag").

rakter von § 208 Abs. 1 Nr. 3 AO zu akzeptieren. Für die *Gleichmäßigkeit der Besteuerung* lässt sich ein solcher Bezug zum Legalitätsprinzip herstellen[231]. Flankiert wird diese Anknüpfung im einfachen Recht noch durch § 85 S. 2 AO und findet schließlich ihren verfassungsrechtlichen Niederschlag als wesentlicher Gehalt des Rechtsstaatsprinzips in steuerrechtlicher Hinsicht. Außerdem korrespondiert das Prinzip der Gleichmäßigkeit der Besteuerung mit dem Gleichheitsgrundsatz und verschafft insbesondere dem Verifikationsprinzip[232] Geltung. Bei der Frage der Gebotenheit ist die Gleichmäßigkeit der Besteuerung vor diesem Hintergrund ein richtigerweise zu berücksichtigender verfassungsrechtlicher Belang[233].

Eine entsprechende verfassungsrechtliche Einordnung der „finanziellen Sicherheit des Staates“ gelingt nicht so einfach. Im Gefüge des Grundgesetzes gibt es hierfür keine explizite Anknüpfungsmöglichkeit. Überdies handelt es sich dabei auch um einen hochgradig unbestimmten Begriff, der umso stärker in Zeiten stetig wachsender staatlicher Finanzprobleme Anlass zu beliebiger Interpretation gibt. Eine objektivierbare Bestimmung scheidet daher aus. Dennoch lässt das Bundesverfassungsgericht keine Zweifel an der Verfassungsmäßigkeit dieser Norm aufkommen: In seiner wegweisenden Entscheidung zu § 208 Abs. 1 Nr. 3 AO aus dem Jahre 1990 wird die Frage der Verfassungsmäßigkeit dieser Norm nur kurz thematisiert und eine Verletzung des informationellen Selbstbestimmungsrechts knapp abgelehnt, da die Norm den verfassungsgerichtlichen Anforderungen aus dem Volkszählungsurteil entspreche[234]. Bezug genommen wird

231 *Schulz*, S. 542.

232 Vgl. dazu BVerfGE 84, 239, 273; *Tipke/Lang*, § 21 Rn. 6.

233 Erstaunlich ist es aber, dass das BVerfG eine derartige Konkretisierung verfassungsrechtlicher Prinzipien mit keinem Wort erwähnt, diese gleichsam – so muss man wohl unterstellen – als evident voraussetzt.

234 BVerfG NJW 1990, 701, 701; ferner BVerfGE 65, 1, 43 ff. (Volkszählungsurteil).

sodann auf den Normcharakter, um danach ausschließlich das Vorliegen tatbestandlicher Voraussetzungen zu erörtern. Ein derartiges Herangehen des Verfassungsgerichts an eine gegenständliche Norm kann allerdings nur bedeuten, dass die Verfassungsmäßigkeit evident außer Frage steht. *Wendeborn* konstatiert schlichtweg eine praktische Notwendigkeit für diese Befugnis[235]. Und selbst *Hellmann* in seiner kritischen Monographie zu diesem weit gespannten Thema stellt ihre Verfassungsmäßigkeit erkennbar nicht in Abrede; er verweist lediglich darauf, dass es der Norm schlechterdings nicht bedürfe, weil § 208 Abs. 1 Nr. 1 AO auch die von Nr. 3 geregelte Konstellation erfasse, indem ein „hinlänglicher Anlass" stets auch einen Anfangsverdacht gegen Unbekannt darstelle[236]. Überzeugend ist dies freilich nicht. Denn im Zeitpunkt des Ermittlungsbeginns ist eben noch keineswegs klar, ob überhaupt eine Straftat begangen wurde. Ein Verdacht soll ja gerade durch das Auskunftsverlangen erst gewonnen werden. Aus der Rechtsprechung des Bundesverfassungsgerichts und der hierzu ergangenen Literatur kann deshalb nur der Schluss gezogen, dass die finanzielle Sicherheit des Staates ein dem Grundgesetz immanenter Belang von Verfassungsrang ist, sodass es auf eine konkrete Anknüpfung nicht ankommt.

Die Zulässigkeit steuerstrafrechtlicher Ermittlungen im Verdachtsvorfeld gemäß § 208 Abs. 1 Nr. 3 AO und damit die Gebotenheit des Auskunftsverlangens folgt mithin aus der *finanziellen Sicherheit des Staates* als immanenter Verfassungsbelang sowie der *Gleichmäßigkeit der Besteuerung* als Ausprägung des Rechtsstaatsprinzips und des Gleichheitssatzes. Hinter diesen Konkretisierungen grundgesetzlicher Wertungen tritt das Selbstbestimmungsrecht des Bürgers sowohl abstrakt als auch regelmäßig im konkreten Einzelfall zurück.

---

235 *Wendeborn*, S. 73 ff.

236 *Hellmann*, S. 201 ff.

(bb) Anwendungsbereich

Selbst wenn man die Schwelle des Anfangsverdachts bei § 208 Abs. 1 Nr. 3 AO eingerissen hat und sie durch die kleinere Hürde eines hinreichenden Anlasses zu ersetzen versucht, so ist dies im Ergebnis nur eine „Mogelpackung“, um die eigentliche Intention notdürftig zu kaschieren: Auf tatsächliche Anhaltspunkte soll es de facto überhaupt nicht ankommen. Anderenfalls ist nicht erklärbar, warum die Gebotenheit eines Auskunftsverlangens an einen derart schwammigen Begriff wie dem des „fiskalischen“ Interesses angeknüpft wird. Vielmehr soll es darum gehen, möglichst uneingeschränkt ermitteln zu dürfen. Zwar mag man einen hinreichenden Anlass mit Verweis auf die Art des Geschäfts, die Höhe und den Gegenstand der Transaktion im Einzelfall jederzeit vorschieben können. Auch genügt häufig schon die Auswertung von CpD-Konten, um von dem Betroffenen Auskunft nach § 208 Abs. 1 Nr. 3 AO zu verlangen[237]. Dabei handelt es sich um ein bankinternes Verrechnungskonto (Conto pro Diverse), auf das Geschäftsvorfälle verbucht werden, wenn entweder der Name des Begünstigten nicht ermittelt oder nicht sofort aufgeklärt werden kann, ob dieser ein Konto bei der Bank besitzt[238]. Ein CpD-Konto eignet sich insbesondere zur Verheimlichung steuerlich relevanter Vorgänge, weil diese nicht auf dem Konto des Betroffenen gebucht werden[239]. Realiter wird die Steuerfahndung die Entscheidung für ein Auskunftsverlangen aber stets aufgrund ihrer persönlichen Einschätzung treffen und nicht auf einer zureichenden objektiven Tatsachengrundlage. Die Grenze zu Ermittlungen ins Blaue hinein wäre somit nivelliert.

---

237 Vgl. nur BVerfG NJW 1994, 2079, 2079 f.

238 *Carl/Klos*, wistra 1990, 41, 45.

239 *Hellmann*, S. 265.

Dies verdeutlicht exemplarisch auch ein weiteres typisches Beispiel: Der Transfer von Geld in die Schweiz, Liechtenstein oder nach Luxemburg ist häufig der Ausgangspunkt für ein Einschreiten der Steuerfahndung. Sobald derartige Informationen – aufgrund einer Durchsuchung bei Banken etc. – zu deren Kenntnis gelangt sind, wird regelmäßig Auskunft vom Steuerpflichtigen verlangt[240]. Ein strafprozessualer Anfangsverdacht für eine (Steuer-)Straftat wird allein mit der Transaktion aber keineswegs angenommen werden können. Dennoch darf gemäß § 208 Abs. 1 Nr. 3 AO wegen eines unbekannten Steuerfalls ermittelt werden. Zur Begründung wird typischerweise dann darauf verwiesen, dass hier mit der Art des Geschäfts sowie des Zielortes ein konkreter Anlass vorliegt und eine mögliche Steuerhinterziehung nicht ausgeschlossen werden kann. Genauso kann aber dieser Vorgang ein sozialtypisches Verhalten darstellen. Die Tatsache, dass eine Überweisung von Privatpersonen ins Ausland getätigt wird, ist per se kein auffälliger Akt. Auch ein Transferieren in das steuerbegünstigte Ausland kann an dieser Bewertung nichts ändern. Was den Handelnden unterdessen vorgehalten wird, ist vielmehr eine *Tendenz*, dass mit bestimmten Transaktionen *oftmals* straffälliges Verhalten einhergeht. Was allerdings nicht berücksichtigt wird, ist, dass es sich um ein gewöhnliches Verhalten handeln kann, sofern der überwiesene Betrag und alle daraus stammenden Erträge in der Steuererklärung später angegebenen werden. Soweit wird die Überprüfung der Steuerfahndung aber zunächst nicht reichen.

Die Frage nach konkreten Anhaltspunkten, die einen hinlänglichen Anlass begründen könnten, wird in diesem Rahmen von den Steuerfahndern somit ernsthaft auch nicht gestellt. Sollte sie tatsächlich auftreten und erörtert werden, wird sie jedoch kaum beantwortet werden können. Wie soll auch aus einem Geschehen, das in der Deutung ambivalent ist, ein entsprechender Anlass hergeleitet

---

240 Siehe nur BVerfG NJW 1994, 2079 ff.; NJW 1995, 2839 ff.

werden können? Gleiches gilt für eine Vielzahl weiterer „doppeldeutiger“ Geschäfte – wie z.B. Tafelgeschäfte, chiffrierte Verkaufsanzeigen bei hochwertigen Immobilien, Provisionszahlungen von Kreditinstituten an Kreditvermittler etc.[241]. An objektivierbaren und vor allem überprüfbaren Maßstäben wird man sich kaum orientieren. Der Verweis auf die kriminalistische Erfahrung hilft ebenso wenig weiter, sondern ist das offenkundige Eingeständnis fehlender greifbarer Voraussetzungen. Hingegen wird mit diesem Kriterium das Tor zum Vorrang der subjektiven Einschätzung der Situation durch die Ermittler aufgestoßen. Deren Bewertung ist der Einstieg in die Ermittlung zur Verdachts*gewinnung*.

(cc) Übertragbarkeit auf § 12a Abs. 1 ZollVG

Die Anschauung dieser Fälle mag den Gesetzgeber auch bei § 12a ZollVG inspiriert, geleitet und schließlich zur Kodifizierung einer derartigen Vorfeldermittlungskompetenz (mit)veranlasst haben. Jedenfalls stammen die viel beachteten Fälle zu § 208 Abs. 1 Nr. 3 AO aus einem der Novellierung des Zollverwaltungsgesetzes zeitlich nahe vorgelagerten Raum, was eine Erklärung der Normschaffung von § 12a ZollVG in diesem Lichte begünstigt. Bestärkt wird man in dieser Vermutung zusätzlich, wenn man sich ins Gedächtnis zurückruft, dass § 12a Abs. 1 ZollVG ebenfalls als Vorfeldermittlungskompetenz zu klassifizieren ist[242]. Angesichts dieser Ähnlichkeit ist eine charakteristische Verwandtschaft nicht von der Hand zu weisen. Vergleichend § 208 Abs. 1 Nr. 3 AO für die Analyse von § 12a Abs. 1 ZollVG deshalb fruchtbar zu machen, ist dann nur der folgerichtige Schritt. Zu dieser grundsätzlichen Strukturähnlichkeit in Bezug auf das Verdachtsvorfeld muss darüber hinaus aber auch eine Vergleichbarkeit beider Normen im Übrigen hinzu-

241 Siehe BFH BStBl. 1987, 484; 1988, 359.

242 Vgl. Kap. D. II. 3. e) bb) (2) (a).

treten, d.h. insbesondere hinsichtlich eines ähnlichen situativen Ermittlungsinteresses und -vorgehens. Erst wenn dies gelingt, kann aufgrund der vom Bundesverfassungsgericht nicht in Zweifel gezogenen Verfassungsmäßigkeit von § 208 Abs. 1 Nr. 3 AO auch von einer solchen bei § 12a Abs. 1 ZollVG ausgegangen werden. Eine vom Bundesverfassungsgericht mit § 208 Abs. 1 Nr. 3 AO anerkannte Vorfeldermittlungsbefugnis läge dann auch mit § 12a Abs. 1 ZollVG vor.

Mit § 12a Abs. 1 ZollVG soll die Feststellung zu Geldwäschezwecken mitgeführter Bargeldbeträge bzw. gleichgestellter Zahlungsmittel ermöglicht werden. Es stellt sich deshalb das gleiche Problem und die gleiche Frage wie im Steuerstrafrecht auch: Wie soll diese Feststellung vernünftigerweise erfolgen, wenn nicht ausnahmsweise ein Ermittlungseingriff zur Verdachtsgewinnung zulässig sein soll? Man müsste – analog zu *Wendeborn* bei § 208 Abs. 1 Nr. 3 AO[243] – für § 12a Abs. 1 ZollVG ebenfalls auf die praktische Notwendigkeit der Regelung rekurrieren. Untermauert wird diese Notwendigkeit durch die alles überwölbende Zielrichtung der Verfolgung von Geldwäsche und organisierter Kriminalität – und damit geht es auch bei § 12a Abs. 1 ZollVG um den Schutz elementarer, hochrangiger staatlicher Interessen. Gleichzeitig wird damit auch der Schutz persönlicher Sicherheitsbedürfnisse der Bürger befriedigt. Obgleich eine gänzlich andere Schutzrichtung als bei § 208 Abs. 1 Nr. 3 AO verfolgt wird, dienen beide Normen übergeordneten Allgemeininteressen. Gesichert werden soll diese in beiden Fällen durch ein weitgestecktes und vor allem schrankenloses Ermittlungsinstrumentarium – jeweils bestimmt durch die subjektive Einschätzung der Ermittler.

Der Vergleichbarkeit steht auch nicht im Wege, dass bei § 208 Abs. 1 Nr. 3 AO das Kriterium eines „hinreichenden Anlasses“

---

243 Siehe *Wendeborn*, S. 73 ff.

eingriffsbegrenzend wirkt, während es ein vergleichbares Merkmal bei § 12a Abs. 1 ZollVG lediglich i.V.m. § 10 Abs. 3 ZollVG für die Durchsuchung und – nach hier vertretener Auffassung – eingeschränkt auch für § 10 Abs. 1 S. 5 ZollVG gibt[244]. Da die Durchsuchung aber bei § 12a Abs. 1 ZollVG bereits von Anfang angelegt ist, gibt es inhaltlich insofern keine entscheidenden Abweichungen zwischen beiden Normen.

Die Parallelität beider Regelungen könnte aber unter dem Blickwinkel der Effektivität, d.h. der tatsächlichen wie inhaltlichen Wirksamkeit der steuerlichen und zollamtlichen Maßnahmen, in Frage gestellt werden. Mit dem Auskunftsverlangen nach § 208 Abs. 1 Nr. 3 AO gelangt konkret eine Information zur Kenntnis der Ermittlungsbehörden, die unmittelbar durch Datenabgleich mit den Steuererklärungen steuerlich als auch strafrechtlich verwertet werden kann. § 208 Abs. 1 Nr. 3 AO stellt deshalb eine klassische Aufgaben- und Befugnisnorm zur *unmittelbaren* Verdachtsgewinnung dar. Einem Verdacht vorgelagert werden behördliche Aktivitäten eingeleitet, aus denen sich dann direkt ein Anfangsverdacht ergeben kann.

Anders liegt die Situation jedoch bei der Grenzkontrolle: Aufgrund des Auffindens eines bestimmten Zahlungsmittelwerts – unabhängig von seiner Höhe – wird diese Feststellung kaum getroffen werden können. Nachfolgen müssen vielmehr weitere Ermittlungsschritte, um die Verwirklichung des Geldwäschetatbestands zu erhärten. Dafür muss die Abgabe der Angelegenheit an die Staatsanwaltschaft erfolgen. Allein aus der Grenzkontrolle werden sich keine weiteren konkreten und vor allem keine zureichenden Anhaltspunkte für das Begehen von Geldwäsche ableiten lassen. Um die Verdachtsgewinnung also erfolgreich abschließen zu können, reichen die Befugnisse des Zolls nicht aus. Obwohl diesem wegen § 12b ZollVG auch strafprozessuale Möglichkeiten zustehen, um-

244 Vgl. Kap. B. V. 3. c).

fasst das anschließende Ermittlungsstadium nicht mehr dessen originären Kompetenzbereich. Systematisch muss die Befugniszuweisung über § 12b ZollVG auf den Zusammenhang zur Überwachung des Grenzübergangs beschränkt werden[245]. Ein Vorgehen nach § 12a Abs. 1 ZollVG kann typischerweise erst zu einer – tatsächlichen – Verdachtsgewinnung im Zusammenspiel mit staatsanwaltschaftlichen Ermittlungen führen.

Während § 208 Abs. 1 Nr. 3 AO also eine unmittelbare Verdachtsgewinnung ermöglicht, muss man für § 12a Abs. 1 ZollVG festhalten, dass diese Maßnahmemöglichkeiten nur der Auslöser einer Verdachtsbegründung, nicht auch deren Abschluss, sein können. Anders gewendet bedeutet dies, dass § 12a Abs. 1 ZollVG nur *mittelbar* zur Verdachtsbegründung führt, indem dadurch ein Kausalverlauf in Gang gesetzt wird, der in einen endgültigen, konkreten Verdacht aufgrund weiterer Ermittlungsmaßnahmen einmündet. Die gezogene Parallele zwischen § 208 Abs. 1 Nr. 3 AO und § 12a Abs. 1 ZollVG scheint angesichts dessen brüchig zu werden.

Zutreffend dürfte dies allerdings nur dann sein, wenn man sklavisch streng für eine Vorfeldermittlungskompetenz fordert, dass sich mit ihr und aus ihr auch unmittelbar ein Anfangsverdacht ergeben muss. Kommt es auf diesen Unmittelbarkeitszusammenhang nicht an, sondern reicht es aus, dass eine Vorfeldermittlung wenigstens mittelbar zu einer Verdachtsbegründung führt, wäre die Verschiedenartigkeit von § 208 Abs. 1 Nr. 3 AO und § 12a Abs. 1 ZollVG in diesem Punkt unerheblich. Auf die Frage, welche konkreten Anforderungen an eine zulässige Vorfeldermittlungsbefugnis zu stellen sind, findet man jedoch in der Literatur und Rechtsprechung keine Antwort. Begreift man aber Ermittlungen im Verdachtsvorfeld als Ausnahme, ist eine präzise Festlegung von Zulässigkeitsanforderungen aber gerade erforderlich, um einer Extension

---

245 Vgl. Kap. C. IV.

vorzubeugen. Schwierig ist freilich, eine Anknüpfung zu finden. Zur Lösung – oder jedenfalls zu vorsichtiger Hilfestellung – hilft ein erneuter Blick auf § 208 Abs. 1 Nr. 3 AO selbst und die Rechtsprechung des Bundesverfassungsgerichts dazu:

Da das Bundesverfassungsgericht § 208 Abs. 1 Nr. 3 AO ausdrücklich als Vorfeldermittlungskompetenz von Verfassungs wegen billigt und damit auch dessen Anwendungsvoraussetzungen bestimmt und anerkennt, könnte geschlossen werden, dass in der Tat ein Unmittelbarkeitszusammenhang – so wie er bei § 208 Abs. 1 Nr. 3 AO vorliegt – zwischen ermittlungstechnischer Vorfeldaktivität und Begründung eines Anfangsverdachts erforderlich ist. Weil aber keine ausdrückliche Entscheidung in dieser Frage zu erfolgen hatte und es deshalb auch an einer expliziten Verlautbarung fehlt, ist ebenso die gegenteilige Interpretation dieses Urteils dahingehend möglich, dass es einer unmittelbaren Verknüpfung nicht zwingend bedarf.

Die Ausführungen des Bundesverfassungsgerichts deuten jedoch in Richtung eines restriktiveren Verständnisses: Hinweis dafür sind die engen Grenzen, die das Bundesverfassungsgericht für das Auskunftsverlangen mit den Kriterien der Entscheidungserheblichkeit und Aufklärungsbedürftigkeit zieht[246]. Danach ist ein Auskunftsverlangen im Einzelfall offensichtlich nur dann von Verfassungs wegen zugelassen, falls die erfragten Informationen diesen beiden Anforderungen genügen. Hohe Hürden werden damit (formal) für ein berechtigtes Auskunftsverlangen gelegt. Nur auf diese Weise kann eine Verletzung des Selbstbestimmungsrechts des Betroffenen im Einzelfall vermieden werden. Sobald diese Grenzen unterschritten werden, entfiele folglich die Rechtfertigung des freiheitsrechtlichen Eingriffs. Für dieses enge Verständnis spricht neben dem Ausnahmecharakter von Vorfeldermittlungen vor allem aber auch, dass durch die unmittelbare Verdachtsgewinnung der zunächst verdachts-

246 Vgl. dazu BVerfG NJW 1990, 701, 702.

lose Eingriff für den Betroffenen auf ein praktisch notwendiges Minimum begrenzt wird. Flankierend zu den sonstigen Voraussetzungen verlangt somit die Anerkennung einer rechtmäßigen Vorfeldermittlungsnorm die grundsätzliche Geeignetheit zur *unmittelbaren* Herleitung eines Anfangsverdachts, ohne dass es weiterer strafprozessualer Ermittlungsschritte bedarf. Will man anders entscheiden, wäre § 152 Abs. 2 StPO endgültig obsolet: Die Staatsanwaltschaft dürfte im Anschluss an Vorfeldermittlungen auch dann weiter ermitteln dürfen, selbst wenn ein Anfangsverdacht immer noch nicht gegeben ist. Es würde das Vorliegen von Anhaltspunkten ausreichen, damit sich nunmehr – zulässige – Verermittlungen anschließen können. Ohne das Erfordernis einer unmittelbaren Verdachtsbegründung bei Vorfeldermittlungen wären diese mithin ebenso wie Vorermittlungen grundsätzlich legitimiert und damit die Trennung von Strafverfolgungs- und Verfassungsschutzbehörden aufgehoben.

(dd) Zwischenergebnis

Da bei § 12a Abs. 1 ZollVG ein konkreter Tatverdacht gerade nicht mit diesem isolierten Befugniseinsatz begründbar ist, ist die Verfassungskonformität zu Recht zweifelhaft: In seiner Ausgestaltung und hauptsächlich seiner weiteren, notwendigen strafprozessualen Konsequenzen ist ein vergleichbarer Horizont zu § 208 Abs. 1 Nr. 3 AO nicht gegeben. Obwohl eine Vielzahl von Ähnlichkeiten aufgedeckt werden konnte, können die erheblichen Unterschiede nicht überwunden werden. Aus der anerkannten Verfassungsmäßigkeit von § 208 Abs. 1 Nr. 3 AO kann daher auch nicht die verfassungsrechtliche Unbedenklichkeit von § 12a Abs. 1 ZollVG untermauert werden.

(f) Soziallast zur Steigerung des Sicherheitsniveaus

Ein weiterer gedanklicher Ansatz zur Rechtfertigung verdachtsloser Eingriffe findet sich im 87. Protokoll des Innenausschusses des Deutschen Bundestages vom 15. Juni 1998. Darin wird von *Löwer*[247] eine allgemeine bürgerliche Hilfs- und Einstandspflicht proklamiert, wonach jeder Einzelne anlasslose Ermittlungen und Eingriffe im Interesse der Allgemeinheit hinzunehmen habe. Hintergrund und Ziel ist die Gewährleistung eines erhöhten Sicherheitsniveaus für den Bürger. Dieses Verständnis basiert, ohne dass dies von *Löwer* so deutlich herausgestellt wird, auf bekannten straf- sowie zivilrechtlichen Hilfspflichten in Notlagen, namentlich §§ 228, 904 BGB und §§ 32, 34 StGB sowie insbesondere § 323c StGB. Aus einer Gesamtschau dieser Regelung könne für besondere Konstellationen, die eine herausgehobene Bedrohung elementarer Freiheitsrechte und Institutionen darstellen, eine übergeordnete Bürgerpflicht zur gemeinschaftsbezogenen Aufopferung abgeleitet werden.

Eine derartige grundsätzliche Zurückstellung persönlicher Freiheit des Einzelnen zum Zwecke des Allgemeinwohls darf jedoch nicht zu weit gezogen und auf jede Art von Eingriffen erstreckt werden. Dies erkennt auch *Löwer* und will deshalb die hinzunehmenden Eingriffe auf die Identitätsfeststellung beschränken. Allein wegen dieser Begrenzung wird man der vorstehenden Überlegung für die Rechtfertigung der Durchbrechung der Unschuldsvermutung durch § 12a Abs. 1 ZollVG schon keine tragfähige Begründung entnehmen können. Während die voraussetzungslose Identitätsfeststellung und – als „Minus“ dazu – das Anhalten und Fragen nach Zahlungsmitteln gerechtfertigt werden könnten, ist jedenfalls die bereits mit Ermittlungsbeginn angelegte Durchsuchung nach §§ 12a Abs. 1, 10 Abs. 1 S. 5, Abs. 3 ZollVG hiervon nicht erfasst. Da der Eingriff

247 *Löwer*, Öffentliche Anhörung von Sachverständigen zu dem Entwurf eines Ersten Gesetzes zur Änderung des Bundesgrenzschutzgesetzes, S. 102.

gegen einen Unverdächtigen nach Möglichkeit zu minimieren ist, wäre eine Durchsuchung allein durch eine allgemeine Soziallast des Einzelnen nicht zu begründen. Der Freiheitsanspruch des Bürgers wäre mit der Durchsuchung zu weit reichend tangiert.

Darüber hinaus bestehen – jenseits dieser Erwägungen – aber auch bereits grundsätzliche Bedenken gegen den Ansatz von *Löwer*: Ohne das Vorliegen eines konkreten Zurechnungszusammenhangs der Kontroll- und Eingriffsmaßnahmen zu einem bestimmten – diese Maßnahmen auslösenden – Verhalten wäre danach eine Tätigkeit der Ermittlungsbehörden jederzeit zugelassen. Damit würden allerdings Vorfeldermittlungen grundsätzlich legitimiert werden. Es wäre mit der Soziallast des Individuums eine Argumentation gefunden, die für beliebig viele – für quasi jeden gesellschaftlichen Bereich – tauglich wäre, eine anlass- und verdachtslose Ermittlungstätigkeit zu rechtfertigen. Die Vorfeldaktivität als Ausnahme, die den Staatsschutzbehörden grundsätzlich zugewiesen ist, wäre zur Regel geworden. Dem Staat wäre es dadurch erlaubt, verdachtslos – jederzeit – gegen den Bürger zu agieren. Selbst mit einer Gesamtschau der oben angesprochenen Hilfs- und Duldungspflichten wäre dies nicht haltbar. Diese sind stets auf einen Einzelfall bei Vorliegen besonderer Voraussetzungen gerichtet. Aus einer Gesamtbetrachtung indes jedwede Voraussetzung fallen zu lassen, wäre kühn. Die freiheitssichernde Funktion der Grundrechte würde völlig ausgeklammert und keinerlei Berücksichtigung mehr finden. Eine Abwägung mit den Belangen des Staates und der Allgemeinheit wäre ebenso entbehrlich. Ein solch einseitiges prinzipielles Zurücktreten von Interessen widerspricht aber dem Verhältnismäßigkeitsprinzip. Dieses alles überwölbende Prinzip staatlichen Handelns ist als Teil des Rechtsstaatsprinzips aber unverbrüchlich und seinerseits stets zu berücksichtigen. Eine Rechtfertigung von Eingriffen bei einem Verstoß hiergegen ist deshalb bereits abzulehnen.

(g) Örtliche Sondersituation

Das Urteil des Landesverfassungsgerichts Mecklenburg-Vorpommern vom 21. Oktober 1999 liefert schließlich einen weiteren Rechtfertigungsansatz für die Beeinträchtigung der Unschuldsvermutung.

(aa) Inhaltliche und räumliche Reichweite

Danach wird eine ereignisunabhängige Identitätsfeststellung für das Grenzgebiet, also bis zu einer Tiefe von 30 km hinter der Grenze, als zulässig erachtet[248]. Operiert wird begründungsmäßig dafür mit dem Charakteristikum der örtlichen Besonderheit: Die „örtliche Sondersituation“, die wesentlich gekennzeichnet wird durch eine gefährliche bzw. gefährdete Sicherheitslage, erlaube verdachtsunabhängige Eingriffe in Form von Identitätsfeststellungen[249]. Hieraus resultiere korrespondierend die Pflicht des Bürgers, jederzeit seine Identität offenbaren zu müssen. Soweit dies für polizeiliche Maßnahmen im Rahmen der sog. „Schleierfahndung“ entschieden wurde, kann für die Befugnisse der zollamtlichen Überwachung nach § 12a ZollVG, obwohl es sich um eine repressive Tätigkeit handelt, nichts anderes gelten. In beiden Konstellationen geht es um ereignisunabhängige Kontrollen. Ob diese präventiver oder repressiver Natur sind, kann keine andere Bewertung rechtfertigen. Aus den Ausführungen des Landesverfassungsgerichts Mecklenburg-Vorpommern muss man vielmehr sogar aus einem Argument *a maiore ad minus* den Schluss ziehen, wenn schon eine vorbeugende Verbrechensbekämpfung in polizeilicher Hinsicht zulässig sein soll, dann muss dies erst recht für eine repressive Ermittlungs-

---

248 LVerfG MV, LKV 2000, 149, 156; anlassunabhängige Kontrollen befürwortend *Schwabe*, NVwZ 1998, 709 ff; kritisch *Waechter*, DÖV 1999, 138 ff.; ausführlich *Roggan*, S. 105 ff.

249 So auch *Roggan*, S. 113.

tätigkeit gelten, wie sie durch § 12a ZollVG kodifiziert wurde. Daraus folgt weiter: Wenn Identitätsfeststellungen demnach prinzipiell ohne ausdrückliche Festlegung einer gesetzlichen Eingriffsschwelle zulässig sind, muss dies auch für die weniger erheblichen Eingriffe des Anhaltens und der Befragung nach Zahlungsmitteln gelten. Diese Wertentscheidung kann der Gesetzgeber aufgrund seiner Einschätzungsprärogative treffen und demgemäß zur Kriminalitätsbekämpfung jeglicher Art ermächtigen[250]. Es bedarf insoweit noch nicht einmal – nach Auffassung des Landesverfassungsgerichts Mecklenburg-Vorpommern – einer Beschränkung auf besondere Formen der Kriminalität[251]. Ohne Begrenzung auf bestimmte Delikte und Deliktstypen könnten Grenzkontrollen danach ereignisunabhängig stattfinden.

Hiergegen entstehen indes erhebliche Bedenken: Dem Gesetzgeber würde für den Grenzbereich quasi ein „Blankoscheck" zur Implementierung verdachtsloser Eingriffsbefugnisse ausgestellt werden. Die örtliche Sondersituation ausschließlich heranzuziehen, würde die Rechte des Einzelnen zu schnell zurücktreten lassen und deshalb auch nicht mehr als grundsätzlich verhältnismäßige gesetzgeberische Wertung im Rahmen seiner Einschätzungsprärogative verstanden werden können. Dies erkennt das Landesverfassungsgericht Mecklenburg-Vorpommern zutreffend und betont deshalb, dass der *Ausnahmecharakter* verdachts- und ereignisloser Kontrollen – auch im Grenzgebiet – nicht unbeachtet bleiben dürfe[252].

---

250 LVerfG MV, LKV 2000, 149, 156.

251 Für *Durchgangsstraßen*, d.h. Bereiche, die nicht zum Grenzgebiet zählen, hat das LVerfG MV demgegenüber ereignisunabhängige Kontrollen nur für Straftaten der grenzüberschreitenden, organisierten Kriminalität für unbedenklich gehalten und dafür die Aufstellung eines spezifisch zugeschnittenen Straftatenkatalog gefordert, LVerfG MV, LKV 2000, 149, 149 (4. LS), 154; *a.A.* für Durchgangsstraßen insofern BayVGH DVBl. 2003, 861, 862 f.

252 LVerfG MV, LKV 2000, 149, 157.

Insbesondere sei zu gewärtigen, dass der Grenzbereich zwar abgrenzbar, mit einer Tiefe von bis zu 30 km jedoch von einem nicht zu unterschätzenden Ausmaß sei. Deshalb müsse der Gesetzgeber auch für das Grenzgebiet die Voraussetzungen der Einzeleingriffe „verdeutlichen“[253]. Was hierunter zu verstehen ist und welche Ausgestaltungen von Seiten des Gesetzgebers zu erfolgen haben, bleibt vom Landesverfassungsgericht Mecklenburg-Vorpommern indes unbeantwortet. Klar ist einzig, dass auch für ereignisunabhängige Kontrollen im Grenzgebiet eine generalklauselartige Regelung nicht ausreichen kann.

Anderer Ansicht ist offensichtlich der Bayerische Verfassungsgerichtshof, der in seiner Entscheidung vom 28. März 2003 zur bayerischen Regelung, die anlassunabhängige Kontrollen innerhalb und außerhalb des Grenzgebiets gestattet, die schlichte Bezugnahme auf „grenzüberschreitende Kriminalität“ insofern als ausreichend erachtet[254]. Damit wäre allerdings keine vernünftige Eingrenzung auf bestimmte Deliktstypen möglich. Gleichwohl braucht man für eine „Verdeutlichung“ der Voraussetzungen im Sinne der Rechtsprechung des Landesverfassungsgerichts Mecklenburg-Vorpommern für anlasslose Ermittlungen aber auch nicht so weit zu gehen – und darin ist dem Bayerischen Verfassungsgerichtshof beizupflichten –, dass spezifizierte Kataloge von Deliktstypen zu kodifizieren sind[255]. Es muss aus der jeweiligen Norm allerdings ersichtlich sein, zu welchem Zweck sie geschaffen wurde und zu welchem Zweck erhobene Daten verwendet werden sollen (Gebot der Zweckbindung)[256]. Der Gesetzgeber hat eine spezifische Zielrichtung deutlich zu machen. Einer gesetzlichen Festlegung bedarf es indes nicht; als aus-

253 LVerfG MV, LKV 2000, 149, 157.

254 BayVGH DVBl. 2003, 861, 863.

255 BayVGH DVBl. 2003, 861, 863.

256 In § 38 Abs. 1 S. 1 NSOG wurde das Gebot der Zweckbindung im Gefahrenabwehrrecht jetzt erstmals ausdrücklich kodifiziert.

reichend ist es anzusehen, wenn sich zumindest aus den Gesetzesmaterialien die Zweck- und Zielrichtung ergibt. Bei § 12a Abs. 1 ZollVG belegt sowohl die neu eingefügte Aufgabenzuweisung des § 1 Abs. 3c ZollVG, als auch die Gesetzesbegründung den Zweck mit der Bekämpfung der organisierten Kriminalität. Eine „Verdeutlichung" der Zielrichtung der Norm ist damit gegeben.

Bei § 12a ZollVG ist allerdings weiterhin die Besonderheit zu beachten, dass Kontrollen nicht nur an den Grenzen der Gemeinschaft, sondern gleichfalls an den Binnengrenzen innerhalb der Europäischen Union zulässig sind. Es könnten daher Zweifel entstehen, ob auch die Binnengrenzen von den Aussagen des Landesverfassungsgerichts Mecklenburg-Vorpommern erfasst sind. Dagegen spricht, dass die Entscheidung sich ausschließlich auf die Außengrenzen bezog. Allerdings werden die Befugnisse von § 10 ZollVG auch ausdrücklich als entsprechend an den Binnengrenzen in einer Tiefe von 30 km für anwendbar erklärt. Hiermit wird deutlich, dass der Gesetzgeber eine Gleichstellung von Binnen- und Außengrenzen bei § 12a ZollVG gerade herbeiführen wollte. Für diese Sichtweise spricht weiterhin, dass § 12a ZollVG gerade als Korrelativ für die weggefallenen Grenzkontrollen innerhalb der Europäischen Union zu sehen ist. Unter diesen Gesichtspunkten beanspruchen die Erwägungen des Landesverfassungsgerichts Mecklenburg-Vorpommern auch Geltung an den Binnengrenzen der Gemeinschaft. Damit wäre § 12a Abs. 1 ZollVG dem Grunde nach, bezogen auf das Anhalten, die Befragung und Identitätsfeststellung trotz seiner Verdachtsunabhängigkeit verfassungsrechtlich mit entsprechender Argumentation haltbar – eine Beeinträchtigung der Unschuldsvermutung und Verletzung des Rechtsstaatsprinzips kann dadurch prinzipiell gerechtfertigt werden.

(bb) Abwägungsvorrang gegenüber den Individualrechten des Bürgers

Selbstverständlich ist dies freilich nicht. Es fragt sich, wie dieses Ergebnis dogmatisch fundiert werden kann. Ohne dass dies so deutlich bisher ausgesprochen wurde, steht hinter der Einbeziehung und Gewichtung der örtlichen Situation im grenznahen Gebiet eine Verhältnismäßigkeitsabwägung, die eine derartige Norm wie § 12a ZollVG zu rechtfertigen vermag. Abstrakt treten die Freiheits- und verfassungsrechtlich verbürgten Positionen des Bürgers hinter den Sicherheitsbedürfnissen der Allgemeinheit und des Staates sowie der Bekämpfung grenzüberschreitender und organisierter Kriminalität zurück.

Dies wird daraus verständlich, dass staatliche Grenzen stets einen Raum erhöhter Gefahr für die öffentliche Sicherheit und Ordnung darstellen. Als ursächlich dafür scheint – ohne dies hier abschließend klären zu können – zumindest in erheblichem Maße der Übergang in einen anderen Staat nicht nur in territorialer Hinsicht, sondern insbesondere auch in ein anderes Rechts- und Sicherheitssystem zu sein. Übergangs- und Grenzbereiche prägen für gewöhnlich „Grauzonen“ sicherheitspolitischer und rechtlicher Art, die von Einzelnen zu krimineller Aktivität ausgenutzt werden[257]: Bestimmte Delikte – wie etwa Schmuggel etc. – setzen z.B. denknotwendig den Grenzübertritt voraus. Aber vor allem auch Geldwäsche- und Hehlereistraftaten werden durch das Verschieben von Vermögenswerten über nationale Grenzen wegen einer dadurch eintretenden bzw. zumindest wachsenden Verschleierung ihrer Herkunft begünstigt. Der Grenzübergang ist vor diesem Hintergrund ein entscheidendes Momentum für kriminelle Handlungsformen.

257 Vgl. *Schwind*, § 31 Rn. 15.

Dem Landesverfassungsgericht Mecklenburg-Vorpommern ist deshalb darin zuzustimmen, dass die Gegebenheiten an der Grenze einen wichtigen Aspekt darstellen, der maßgeblich die Abwägung und Verhältnismäßigkeitsbetrachtung steuert.

Allein auf die Bedeutung des Grenzübergangs für kriminelles Verhalten abzustellen, würde allerdings zu kurz greifen. Schließlich gibt es eine Vielzahl sonstiger Orte, die von latenter Kriminalität geprägt sind und sich nicht im grenznahen Bereich befinden. Verwiesen sei z.B. auf das Rotlicht- oder Drogenmilieu in bestimmten Bereichen. Das Landesverfassungsgericht Mecklenburg-Vorpommern hat mit seinem Urteil zur „Schleierfahndung" jedoch deutlich gemacht, dass ereignislose Ermittlungen im Nicht-Grenzgebiet nur unter eingeschränkten Voraussetzungen zugelassen sind[258]. Aufgrund des Ausnahmecharakters ereignisloser Ermittlungen sollen diese nur zur Bekämpfung besonderer Formen von organisierter Kriminalität zulässig sein[259]. Da derartig eingeschränkte Voraussetzungen im Gegensatz dazu für die verdachtslose Grenzkontrolle nicht gefordert werden, folgt aus diesem Befund, dass dem Gesetzgeber für das Grenzgebiet ein größerer Einschätzungsspielraum zuerkannt wird. Dieser kann offensichtlich aber nicht nur aus einer erhöhten Kriminalitätsdichte resultieren, weil ansonsten eine Differenzierung zwischen Grenzgebiet und sonstigen Orten nicht erforderlich wäre[260]. Es bedarf deshalb eines zusätzlichen Begründungsansatzes für die verdachtslose Grenzkontrolle, den das Landesver-

258 LVerfG MV, LKV 2000, 149, 153.

259 Hinsichtlich der Delikte und Deliktstypen kommt dem Gesetzgeber eine Einschätzungsprärogative zu. Er ist nicht gehalten, sich auf die Aufnahme von Verbrechen zu beschränken, sondern kann ausnahmsweise auch Vergehen in den Katalog einstellen, vgl. LVerfG MV, LKV 2000, 149, 153.

260 Dieser Gedanke mag auch den BayVGH DVBl. 2003, 861, 863, in seiner Entscheidung vom 28.3.2003 geleitet haben, als er dekretierte, dass auch außerhalb des Grenzgebiets ohne Einschränkung ereignisunabhängige Kontrollen zulässig sind.

fassungsgericht Mecklenburg-Vorpommern explizit nicht benennt, aber gleichwohl stillschweigend voraussetzt.

Der entscheidende Unterschied, der den Begriff der örtlichen Sondersituation deutlich beeinflusst, ist das *Faktum der Unwiederholbarkeit* und *Einzigartigkeit des Grenzgeschehens*. Die Kontrollierenden stehen vor der kurzfristigen Entscheidung, entweder eine Kontrolle sofort durchzuführen oder es zu unterlassen. Eine Nachholung der Kontrolle ist natürlicherweise sowohl aus zeitlichen als auch aus sachlichen sowie schließlich aus rechtlichen Gründen, da die Hoheitsmacht an der Grenze endet, ausgeschlossen. Man kann diesen Befund auch dahingehend formulieren, dass eine wirkungsvolle Überprüfung nur unmittelbar und direkt erfolgen kann – oder danach unmöglich ist, sobald der Grenzgänger den Grenzbereich verlassen hat. Aufgrund dieser Typizität drängt sich ein Vergleich der vorliegenden Situation mit dem Handeln bei „Gefahr im Verzug" auf. Diese Grundsätze können für das Kriterium der örtlichen Sondersituation fruchtbar gemacht werden und stellen die Begründung für die Zulässigkeit einer verdachtslosen Grenzkontrolle auf eine dogmatische Grundlage. Hier wie dort genügt nur ein unverzügliches staatliches Eingreifen, um das allgemeine Sicherheitsbedürfnis sowie staatliche Strafverfolgungsinteressen zu befriedigen. Aufgrund der Nicht-Nachholbarkeit weiterer Maßnahmen, wenn der Angehaltene das Grenzgebiet erst einmal verlassen hat, besteht eine Notwendigkeit für die derart ausgestalteten Befugnisse des Zolls im Rahmen der zollamtlichen Überwachung. Es macht auch keinen Unterschied, dass beim Handeln bei Gefahr im Verzug entgegen § 12a Abs. 1 ZollVG eine Gefahr bzw. ein Anfangsverdacht vorliegt. An der Eilbedürftigkeit des Handelns in beiden Situationen ändert dies nichts. Dass damit aber in § 12a Abs. 1 ZollVG ein sofortiges Eingreifen vom Gesetzgeber zum Regelfall erhoben wurde, während das Handeln bei Gefahr im Verzug die Ausnahme ist, steht dieser Sichtweise ebenfalls nicht entgegen. Der

Gesetzgeber durfte eine solche Entscheidung aufgrund seines Beurteilungsspielraums treffen. Für die Situation der Grenzkontrolle folgt aus der Eilbedürftigkeit und Kurzfristigkeit des Geschehens die Notwendigkeit des sofortigen Handels als Regel- und nicht als Ausnahmefall. Diese Wertung hat der Gesetzgeber in § 12a Abs. 1 ZollVG mit einer kodifizierten „Gefahr-im-Verzug-Regelung" festgeschrieben.

(cc) Rechtfertigung von Durchsuchungen nach § 10 Abs. 3 ZollVG

Problematisch ist, dass die Betrachtung a priori nur beschränkt ist auf die Identitätsfeststellung – und als Minus das Anhalten und die Frage nach mitgeführten Zahlungsmitteln. Das Landesverfassungsgericht Mecklenburg-Vorpommern hat jedoch verlautbart, dass darüber hinausgehende Maßnahmen nicht prinzipiell unzulässig sind. Eine entsprechende Regelung muss allerdings ebenfalls den bereits dargestellten „Verdeutlichungsanforderungen" genügen[261]. Mit der Verweisung auf § 10 Abs. 1 S. 5, Abs. 3 ZollVG liegt eine solche Regelung vor. Auch hier gilt Obiges zur „Verdeutlichung" mit der eindeutigen Benennung des Zwecks der Bekämpfung von Geldwäsche. Da folglich die Durchbrechung der Unschuldsvermutung insgesamt gerechtfertigt ist, liegt keine Verletzung des Rechtsstaatsprinzips vor.

cc) Abwägung

Da somit § 12a Abs. 1 ZollVG nicht schon wegen Verstoßes gegen das Rechtsstaatsprinzip das allgemeine Persönlichkeitsrecht verletzt, sind die oben benannten kollidierenden Interessen und Belange[262] in der Abwägung nunmehr abzuarbeiten. Insbesondere sind die Beein-

---

261 Vgl. Kap. D. II. 3. e) bb) (2) (g) (aa).

262 Siehe Kap. D. II. 3. e).

trächtigungen des informationellen Selbstbestimmungsrechts an den Vorgaben des Bundesverfassungsgerichts im Volkszählungsurteil zu messen. Hervorzuheben ist dabei, dass es kein belangloses Datum mehr gibt und Eingriffe in das Recht auf informationelle Selbstbestimmung im Hinblick auf Datenerhebung und -verwendung daran zu beurteilen sind, welche Verwendungsmöglichkeit und Nutzbarmachung von Daten im jeweiligen Einzelfall besteht bzw. intendiert ist.

(1) Zulässigkeit des Anhaltens

Wendet man sich zunächst dem Anhalten zu, so ist man verleitet zu sagen, dass es überhaupt nicht zweifelhaft sein, dass Sicherheits- und Ordnungskräfte Personen und Fahrzeuge an den Binnen- und Außengrenzen anhalten dürfen. Dieser Vorgang könnte gemeinhin als sozialüblich und „grenztypisch“ angesehen werden und deshalb auch keine nennenswerte Berührung des allgemeinen Persönlichkeitsrecht darstellen. Das Anhalten stellt für den Betroffenen isoliert betrachtet regelmäßig nur einen geringfügigen, zeitlich mehr oder weniger begrenzten Eingriff dar.

Dabei wird jedoch die Dimension des Anhaltens verkannt, wenn man bedenkt, dass sich aus dem Anhalten heraus das gesamte Kontrollgeschehen entwickelt. Im Anhalten sind die Folgemaßnahmen bereits angelegt – auf zusätzliche Voraussetzungen kommt es dafür nicht an[263]. Der gesamte Kontrollvorgang stellt vielmehr ein einheitlich-zusammenhängendes Geschehen dar, sodass das Anhalten als Beginn der Durchsuchung aufzufassen ist. Wegen fehlender Tatbestandsmerkmale in § 12a Abs. 1 ZollVG und dem Verzicht auf das Erfordernis eines Anfangsverdachts als Legitimation für die Ermittlungsaufnahme können die einzelnen Maßnahmen beliebig

263 Siehe Kap. D. II. 2. a).

ineinander übergehen. Angesichts dieser Besonderheit der Normstruktur würde man deshalb einen natürlichen Lebensvorgang willkürlich aufspalten, wenn man die Zulässigkeit des Anhaltens losgelöst von den weiteren Befugnissen betrachtet. Entsprechende Überlegungen gelten dann auch für die Befragung sowie für die Vorlage des Personalausweises. Diese Einzelmaßnahmen dürfen gleichermaßen nicht ohne Einbeziehung der Durchsuchung gewürdigt werden. Gerade diese schärfste Eingriffsmöglichkeit ist bereits im Anhalten angelegt. Wenn man diesen Befund akzeptiert, dann wäre es voreilig, das Anhalten a priori als eine verhältnismäßige Maßnahme von gerechtfertigter Eingriffsqualität zu qualifizieren.

Für das amerikanische Recht setzt sich der U.S. Supreme Court deshalb auch richtigerweise differenziert mit der grundsätzlichen Zulässigkeit des Anhaltens („stop") in derartigen Zusammenhängen auseinander[264]. Hintergrund ist der Schutz des Bürgers vor unangemessenen Durchsuchungen („search"), Beschlagnahmen („seizure") und persönlichen Festnahmen („arrest") als Ausprägung eines allgemeinen Rechts auf Privatheit[265]. Ausgangspunkt ist für jegliche Durchsuchung und Beschlagnahme aber immer das Anhalten einer Person. Es müsse deshalb bereits schon die Frage gestellt werden, ob das Anhalten als solches überhaupt erlaubt ist, wenn daraus Folgeeingriffe resultieren, die in dem Anhalten faktisch schon angelegt sind. In der Entscheidung *Terry v Ohio* hat der U.S. Supreme Court verlautbart, dass eine Durchsuchung und die Festnahme des Bürgers nur zulässig sind, wenn ein hinreichender Anlass („probable cause") vorliegt, während für das Anhalten ein solcher nicht erforderlich ist[266]. Im Umkehrschluss daraus wurde gleichzeitig klarge-

264 Vgl. *Terry v Ohio*, 392 US 1, 20 L Ed 2d 889, 88 S Ct 1868 (1968).

265 Vgl. The Fourth Amendment Right, dazu *Terry v Ohio*, 392 US 1, 20 L Ed 2d 889, 88 S Ct 1868 (1968), p. 890.

266 *Terry v Ohio*, 392 US 1, 20 L Ed 2d 889, 88 S Ct 1868 (1968), p. 899.

stellt, dass es für das bloße Anhalten eines solchen hinreichenden Anlasses, der nach unserem Verständnis einem Anfangsverdacht vergleichbar wäre, nicht bedarf. Die grundsätzliche Legitimität des – verdachtslosen – Anhaltens wird damit anerkannt. Der Supreme Court sieht zwar eine gewisse „Eingriffsintensität" des Anhaltens; diese bleibe jedoch deutlich hinter der einer Festnahme zurück und habe auch nicht deren diskriminierende Wirkung[267]. Eine geringe Tangierung des Ansehens in der Öffentlichkeit müsse im Interesse einer effektiven Strafrechtspflege hingenommen werden[268].

Während der U.S. Supreme Court dies allgemein für jegliche Kontrolle entschieden hat, müssen diese Grundsätze für eine Grenzkontrolle – und damit insbesondere auch für § 12a Abs. 1 ZollVG – umso mehr gelten: Denn die Grenzkontrolle und vor allem das Anhalten stellen eine durchaus übliche Maßnahme dar, von der prinzipiell jeder Grenzgänger betroffen sein kann und was auch jedem dabei bewusst ist. Dann wird der Beobachter dem Anhalten aber auch keine weitere Bedeutung zumessen. Zugleich bedeutet diese Erkenntnis aber, dass der Betroffene in seiner Darstellung in der Öffentlichkeit auch nicht auffällig negativ in erheblichem Maße hervortritt. Selbst eine verbleibende Bloßstellung, die im Einzelfall nach dem subjektiven Empfinden mehr oder weniger stark ausgeprägt sein kann, muss angesichts der erhöhten Kriminalitätsdichte an Grenzübergängen hingenommen werden und weist keine grundrechtsrelevante, diskriminierende Wirkung im Verhältnis zu der Bedeutung einer effektiven Strafrechtspflege auf. Praktischerweise kann auf andere Art und Weise als durch das Anhalten in derartigen Situationen auch keine Gewährleistung einer effektiven Strafrechtspflege erfolgen.

267 *Terry v Ohio*, 392 US 1, 20 L Ed 2d 889, 88 S Ct 1868 (1968), p. 900.

268 *Terry v Ohio*, 392 US 1, 20 L Ed 2d 889, 88 S Ct 1868 (1968), p. 900.

Als weiteres Argument führt der Supreme Court den anerkannten Selbstschutz der Kontrollierenden vor dem Waffengebrauch der Betroffenen ins Feld[269]. Um einem solchen Gebrauch bereits antizipiert entgegentreten zu können, sei ein verdachtsloses Anhalten gerechtfertigt. In Anbetracht der unterschiedlichen Gegebenheiten in Deutschland ist diese Überlegung für die Betrachtung von § 12a Abs. 1 ZollVG sicherlich nicht in gleichem Maße fruchtbar zu machen. Interessant an dieser Herangehensweise ist aber, dass der Supreme Court damit für die Entscheidung über das Anhalten ebenfalls nur auf die persönliche Erfahrung des Kontrollierenden abstellt. Um einem Waffengebrauch vorzubeugen, kann es allein nur auf dessen Einschätzung ankommen, ob jemand angehalten wird. Dieser Beurteilungsspielraum finde allerdings dort seine Grenze, wo die Entscheidung willkürlich sei[270]. Bezogen auf die Grenzkontrolle an den Binnen- und Außengrenzen der Gemeinschaft nach § 12a Abs. 1 ZollVG, greift zwar das Argument des Selbstschutzes nicht gleichermaßen überzeugend Platz; aber dennoch ist die Zuschreibung eines derartigen Beurteilungsspielraums tauglich, um eine effektive Bekämpfung grenzüberschreitender, organisierter Kriminalität zu ermöglichen. Da insoweit ein „Vorsprung“ der Täter besteht, bedarf es auch unter diesem Blickwinkel eines Korrektivs auf Seiten der Ermittlungsorgane: Weil weitere Anhaltspunkte typischerweise nicht bestehen, verbleibt einzig der Weg über die verdachtslose Einleitung von Kontrollmaßnahmen, um „Waffengleichheit“ herzustellen. Die effektive Kriminalitätsbekämpfung ist im Interesse der Allgemeinheit ein vergleichbar hohes Schutzgut, das diese weit reichenden Befugnisse der Ermittlungsbehörden ausnahmsweise zulässt. Eine Persönlichkeitsrechtsberührung ist insoweit als unwesentlich hinzunehmen.

---

269 *Terry v Ohio*, 392 US 1, 20 L Ed 2d 889, 88 S Ct 1868 (1968), p. 907 f.

270 *Terry v Ohio*, 392 US 1, 20 L Ed 2d 889, 88 S Ct 1868 (1968), p. 910.

(2) Zulässigkeit der Frage nach Zahlungsmitteln

In einem vergleichbaren, aber etwas anderem Licht stellt sich die Frage nach dem Mitführen von Bargeld bzw. sonstigen Zahlungsmitteln. Hierbei handelt es sich zunächst nur um einen – für sich betrachtet – kurzfristigen Eingriff. Dies ist allerdings nicht entscheidend. Allein führt diese Maßnahme ohne Folgebefugnisse unter Umständen zu keinen relevanten Ergebnissen, die Möglichkeit einer Durchsuchung bleibt dennoch – wie gesehen – ohne weitere objektive Voraussetzungen unbenommen[271].

Die Möglichkeit zur Durchsuchung ist auch der entscheidende Anknüpfungspunkt. Verneint man nämlich bereits die Zulässigkeit einer Frage nach Zahlungsmitteln, dann wäre die Konsequenz, dass dann sofort durchsucht werden müsste. Dies kann allerdings nicht richtig sein, da die Durchsuchung den wesentlich schwereren Eingriff in die Persönlichkeitssphäre darstellt, obwohl unter Verhältnismäßigkeitsgesichtspunkten der Eingriff für den Betroffenen gerade zu minimieren ist. In dieser Richtung sind auch die Ausführungen des U.S. Supreme Court zu verstehen, wenn dieser von der Eingriffsintensität her die Befragung des Angehaltenen in einem Atemzug mit dem Anhalten selbst nennt[272]. Wenn das Anhalten trotz Eingriffsqualität verhältnismäßig und damit zulässig ist, dann kann für die Frage nach Bargeld und sonstigen Zahlungsmitteln nichts anderes gelten. Die Befragung muss daher auch zulässig sein, damit nicht sofort durchsucht wird. Der Angehaltene muss stets die Gelegenheit bekommen, freiwillig entsprechende Beträge anzugeben und ggf. auch herauszugeben. Ein verhältnismäßiger Grundrechtseingriff ist also auch mit der Frage nach dem Mitführen von Zahlungsmitteln gegeben.

---

271 Siehe Kap. B. V. 3. b).

272 "Stop" und "Frisk", vgl. *Terry v Ohio*, 392 US 1, 20 L Ed 2d 889, 88 S Ct 1868 (1968), p. 899 f.

(3) Irrelevanz des persönlichen Antwortverhaltens auf Identitätsfeststellung und Durchsuchung

Von einer derartigen Zulässigkeit aufgrund der Geringfügigkeit des Angriffs wird man bei der Identitätsfeststellung und Durchsuchung nicht in entsprechender Weise ausgehen können. Dies belegt schon der Befund, dass die festgestellte Eingriffsqualität von erheblich größerem Gewicht ist[273]. Zwischen den Einzelmaßnahmen existieren jedoch fließende Übergänge, wenn selbst für die Durchsuchung – wie sonst üblich – kein Anfangsverdacht erforderlich ist. Ob die Kontrolle schließlich in eine Durchsuchung einmündet, hängt vom jeweiligen Zollbediensteten ab.

(a) Gedanklicher Ausgangspunkt

Möglicherweise kann der Betroffene hierauf durch sein Antwortverhalten jedoch Einfluss nehmen und durch entsprechende Beantwortung der Frage nach dem Mitführen von Bargeld und gleichgestellten Zahlungsmitteln den Fortgang der Kontrolle dahingehend beeinflussen, dass es zu einer Identitätsfeststellung bzw. Durchsuchung des Pkw oder der Person nicht kommt.

In der Konzeption des § 12a Abs. 1 ZollVG und seiner Verweisungstechnik steht dem Kontrollierenden ein umfangreicher Maßnahmekatalog zur Verfügung. Innerhalb dieser Befugnisse besteht – wie schon verdeutlicht – eine Klimax in der Eingriffsintensität vom Anhalten bis zur Durchsuchung. Das Gebot der Minimierung der grundrechtlichen Betroffenheit des Bürgers im Hinblick auf sein Persönlichkeitsrecht hat sich in dieser Kodifizierung – so könnte man dem Gesetzgeber attestieren – niedergeschlagen. Dieser Appell hätte sich demzufolge auch an den Kontrollierenden zu richten, der im jeweiligen Einzellfall die Kontrolle je nach Erforderlichkeit abbre-

---

273 Vgl. Kap. D. II. 2. b).

chen und von weiteren Maßnahmen – insbesondere der Durchsuchung – absehen müsste. Eine Pflicht der Zollbediensteten zu einem bestimmten Tätigwerden besteht nicht, da die Regelung des § 12a Abs. 1 S. 1 und 4 ZollVG den Kontrollierenden insoweit ein Handeln nach pflichtgemäßem Ermessen einräumt. In der Ausgestaltung der Norm ist somit jedenfalls kein Automatismus hin zur Ausschöpfung des gesamten Maßnahmekatalogs angelegt.

Wenn dem Gesetzgeber der Wille zu einer verfassungskonformen Normsetzung bei § 12a Abs. 1 ZollVG unter Beachtung des allgemeinen Persönlichkeitsrechts unterstellt wird, müsste für den Angehaltenen aber auch die tatsächlich-reale Chance auf den Abbruch der Kontrolle bestehen. Da allerdings die Durchführung der Kontrolle durch keine objektiven Voraussetzungen begrenzt wird, kann eine solche Möglichkeit für den Betroffenen nur darin bestehen, dass es ihm gelingt, den Zollbediensteten auf subjektiver Ebene zu beeinflussen. Anknüpfungspunkt dafür kann wiederum nur die Beantwortung der Frage nach den mitgeführten Zahlungsmitteln sein. Wenn dem Angehaltenen dadurch die Beeinflussung der weiteren Vorgehensweise des Kontrollierenden gelingen sollte, würde sich zwar an einem abstrakt hohen Eingriffsniveau von Identitätsfeststellung und Durchsuchung nichts ändern; gleichwohl könnte dies im *konkreten* Fall – ein entsprechendes Anzeigeverhalten vorausgesetzt – unter die Schwelle einer Persönlichkeitsrechtsverletzung herabgesetzt sein.

Anhand dieses Herangehens wird deutlich, dass sich eine rechtliche Beurteilung nicht von der Realität entfernen darf, sondern das Tatsächliche stets zugrunde gelegt werden muss[274]. Nur dann kann das Recht seinem Anspruch gerecht werden, gerade Ausdruck und Abbild der Lebenswirklichkeit zu sein. Rechtliche Erwägungen im lebensfernen Raum hingegen bringen keinen wahren Erkenntnisge-

274 *Ransiek*, Gesetz und Lebenswirklichkeit, S. 5.

winn und müssen notwendig individuelle Interessen, derer man erst durch die Vergegenwärtigung konkreter Lebensumstände gewahr wird, vernachlässigen. Dieser Gedankengang sieht sich auch wegen der Berücksichtigung der Lebenswirklichkeit nicht dem Vorwurf der Berücksichtigung eines hypothetischen Anzeigeverhaltens ausgesetzt. Typischerweise ist es doch vielmehr so, dass rechtliche Würdigungen auch gerade Konstellationen einbeziehen müssen, die zwar denkbar, aber bisher nicht eingetreten sind. Erst eine derartig umfassende Berücksichtigung führt eine Problembetrachtung letztlich einer adäquaten Beurteilung zu. Ansonsten würden besondere Fallgestaltungen ausgeklammert, die im Einzelfall eine gänzlich andere Wertung verlangen. Der Betroffene als rational denkender Mensch wird gerade diejenige Verhaltensalternative wählen, die ihm unter Nutzengesichtspunkten den größten Vorteil bringt[275].

Unabhängig davon, wie der Betroffene auf die Frage nach Zahlungsmitteln antwortet, wird er den weiteren Geschehensfortgang jedoch nicht beeinflussen können. Eine Minimierung der grundrechtlichen Betroffenheit durch einen abgestuften Maßnahmekatalog ist nicht mehr als eine Wunschvorstellung. Es herrscht *Irrelevanz des Anzeigeverhaltens* des Betroffenen für die Ermittlungstätigkeit der Zollbediensteten in Bezug auf Identitätsfeststellung und Durchsuchung. Folgeeingriffe sind verhaltensunabhängig jederzeit möglich und nur von der Einschätzung der Kontrollierenden abhängig. Anhalten, die Frage nach Bargeld und mitgeführten Zahlungsmitteln, die Identitätsfeststellung sowie die Durchsuchung können nicht voneinander getrennt werden und gehen insbesondere beliebig ineinander über.

Dieses Ergebnis belegt eine Betrachtung der verschiedenen Möglichkeiten des Antwortverhaltens. Zu differenzieren ist hierbei zwischen der Verweigerung irgendwelcher Angaben, der Verneinung

---

275 *Varian*, S. 71 ff.

der Frage, ob Zahlungsmittel mitgeführt werden, sowie der Angabe eines falschen – in der Regel eines niedrigeren – Betrages. Unerheblich ist dabei, ob der Angehaltene tatsächlich mehr oder weniger als 15.000 € mitführt. Denn auch beim Auffinden von weniger als 15.000 € besteht nach § 12a Abs. 2 ZollVG die Möglichkeit der Sicherstellung dieser Zahlungsmittel[276]. Folglich besteht für jeden Angehaltenen, der Zahlungsmittel über die Grenze verbringt, ein vitales Interesse, die genaue Feststellung zu verhindern.

(b) Verweigerung der Anzeige

Zum einen könnte er jedwede Antwort auf die Frage des Zollbediensteten verweigern. Für mitgeführte Zahlungsmittel unter 15.000 € wäre das prinzipiell durch den Wortlaut des § 12a Abs. 1 ZollVG sogar gedeckt, da eine Pflicht zur Anzeige erst ab 15.000 € besteht.

(aa) Faktische Anzeigepflicht

Problematisch ist die Konstellation des Mitführens von mindestens 15.000 €. Eine Anzeigeverweigerung stünde dann im Widerspruch zu § 12a Abs. 1 ZollVG, und der Angehaltene hätte seine gesetzlichen Pflichten verletzt. Dies könnte der Kontrollierende jedoch allein aus der Antwort nicht feststellen. Unabhängig von der Höhe der mitgeführten Zahlungsmittel wird der Kontrollierende deshalb regelmäßig bei Anzeigeverweigerung die Durchsuchung anordnen, da er davon ausgeht, dass der Angehaltene etwas zu verheimlichen hat – und zwar unabhängig von der tatsächlichen Höhe der mitgeführten Mittel. Damit entsteht aber eine faktische Anzeigepflicht für mitgeführte Mittel in jeglicher Höhe – also auch für weniger als 15.000 €, um gerade die Durchsuchung abzuwenden. Die Statuie-

276 Siehe Kap. C. II.

rung einer gesetzlichen Anzeigepflicht ab 15.000 € wird vor diesem Hintergrund durch die Realität überholt. Der Angehaltene wäre stets gezwungen, Angaben zu machen.

(bb) Verstoß gegen das Nemo-tenetur-Prinzip?

Dadurch schließt sich aber die Frage an, ob die faktische Verpflichtung des Angehaltenen zur Anzeige mit dem Nemo-tenetur-Grundsatz, der seine Grundlage im allgemeinen Persönlichkeitsrecht sowie im Rechtsstaatsprinzip[277] besitzt, vereinbar ist oder ob sich hieraus nicht ein berechtigtes Anzeigeverweigerungsrecht ergeben muss. Sofern man ein solches bejaht, hätte dies zur Folge, dass grundsätzlich jede weitere Maßnahme des Zolls ausgeschlossen bzw. bei ihrer Durchführung verfassungswidrig wäre. Dann würde aber die Anzeigeverweigerung eine taugliche Verhaltensalternative darstellen, um weitere Maßnahmen des Zolls zu verhindern. Eine nennenswerte Eingriffsintensität von Identitätsfeststellung und Durchsuchung wäre nicht mehr gegeben, da es hierzu nach der Frage nach mitgeführtem Bargeld nicht mehr kommen dürfte.

Dies setzt zunächst aber überhaupt die Einschlägigkeit des Selbstbelastungsverbots voraus. Sinn und Zweck dieses Prinzips ist es, jedermann davor zu schützen, sich selbst anzuklagen oder gegen sich selbst Zeugnis abzulegen[278]. Unstreitig gilt dieses Prinzip insoweit für das gesamte Ermittlungs- und Strafverfahren[279]. Beim Anhalten und der Frage nach Bargeld ist ein strafrechtliches Ermittlungsverfahren aber gerade noch nicht eingeleitet worden. Erst

277 BVerfGE 56, 37, 43 ff.; *Bosch*, S. 47 ff., 69 ff.; *Rogall*, Der Beschuldigte, S. 137 f., 139 f., 148.

278 *Meyer-Goßner*, Einl. Rn. 29a.

279 *Bosch*, S. 107 ff. Seine Grenze findet der Grundsatz allerdings in der unbewussten Selbstbelastung, die hierdurch nicht geschützt ist, so BGHSt 40, 66, 71; BGH NJW 1996, 2940, 2943.

durch die Antwort könnte eine solches ausgelöst werden. Fraglich ist also, ob der Vemo-tenetur-Grundsatz auch bereits vor einer Selbstbelastung im Hinblick auf die *Aufnahme* strafprozessualer Ermittlungen schützen soll.

Man könnte dies zunächst mit dem schlichten Hinweis ablehnen, dass der Nemo-tenetur-Grundsatz nur den *Beschuldigten* schützt und bei der Frage nach Zahlungsmitteln aufgrund eines fehlenden Inkulpationsaktes der Strafverfolgungsbehörden der Angehaltene diese Eigenschaft noch nicht besitzt[280]. Ähnlich wird von *Rogall* argumentiert, der den Anwendungsbereich bei einer freiwilligen, zwanglosen Selbstbelastung im Verdachtsvorfeld grundsätzlich nicht für eröffnet hält[281]. Diese Überlegungen bedürfen für den Kern der gegenständlichen Problematik jedoch einer etwas tieferen Auseinandersetzung. Ohne Gewicht wäre bisher, dass bei einer Grenzkontrolle und der Frage nach Bargeld typischerweise eine vergleichbare innere Konflikt- und Zwangssituation wie im Ermittlungsverfahren besteht und man als Betroffener das Gefühl hat, Angaben machen zu müssen. Da zudem ab 15.000 € eine tatsächliche gesetzliche Anzeige*pflicht* besteht, wird die Situation noch zusätzlich verschärft.

Allerdings ist im Rahmen von § 12a Abs. 1 ZollVG bereits festgestellt worden, dass es der Verhältnismäßigkeitsgrundsatz verlangt, dass dem Betroffenen die Gelegenheit zur freiwilligen Herausgabe mitgeführter Zahlungsmittel gegeben werden muss, damit nicht unmittelbar anschließend an das Anhalten durchsucht wird[282]. Diese Gelegenheit erhält der Betroffene durch die Frage nach mitgeführten Zahlungsmitteln. Weil die Unbedenklichkeit einer solchen

280 Zum Beschuldigtenbegriff BGHSt 34, 138, 140; BGH NStZ 1997, 398, 398; *Rogall*, Der Beschuldigte, S. 24 ff.

281 *Rogall*, Der Beschuldigte, S. 180 f.

282 Siehe Kap. D. II. 3. e) cc) (2).

Frage aus dem Verhältnismäßigkeitsprinzip folgt, kann darin aber auch kein Verstoß gegen den Nemo-tenetur-Grundsatz liegen. Beide Prinzipien sind Ausprägungen des Rechtsstaatsprinzips, sodass es widersprüchlich wäre, wenn der Nemo-tenetur-Grundsatz etwas verbieten könnte, was unter Verhältnismäßigkeitsgesichtspunkten zulässig ist.

Ohne die Frage klären zu müssen, ob das Nemo-tenetur-Prinzip nur *in* dem Verfahren oder etwa auch *vor* dem Strafverfahren – also dessen Aufnahme – schützt, steht das Nemo-tenetur-Prinzip dem Entstehen einer (generellen) faktischen Anzeigepflicht also bereits aus materiellen Überlegungen nicht entgegen und führt folglich auch nicht zu einem Anzeigeverweigerungsrecht. Die Verweigerung jeglicher Anzeige ist deshalb keine rationale Lösung zur Verhinderung der Durchsuchung.

(c) Verneinung der Frage nach mitgeführten Zahlungsmitteln

Sollte die Frage nach mitgeführten Zahlungsmitteln nicht verweigert, sondern wider besseren Wissens verneint werden, so ist offen, wie die Zollbediensteten dann weiter verfahren. Denkbar wäre, dass sie sich mit der Antwort zufrieden geben, dem Angehaltenen glauben und diesen ohne weitere Überprüfung passieren lassen. Ebenso ist es aber nicht ausgeschlossen, dass sich an die Befragung die Ermittlung der Personalien oder sogar eine Durchsuchung anschließt[283]. Denn wer schon das Beisichführen von Bargeld verneint, von dem könnte der Eindruck erweckt werden, dass seine Antwort falsch ist. Da § 12a Abs. 1 ZollVG aber ja gerade voraussetzungslos aufgebaut ist, besteht für die Zollbediensteten ein diskretionärer Handlungsspielraum, den sie je nach Belieben und ihrer persönlichen Motivation, Einschätzung und Erfahrung nutzen kön-

---

283 Vgl. Kap. A. und OLG Karlsruhe, wistra 2002, 194 f.; wistra 2003, 36.

nen. Die Norm weist gerade keinen Weg, woran eine Begrenzung der Befugnisse objektiv festgemacht werden könnte. Entscheidend wird es wieder auf die jeweilige Erfahrung des Kontrollierenden sowie seine subjektive Einschätzung des Angehaltenen ankommen. Die Entscheidung für eine weitere Maßnahme wird möglicherweise nicht so einfach fallen wie bei der Verweigerung der Anzeige; die allgemeine Lebenserfahrung spricht aber wiederum dafür, dass jetzt erst recht ermittelt wird. Dies belegen auch gerade die neueren Entscheidungen des Oberlandesgerichts Karlsruhe[284]. An diesen tatsächlichen Fällen zeigt sich exemplarisch, dass mit der Verneinung der Frage nach mitgeführten Zahlungsmitteln für den Betroffenen keine Sicherheit dafür gewonnen ist, dass nun von weiteren Ermittlungen abgesehen wird. Dieser Befund belegt anschaulich, dass es einzig auf den Willen der Zollbediensteten ankommt.

(d) Falschanzeige

Wenn auch die vollständige Nicht-Anzeige des Mitführens von Zahlungsmitteln – wie gesehen – nicht vor weiteren Ermittlungen zu schützen vermag, so könnte des Weiteren überlegt werden, ob gleiches auch für die teilweise Anzeige gilt oder ob eine weitere Überprüfung durch die zollamtliche Überwachung auf diese Weise abgewendet werden kann. Dem Angehaltenen steht es frei zu lügen, insbesondere wenn er wertmäßig weniger als 15.000 € mitführt, da § 12a Abs. 1 ZollVG dann noch nicht einmal eine Anzeigepflicht vorsieht. Aber auch im Falle des Mitführens von 15.000 € und mehr besteht die Möglichkeit der Lüge. Zwar verstößt der Angehaltene dann gegen die gesetzliche Anzeigepflicht, doch müssen die Zollbediensteten erstmal den tatsächlich mitgeführten Betrag ermitteln. Dazu bedarf es der Durchsuchung. Es fragt sich, ob die Zollbediensteten diese bei einer teilweisen Anzeige auch mit

284 Vgl. Kap. A. und OLG Karlsruhe, wistra 2002, 194 f.; wistra 2003, 36.

Sicherheit durchführen werden. Nicht zu verkennen ist, dass ein Unterschied zur völligen Nicht-Anzeige insofern gegeben ist, als tendenziell eher davon ausgegangen werden könnte, dass weiteres Bargeld nicht mitgeführt wird und nicht freiwillig durch eine Teilanzeige dem Zoll ein „Anlass“ zur weiteren Untersuchung gegeben wird. So plausibel diese Überlegung auf den ersten Blick klingen mag, zwingend ist sie nicht. Bei der Anzeige nur irgendeines Betrages ist vielmehr davon auszugehen, dass eher weitere Maßnahmen der zollamtlichen Überwachung erfolgen werden. Abhängig sind diese wieder nur von der persönlichen Einschätzung des Bediensteten und seiner Motivation.

Im Vergleich zur Nicht-Anzeige kann für die Konstellation der teilweisen Anzeige objektiv auch kein maßgeblicher Unterschied ausgemacht werden: Ob nämlich gar nichts angezeigt wird oder nur ein falscher Betrag, d.h. ein geringerer Teilbetrag, bedeutet zwar einen quantitativen, hingegen aber *keinen qualitativen* Unterschied als Anknüpfungspunkt für sich anschließende Folge-Maßnahmen. Analytisch betrachtet könnte man es auch so formulieren, dass die Nicht-Anzeige ein Grenzfall der teilweisen Anzeige für den Verlauf der Angabe mitgeführter Zahlungsmittel gegen Null ist. Im Grunde stellen beide Verhaltensannahmen des Angehaltenen lediglich verschiedene Zustände einer im Kern identischen Verhaltenshypothese dar. Die bestehenden quantitativen Unterschiede bei der Anzeige bewegen sich in einer Bandbreite von 0 bis maximal 14.999 €. In diesem Bereich von wesentlichen Unterschieden in der Angabe zu sprechen wäre – allein schon relativ betrachtet – übertrieben, sodass sich auch insofern keine andere Beurteilung rechtfertigt. Allein dass ein falscher Betrag (unter 15.000 €) angezeigt wird, bewirkt daher nicht notwendig einen Verzicht der Zollbediensteten auf ein weiteres Vorgehen nach § 10 Abs. 1 und 3 ZollVG. Mit an Sicherheit grenzender Wahrscheinlichkeit wird dem Angehaltenen daher auch durch eine teilweise Mitteilung von mitgeführten Zahlungsmitteln die Abwehr weiterer Maßnahmen nicht gelingen.

(e) Zwischenergebnis

Insgesamt kann mit einem bestimmten Anzeigeverhalten der Fortgang der Kontrolle durch den Betroffenen also nicht beeinflusst werden. Der Eingriff in das informationelle Selbstbestimmungsrecht durch die Identitätsfeststellung und vor allem die Durchsuchung kann daher nicht aufgrund einer unwesentlichen Eingriffsintensität – wie beim Anhalten und der Frage nach Bargeld und Zahlungsmitteln – als grundsätzlich zulässig angesehen werden. Auch das Merkmal der „zureichenden Anhaltspunkte" für die Durchsuchung entfaltet insoweit keine beschränkende Wirkung, da es untauglich für einen effektiven Freiheitsschutz ist und nur eine Willkürbegrenzung ermöglicht[285].

(4) Intensiver Eingriff in die Privatsphäre und Stigmatisierung in der Öffentlichkeit

Wenngleich bisher festgestellt wurde, dass aufgrund des persönlichen Anzeigeverhaltens keine Minimierung der Eingriffsintensität auf ein grundrechtlich unerhebliches Niveau erreicht werden kann, dürfen dennoch weitere Erwägungen *gegen* die Angemessenheit der Identitätsfeststellung und Durchsuchung nicht außer Betracht bleiben.

Lenkt man den Blick zurück auf die Feststellung des Vorrangs der reinen Ermittlungstätigkeit[286], dann eröffnet sich eine weitere Argumentationslinie. Das Entscheidende ist der Kontrollvorgang als solcher, der bis hin zur Durchsuchung bereits im Anhalten angelegt

285 Siehe Kap. B. V. 3. b) bb).

286 Vgl. Kap. B. V. 1.

ist, und nicht der strafprozessuale Ermittlungserfolg. Bezieht man gerade die Durchsuchung in die Würdigung mit ein, so liegt in dem gesamten Kontrollvorgang ein erheblicher Eingriff in das allgemeine Persönlichkeitsrecht und die Privatsphäre des Betroffenen. Der Eingriff wird aber noch zusätzlich dadurch verschärft, dass er in der Öffentlichkeit geschieht. Er spielt sich nicht nur im Verhältnis Staat / Angehaltener ab, sondern gelangt unmittelbar zur Kenntnis der übrigen Grenzgänger. Zu beachten ist neben der schon erheblichen Eingriffsqualität also zusätzlich die Darstellung des Einzelnen in der Öffentlichkeit durch den Kontrollvorgang. Vor allem wird eine nicht unerhebliche öffentliche Darstellung des Angehaltenen bewirkt, wenn eine länger andauernde Durchsuchung des Fahrzeugs und der Person stattfindet. Es besteht dann aber für den Betroffenen die *Gefahr*, dass der Kontrollvorgang für ihn geradezu herabwürdigende und stigmatisierende Züge aufweist, wenn er zu einer Bloßstellung in der Öffentlichkeit führt. Dies könnte ferner zusätzlich dadurch begünstigt werden, wenn *willkürlich* zu Lasten des Bürgers kontrolliert – insbesondere durchsucht – wird. Der Vorgang könnte unter Umständen sogar dahingehend ausarten, dass der Angehaltene zum bloßen Objekt der zollamtlichen Überwachung degradiert wird.

Vergleiche aus (anderen) Bereichen des Wirtschaftsstrafrechts drängen sich im Zusammenhang mit der stigmatisierenden Wirkung in der Öffentlichkeit hier unweigerlich auf: Strafrechtliche Ermittlungen gegen Bankmitarbeiter wegen Beihilfe zur Steuerhinterziehung der Kunden durch Geldtransfers nach Luxemburg und die Schweiz sind dabei nur ein Fall, in dem die Öffentlichkeit besonders Augenmerk auf bestimmte Unternehmen und Personen legte.[287] Gleiches

---

287 Hierzu in neuerer Rechtsprechung BGH wistra 2000, 340, 341; ferner *Harms / Jäger*, NStZ 2001, 181, 182; ferner BVerfG NJW 1994, 2079 ff.; NJW 1995, 2839 ff.

gilt für Ermittlungen im Rahmen des Verdachts von Insiderstraftaten. Ein negatives Erscheinungsbild der Betroffenen in der Öffentlichkeit aufgrund derartiger Ermittlungen ist hier wie dort gegeben.

Fraglich ist, ob diese Wirkungen auch in concreto bei den Kontrollen der zollamtlichen Überwachung auftreten. Die Gefahren einer solchen Bloßstellung wurden im Rahmen der verwandten polizeilichen Überwachung auf Durchgangsstraßen, der sog. „Schleierfahndung", bei der die Polizei ereignisunabhängig Personenkontrollen durchführt, als durchaus relevant und beachtenswert eingestuft[288]. Zu berücksichtigen ist vorliegend aber, wie eingangs bereits ausgeführt, dass das Grenzgebiet i.S.v. § 12a ZollVG einen begrenzten Raum in einer Tiefe von 30 km an den Binnen- und Außengrenzen der Bundesrepublik darstellt, wohingegen die Überwachung von sog. Durchgangsstraßen Straßenverkehrskontrollen im gesamten übrigen Gebiet impliziert. Bei beiden Kontrollen – sowohl im Grenzgebiet als auch im sonstigen Straßenverkehr – handelt es sich um einen personenbezogenen Eingriff für einen begrenzten Zeitraum. Ausgehend von der öffentlichen Anschauung und Beurteilung würde einer Grenzkontrolle aber gegenüber einer Kontrolle im Straßenverkehr weniger Bedeutung beigemessen werden. Typischerweise ist an Grenzübergängen mit Kontrollen zu rechnen, sie können prinzipiell jedermann treffen. Demgegenüber stellen verdachtsunabhängige Kontrollen im sonstigen Straßenverkehr einen Vorgang dar, der etwas „Ungewöhnliches" und Verdächtiges in sich birgt. Der Angehaltene wird schlechterdings als jemand eingeschätzt, dem ein nicht rechtmäßiges Verhalten vorgeworfen wird. Ursächlich hierfür sind die Verkehrsanschauung und die gesellschaftlich-soziale Konvention, obwohl *formal* kein Unterschied zwischen den ereignisunabhängigen Kontrollen an der Grenze und im Straßenverkehr besteht. Das Anhalten auf Durchgangsstraßen

---

288 *Kutscha*, LKV 2000, 134, 136; *Waechter*, DÖV 1999, 138, 147.

kann genauso jedermann treffen. Weil gerade die Grenzkontrolle sozial anerkannt und üblich ist, so könnte argumentiert werden, wird über den Angehaltenen insoweit kein Unwerturteil gefällt.

Eine stigmatisierende Wirkung auf den Angehaltenen durch die Grenzkontrolle kann damit dennoch nicht überzeugend abgelehnt werden. Allein dass eine soziale Anerkennung von Grenzkontrollen besteht, reicht nicht aus. Denn es ist noch nicht geklärt, *wie weit* ein solcher sozialtypischer Vorgang reicht, der nach den gesellschaftlich-geprägten Anschauungen als üblich angesehen wird, oder ob es – anders formuliert – auch ein Vorgehen bei einer Grenzkontrolle gibt, das dieser Anschauung ab einem bestimmten Punkt nicht mehr entspricht. Im Zeitalter eines zusammenwachsenden Europa, im Zeitalter freier Binnengrenzen, aber ebenso einer abnehmenden Kontrollintensität an den Außengrenzen der Gemeinschaft[289] haben sich die Erwartungen des Einzelnen an den Umfang eines Kontrollvorgangs reduziert. Üblicherweise ist im Rahmen der Überwachung des grenzüberschreitenden Bargeldverkehrs deshalb lediglich mit dem Anhalten, der Befragung nach dem Mitführen von Zahlungsmitteln und auch mit einer Identitätsfeststellung zu rechnen ist, sodass eine Durchsuchung für einen objektiven Betrachter als ungewöhnlich zu werten wäre. Dies gilt insbesondere für die Binnengrenzen der Gemeinschaft, wo in 2003 lediglich 185 Bargeldkontrollen durchgeführt wurden[290]. Dagegen würde der Angehaltene bei einer Durchsuchung als eine Person wahrgenommen, der ein nicht rechtmäßiges Verhalten vorzuwerfen ist. Er würde in den Blickpunkt der Öffentlichkeit rücken. Damit würde der erhebliche Eingriff in das Persönlichkeitsrecht durch eine Zurschaustellung des Angehaltenen in der Öffentlichkeit noch weiter vertieft,

---

289 In 2003 haben an der deutsch-schweizerischen Grenze insgesamt 710 und an der Ostgrenze nur 176 Bargeldkontrollen stattgefunden. Siehe dazu http://www.zka.org/organi-sation/bargeld_statistik.htm und Kap. A.

290 Vgl. http://www.zka.org/organisation/bargcld_statistik.htm.

und es wäre – wie bei ereignisunabhängigen Kontrollen im sonstigen öffentlichen Verkehrsraum – eine stigmatisierende Wirkung der Grenzkontrolle zu bejahen. Wenn man aber die Gesamtbetrachtung der Eingriffsbefugnisse der zollamtlichen Überwachung Ernst nimmt und als *einen* Geschehensvorgang betrachtet, dann ist die Möglichkeit einer Durchsuchung jederzeit gegeben. Die Gefahr der Bloßstellung ist folglich auch in der Grenzkontrolle immanent angelegt. Diese basiert wiederum auf dem Primat der Ermittlungstätigkeit, abgeleitet aus der Voraussetzungslosigkeit der Regelung. Mithin wird insoweit eindeutig den Ermittlungsinteressen der Vorrang eingeräumt, ohne überhaupt die Belange des Betroffenen zu berücksichtigen. Dieser Aspekt spricht ebenfalls gegen die Angemessenheit der Maßnahmen nach § 12a Abs. 1 ZollVG.

(5) Erwägungen für die Verhältnismäßigkeit der Maßnahmen

In eine abgewogene Beurteilung der Angemessenheit sind hingegen sämtliche relevante und erhebliche Belange einzustellen und gegeneinander auszutarieren. Die obige Argumentation, dass mit den verdachtslosen und ereignisunabhängigen Kontrollen abschreckende und präventive Ziele verfolgt werden, könnte auch dahingehend umgekehrt werden, dass aus dem Präventionsgedanken gerade die Angemessenheit des Vorgehens folgt.

(a) Spezial- und Generalprävention

Obwohl sich eine erhebliche Einflussnahme auf das Persönlichkeitsrecht erkennen lässt, könnte dies vor dem Hintergrund general- und spezialpräventiver Zwecke angemessen sein.

(aa) Abstrakte Eignung von § 12a Abs. 1 ZollVG

Betrachtet man den Tatbestand der Geldwäsche, so wird deutlich, dass angesichts der Reichweite, des Strafrahmens sowie der damit verbundenen erheblichen kriminellen Energie offensichtlich ein hohes Strafverfolgungsinteresse für diesen Deliktstyp besteht. Das staatliche Strafverfolgungsinteresse[291] unter Einschließung einer rechtsstaatlichen Wahrheitserforschung[292] sind elementare und vitale Ausprägungen des Rechtsstaatsprinzips. Diese Konkretisierungen sind umso stärker, je bedeutender sich der Angriff auf die Rechtsordnung durch strafwürdiges Verhalten darstellt. Aus Sicherheitserwägungen ist der Staat daher berufen, die Auflehnung des Einzelnen gegen die Rechtsordnung umso nachhaltiger zu verfolgen, je größer dessen entfaltete kriminelle Energie ist. Die Sicherheitsinteressen der Allgemeinheit gewinnen dabei durch entsprechend ausgestaltete Verfolgungsinstitutionen erst die ihr angemessene Beachtung und Gewährleistung.

Der Strafzweck der negativen Generalprävention liegt im Wesentlichen darin, potenzielle Täter von der Begehung vergleichbarer Straftaten abzuhalten. Überträgt man dies auf den Angehaltenen, so kann diese Funktion als erfüllt betrachtet werden, wenn dieser künftig einen grenzüberschreitenden Bargeld- und Zahlungsmittelverkehr unterlässt. Im Hinblick auf den positiven Aspekt dient die Generalprävention dazu, der Allgemeinheit gegenüber deutlich zu machen, dass sich das Recht im Interesse des Rechtsgüterschutzes gegen das Unrecht durchgesetzt hat[293]. Die Unverbrüchlichkeit des Rechts – hier im Hinblick auf Geldwäsche – soll im Bewusstsein der Allgemeinheit dadurch gestärkt werden. Dies wäre durch die Grenzkontrolle geschehen. Es zeigt sich dadurch, dass der Staat jede Form organisierter Delinquenz verfolgt und nicht etwa illegalen grenzüberschreitenden Bargeldverkehr toleriert. Ein öffentliches Strafverfahren würde diesen Effekt in der Gesellschaft noch

291 BVerfGE 29, 183, 194; 47, 239, 247 f.; 77, 65, 76; 80, 367, 375.

292 BVerfGE 80, 367, 378; 86, 288, 317.

293 *Roxin*, AT, § 3 Rn. 21 ff.; *Jakobs*, AT, § 1 Rdnr. 27.

verstärken[294]. Die Spezialprävention verfolgt schließlich das Ziel der Verbrechensverhütung durch unmittelbare Einwirkung auf den Täter selbst[295]. Durch die Ermittlungstätigkeit wäre dies schon gegeben, einer Bestrafung bedarf es nicht. Insgesamt können deshalb general- und spezialpräventive Erwägungen durchaus auch für die Angemessenheit der zollamtlichen Befugnisse nach § 12a Abs. 1 ZollVG herangezogen werden.

Andererseits kann durch diese weit reichenden Kompetenzen zur Gewährleistung der Sicherheit der Allgemeinheit aber nicht ohne weiteres der oben festgestellte erhebliche Grundrechtseingriff überlagert und damit ausgeblendet werden. Freiheit zum einen, Sicherheit zum anderen fußen beide im Rechtsstaatsprinzip und sind damit Werte von Verfassungsrang[296]. Der Staat als Sicherheits- und Ordnungsmacht kann sich zur Verteidigung allgemeiner Interessen der Schaffung von Eingriffsbefugnissen bedienen, wobei das Spannungsverhältnis von Freiheit und Sicherheit jedoch abgewogen aufzulösen ist. Besonders zu berücksichtigen bei der Konturierung einer Sicherheitsnorm ist dabei neben dem allgemeinen Interesse an der Verhinderung und Aufklärung von Straftaten auch stets der jeweilige Schweregrad des zu ahndenden Verhaltens.

An vorstehenden Maßstäben hat sich demgemäß die Beurteilung zu orientieren, ob und inwieweit zur Gewährleistung des allgemeinen Sicherheitsbedürfnisses eine tatbestandslose Eingriffsbefugnis mit § 12a Abs. 1 ZollVG unter general- bzw. spezialpräventiven Zwecken erforderlich und geboten ist. Der Umstand, dass die Regelung der Bekämpfung der organisierten und internationalen Kriminalität dienen soll, ist deshalb maßgeblich zu gewichten. Das wirtschaftliche und gesellschaftliche Bedrohungspotenzial durch diese Aus-

---

294 *Ehrhardt*, S. 204.

295 *Roxin*, AT, § 3 Rn. 11 ff.; *Wessels/Beulke*, Rn. 12a.

296 BVerfGE 49, 24, 56 f.; 65, 283, 290.

prägung von Kriminalität, insbesondere der Geldwäsche, ist von erheblichem Ausmaß[297]. Ob das hochrangige Schutzinteresse der Allgemeinheit allerdings so weit reicht, dass die Schaffung einer Vor*feld*ermittlungskompetenznorm notwendig ist, ist aber keineswegs gesichert. Allein das Vorliegen eines hohen Strafverfolgungsinteresses kann nicht jede Normstruktur legitimieren.

Das Landesverfassungsgericht Mecklenburg-Vorpommern als auch der Bayerische Verfassungsgerichtshof haben in ihren Entscheidungen zur „Schleierfahndung" in diesem Zusammenhang verlautbart, dass eine vorbeugende Bekämpfung der organisierten Kriminalität – insbesondere im Grenzgebiet – als Legitimationsgrundlage für einen ereignisunabhängigen Eingriff in das informationelle Selbstbestimmungsrecht geeignet sein *kann*[298]. Im Gegensatz zu der in den Verfahren jeweils gegenständlichen Normen, bei denen es um polizeiliche Eingriffsermächtigungen ging, steht hier zwar eine repressiv-strafprozessuale Vorschrift mit § 12a Abs. 1 ZollVG im Raum, doch hat dies auf eine grundsätzlich andere Beurteilung angesichts der bereits skizzierten Strafzwecke und der Möglichkeit zur Aufdeckung begangener Straftaten sowie vorbeugender Verbrechensbekämpfung jedoch keinen Einfluss. Überdies hat das Landesverfassungsgericht Mecklenburg-Vorpommern diese Gleichbehandlung von Gefahrenvorsorge im präventiven und repressiven Bereich auch ausdrücklich hervorgehoben[299]. Erforderlich sei als eingriffsbeschränkende und zugleich freiheitssichernde Voraussetzung für den Bürger aber ein Bezug auf qualifizierte Formen der

297 *Gusy*, StV 1995, 320, 323; *Hetzer*, StV 1999, 165, 169 f.; ders., ZRP 1999, 19, 22; *Nehm*, NStZ 1996, 513, 514 f.; weitergehend *Werthebach/Droste-Lehnen*, ZRP 1994, 57, 57 f., die die organisierte Kriminalität sogar als Gefahr für die freiheitlich demokratische Grundordnung einstufen.

298 LVerfG MV, LKV 2000, 149 ff.; BayVGH DVBl. 2003, 861 ff.

299 LVerfG MV, LKV 2000, 149, 154.

grenzüberschreitenden Kriminalität[300]. Hierunter fällt zweifellos die Geldwäsche als deren typische Ausprägung. Somit ist diese Rechtsprechung auch auf § 12a ZollVG grundsätzlich übertragbar, und die Verdachtslosigkeit der Normstruktur steht nicht entgegen.

(bb) Konkrete Eignung von § 12a Abs. 1 ZollVG

Damit general- und spezialpräventive Überlegungen durchgreifen und eine Vorschrift wie § 12a Abs. 1 ZollVG legitimieren können, müssen allerdings in tatsächlicher Hinsicht diese Zwecke auch erfüllt werden. Konzeptionell ist § 12a Abs. 1 ZollVG auf die Befugnis*anwendung* ausgerichtet und nicht auf die Verwirklichung eines Tatbestands, woran sich sodann eine bestimmte Rechtsfolge knüpfen könnte. Das Verhältnis von Tatbestand und Rechtsfolge wird auf diese Weise umgekehrt. Federführend ist die Ermittlungsmöglichkeit, nicht die Sanktionierung eines bestimmten Verhaltens, was zu einer Tatbestandsverwirklichung geführt hat. Offensichtlich soll es auf letzteres gar nicht ankommen, was die regelmäßige Fertigung von Bußgeldbescheiden und Kontrollmitteilungen an die Finanzämter belegt. Vielmehr geht es um effektive Nutzung strafprozessualer Mittel, wie sie für die Ermittlungstätigkeit im Rahmen des § 12a ZollVG mit § 10 Abs. 1 und 3 ZollVG zur Verfügung stehen. Auf diese Weise kehrt sich das Verhältnis von Strafrecht und Strafprozessrecht um: Die Wirksamkeit der Sanktion soll dann gerade durch das Prozessrecht maßgeblich gewährleistet werden. Es geht dann folglich nicht mehr um den Schutz individueller Freiheit und die Verwirklichung des materiellen Rechts durch den Prozess[301], sondern um eine effektive Strafverfolgung und Prävention[302]. Beleuchtet man dies weiter, so sieht

300 LVerfG MV, LKV 2000, 149, 154.

301 *Roxin*, Strafverfahrensrecht, S. 1 f.

302 *Ransiek*, Unternehmensstrafrecht, S. 183.

man, dass die materiell-rechtliche Norm als solche dann nur von untergeordneter Bedeutung ist und der Eindruck sich aufdrängt, dass sie nur geschaffen wurde, um an relevante Informationen zu gelangen[303]. Man könnte indes noch weitergehen: Ob die zollamtliche Überwachung ein strafrechtlich relevantes Ergebnis liefert, ist regelmäßig sogar egal, wenn zuvor umfangreiche Ermittlungen stattgefunden haben und durch das Auffinden von mitgeführten Zahlungsmitteln insbesondere relevante *steuerliche Ergebnisse* erzielt worden sind, die an das zuständige Finanzamt nach § 12a Abs. 3 ZollVG übermittelt werden können.

Mit diesen Überlegungen kann deshalb auch der Schluss gezogen werden, dass die zollamtliche Bargeldüberwachung zum einen selbst, zum anderen aber vor allem die Gewinnung für das Besteuerungsverfahren verwertbarer Informationen bereits maßgebliche Sanktionsformen darstellen. Im eigenen Interesse wird das künftige Verhalten angepasst werden, um weiteren Schaden von der eigenen Person abzuwenden[304]. Prävention in Form von Abschreckung kann also dadurch gewährleistet werden und die Verfolgung von Geldwäsche hat über und insbesondere durch das Verfahrensrecht seine Wirkung erzielt. Vergleichbar den Bankenfällen oder den Ermittlungen wegen Verstößen gegen das Insiderhandelsverbot (§ 38 i.V.m. § 13 f. WpHG) liegt es hier: Besteht die potenzielle Gefahr des Einsatzes strafprozessualer Befugnisse und der Erlangung besteuerungsrelevanter Ergebnisse, muss grundsätzlich jeder damit rechnen. Entweder greift hier schon der grundsätzliche Abschreckungseffekt, oder die Präventionswirkung tritt spätestens

303 Die erlangten Informationen müssen jedoch noch nicht einmal der Verfolgung von Geldwäsche dienen, sondern können auch zu anderen Zwecken verwandt werden, wie § 12a Abs. 3 ZollVG zeigt. Augenscheinlich wird das Streben nach Informationserlangung vor allem bei § 129 StGB i.V.m. § 100 a StPO, dazu *Ransiek*, Unternehmensstrafrecht, S. 213.

304 *Ransiek*, Unternehmensstrafrecht, S. 178 f.

nach der Anwendung der Eingriffsbefugnisse ein. Ähnliche Beobachtungen kann man auch bei den Identitätsfeststellungen im Gefahrenabwehrrecht machen; regelmäßig dienen auch diese nur der Abschreckung[305].

Dass dieses Verständnis Sinn macht, wird zudem umso deutlicher, wenn man in der Betrachtung der Tatsache Rechnung trägt, dass die Befugnisse des § 12a Abs. 1 ZollVG schlechterdings nur der Feststellung dienen können, ob eine bestimmte Zahlungsmittelsumme mitgeführt wird und *nicht* ob tatsächlich der Geldwäschetatbestand verwirklicht ist[306]. Damit ist dann aber klar, dass im Vordergrund allein die Ermittlungs*tätigkeit* und nicht deren strafrechtliches Ergebnis steht. Kann die zollamtliche Ermittlung im Hinblick auf den Gesetzeszweck schon kein taugliches Ergebnis liefern – dies bliebe weiteren strafprozessualen Ermittlungen vorbehalten –, so kann sich die wesentliche Bedeutung der Norm nur aus den Ermittlungen als solche ergeben. Soweit man den wahren Gehalt der Regelung hier verortet, kann er sich in der Praxis typischerweise aber nur umfassend widerspiegeln, wenn die Handlungsmöglichkeiten und Befugnisse des Zolls möglichst weit reichend ausgestaltet sind. Konzeptionell hat der Gesetzgeber hierfür die Schaffung einer voraussetzungslosen Norm als Weg gewählt. Aus einem solchen Verständnis der Regelungstechnik ergibt sich die Orientierung und Abhängigkeit der (weiteren) Ermittlungstätigkeit an der persönlichen Motivation als ausschließlichem Kriterium konsequenterweise.

Die eigentliche gesetzliche Zielrichtung der Repression, der § 12a Abs. 1 ZollVG dienen soll, wird also durch *Abschreckung* und – aufgrund der fehlenden Kalkulierbarkeit für den Bürger, ob eine Kontrolle durchgeführt wird – auch durch *Verunsicherung* erreicht. Dies führt schließlich zu einer mittelbaren Verhaltenssteuerung

---

305 Lisken/Denninger-*Rachor*, Teil F Rn. 321.

306 Vgl. Kap. C. I. 4. b).

beim Bürger, da prinzipiell jeder im Grenzgebiet mit einer Kontrolle rechnen muss. Der Einzelne wird sein Verhalten entsprechend anpassen. Unter general- und spezialpräventiven Gesichtspunkten werden der grenzüberschreitende Bargeldverkehr und damit auch die Begehung von Geldwäsche indirekt unterbunden. Dies spricht für die Angemessenheit.

(b) Effektivität der Bekämpfung von Geldwäsche – örtliche Sondersituation

Materiell bedingen ferner zum einen Schnelligkeit, Veränderbarkeit und Flexibilität organisierter Kriminalität typischerweise eine solche Lösung, zum anderen kann regelmäßig nicht anders als mit so weit reichenden Kompetenzen effektiv auf dieses Gefährdungspotenzial reagiert werden. Gerade dieser Aspekt der besonderen Gefahrenlage im Grenzgebiet ist ausschlaggebend für die Legitimität einer voraussetzungslosen Eingriffsbefugnis. Die Tatsache der besonderen Örtlichkeit oder m.a.W. der örtlichen Sondersituation des „grenznahen Raum[es]" – wie er in § 14 ZollVG definiert ist – vermag die entsprechenden (Duldungs-)Pflichten für den Bürger zu begründen. Geprägt ist dieses Gebiet gerade durch die herausgehobene Gefahrenlage und eine überdurchschnittliche Kriminalitätswahrscheinlichkeit. Nach überwiegender Ansicht ist dies schon als Rechtfertigungsgrundlage ausreichend[307]. Es soll dann die bloße Zweckbestimmung, die Wahrung des Verhältnismäßigkeitsgrundsatzes und eine Ausübung des Ermessens nach sachlichen Gesichtspunkten genügen[308].

Ein Verweis auf die Beachtung des Verhältnismäßigkeitsgrundsatzes macht aber wenig Sinn, denn dessen Anwendung müsste sich

307 Treffend LVerfG MV, LKV 2000, 149, 156; zustimmend *Waechter*, DÖV 1999, 138, 146.

308 So LVerfG MV, LKV 2000, 149, 156; BayVGH DVBl. 2003, 861, 867.

denknotwendig im luftleeren Raum verwirklichen, da es hierfür bei § 12a Abs. 1 ZollVG an tatbestandlichen Anknüpfungspunkten fehlt. Gleiches gilt angesichts fehlender sachlicher Gesichtspunkte bzw. zureichender Anhaltspunkte für das Ermessen. Vorzugswürdigerweise sollte vielmehr darauf abgestellt werden, dass wegen der örtlichen Sondersituation für jedermann zwar eine Beeinträchtigung seines Selbstbestimmungsrechts durch eine Kontrolle hervorgerufen werden kann. In Anbetracht der Tatsache, dass Grenzkontrollen aber bekannt sind, kann und muss jeder mit ihnen auch rechnen. Somit besteht jedoch grundsätzlich die Möglichkeit, sich durch sein persönliches Verhalten darauf einzustellen. Gerade wegen dieser Überlegung unterscheidet sich eine Grenzkontrolle wesentlich von einer im sonstigen öffentlichen Verkehrsraum, weil mit letzterer in einem nicht überschaubaren und nicht klar umgrenzten Gebiet jederzeit zu rechnen ist – ohne eine konkrete Vorbereitungs- bzw. Vermeidungsmöglichkeit. Wegen dieser Verhaltensmöglichkeit kann der Bürger im Grenzgebiet somit selbst seine Freiheitsposition wahren. Ein staatlicher Eingriff vollzieht sich folglich nicht außerhalb seiner Einflusssphäre.

Ferner ist der besondere Charakter der örtlichen Gefahrensituation zu beachten, der geprägt ist durch die fehlende Nachholbarkeit von Kontrollmaßnahmen und dem – in entsprechender Anwendung des Gedankens des Handelns bei Gefahr im Verzug – nur durch ein sofortiges Einschreiten angemessen begegnet werden kann. Es gilt insoweit nichts anderes, als oben bereits bei der Analyse zur Vereinbarkeit mit der Unschuldsvermutung ausgeführt wurde[309]. Die Gewährleistung der Effektivität des Schutzes staatlicher Einrichtungen, seiner Institutionen sowie primär die Wahrung der Sicherheitsinteressen der Bürger überwiegt berechtigterweise das Selbstbestimmungsrecht des Einzelnen. Für den grenznahen Raum bedarf es

309 Vgl. Kap. D. II. 3. e) bb) (2) (g).

demnach auch keiner Festlegung einer gesetzlichen Eingriffsschwelle für das Anhalten und Befragen, die Identitätsfeststellung und Durchsuchung im Hinblick auf das informationelle Selbstbestimmungsrecht.

4. Ergebnis

Insgesamt ist das informationelle Selbstbestimmungsrecht mithin nicht verletzt. Ein verhältnismäßiger Eingriff in das allgemeine Persönlichkeitsrecht aus Artt. 2 Abs. 1, 1 Abs. 1 GG liegt also unter Wahrung rechtsstaatlicher Grundsätze vor.

III. Verstoß gegen Trennungsgebot

Bereits im Zusammenhang mit der Sondierung im Vorfeld eines Verdachts wurde das sog. Trennungsgebot angesprochen und seine wesentlichen Kernaussagen skizziert[310]. Die wirkliche Brisanz von § 12a Abs. 1 ZollVG wurde dort allerdings noch nicht klar benannt. Sie tritt zutage, wenn man sich vergegenwärtigt, dass nach § 12a Abs. 1 ZollVG nicht nur ereignisunabhängig angehalten, nach Bargeld gefragt und die Identität festgestellt werden kann, sondern gleichzeitig von den Zollbediensteten Zwangseingriffe in Form der Durchsuchung gemäß § 10 Abs. 1 S. 5, Abs. 3 ZollVG vorgenommen werden dürfen. Mit § 12a Abs. 1 ZollVG wird dem Zoll sowohl die Informationserhebung als solche eröffnet, als auch gleichzeitig mit der Möglichkeit zur Durchsuchung eine klassische Zwangsmaßnahme zugewiesen. Vor diesem Hintergrund könnte man sich auf den Standpunkt stellen, dass damit Informationserhe-

---

310 Vgl. Kap. D. II. 3. e) bb) (3) (a).

bungs- und Exekutivbefugnisse beim Zoll vereinigt werden, sodass ein Konflikt mit dem Trennungsverbot besteht.

1. Verfassungsrechtliche Verankerung des Trennungsgebots

Damit das Trennungsgebot durch § 12a Abs. 1 ZollVG verletzt sein könnte, müsste es zunächst Verfassungsrang besitzen. Wäre das Trennungsgebot nicht verfassungsrechtlich verankert, dann wäre es dem Gesetzgeber unbenommen, hiervon durch einfaches Gesetz abzuweichen.

Das Grundgesetz enthält explizit keine Kodifikation für das Trennungsgebot. Aus der Entstehungsgeschichte und teleologischen Betrachtung des Grundgesetzes folgt gleichwohl der Verfassungsrang: Von der Literatur wird dafür zunächst auf den „Polizeibrief" der alliierten Militärgouverneure vom 14. April 1949 verwiesen, indem der Bundesregierung gestattet wurde, eine Stelle zur Sammlung und Verbreitung von Auskünften über umstürzlerische, gegen die Bundesregierung gerichtete Tätigkeiten einzurichten, wobei diese Stelle keine Polizeibehörde sein soll[311]. Die Grundlage für den heutigen Verfassungsschutz auf Bundes- als auch auf Landesebene war damit bereitet und die Kompetenzabgrenzung von den Sicherheitsbehörden angelegt. Mit dieser Kompetenzabgrenzung sollten die Lehren aus den Erfahrungen der NS-Zeit gezogen und das Entstehen einer neuen Geheimpolizei verhindert werden[312]. Hiergegen kann auch nicht überzeugend vorgebracht werden, dass der Polizeibrief keine Verfassungsquelle sei und als Besatzungs-

311 *Weßlau*, S. 222; *Roggan*, S. 31; *Hetzer*, StV 1999, 165, 166.

312 Die gegenteilige Auffassung von *Roewer*, DVBl. 1986, 206, 207, die Erfahrungen mit der GeStaPO hätten hierfür keine Bedeutung gehabt, sind historisch nicht haltbar. Zutreffend dagegen *Albert*, ZRP 1995, 105, 106; *Lisken*, ZRP 1994, 264, 267; *Weßlau*, S. 222.

recht durch die Erlangung völkerrechtlicher Souveränität seine Geltung verloren habe[313]. Mit einem solchen Verständnis wäre Art. 87 Abs. 1 S. 2 GG als Legitimationsgrundlage für die Schaffung des Bundesamtes für Verfassungsschutz nicht erklärbar[314]. Zudem war die Intention und der Geist des Polizeibriefes Grundlage der Beratungen des Parlamentarischen Rates und wurde der Schöpfung des Grundgesetzes zugrunde gelegt. Dies bestätigt die wiederholte Betonung der Gewaltentrennung zwischen Verfassungsschutz und Ordnungs- wie Strafverfolgungsbehörden durch den Parlamentarischen Rat als auch die alliierten Militärgouverneure[315]. Unter Berücksichtigung des Polizeibriefes ist das Trennungsgebot daher als materielles Verfassungsrecht anzuerkennen.

2. Inhaltliche Reichweite des Trennungsgebots

Damit ein Verstoß gegen das Trennungsgebot in Betracht kommt, müsste ferner dessen Schutzbereich von § 12a Abs. 1 ZollVG überhaupt betroffen sein. Das Trennungsgebot besagt, wie §§ 2 Abs. 1 S. 3, 8 Abs. 3 BVerfSchG verdeutlichen, dass den Verfassungsschutzbehörden keine polizeilichen Befugnisse und Kontrollmaßnahmen zustehen und überdies eine organisatorische Verschmelzung mit den Polizei- und Strafverfolgungsbehörden verboten ist. Umgekehrt existiert eine entsprechende Regelung für die Polizei- und Strafverfolgungsorgane zwar nicht; jedoch ist anerkannt, dass gleichermaßen den Polizei- und Strafverfolgungsdiensten auch der Einsatz nachrichtendienstlicher Methoden untersagt sein muss[316]. Das Trennungsgebot richtet sich dabei nicht nur an die Vollzugspo-

---

313 *Roewer*, DVBl. 1986, 206, 207; *Borgs-Maciejewski/Ebert*, § 3 BVerfSchG Rn. 125 ff.

314 *Gusy*, ZRP 1987, 45, 47; *Koch*, ZRP 1995, 24, 24.

315 Dazu *Denninger*, ZRP 1981, 231, 231; *Hetzer*, ZRP 1999, 19, 23.

316 Werthebach/Droste-*Lehnen*, ZRP 1994, 57, 63.

lizei, sondern allgemein an *sämtliche* Sicherheitsorgane, die Exekutivbefugnisse ausüben dürfen, namentlich also auch an die Staatsanwaltschaft und sonstige Verwaltungsbehörden, die zu einem entsprechenden Befugniseinsatz gesetzlich ermächtigt sind. Verhindert werden soll gerade ein Zusammenwachsen von Verfassungsschutz und Sicherheitsbehörden im weitesten Sinne zu einem allumfassenden Überwachungsapparat[317]. Den Verfassungsschutzorganen stehen deshalb nur Informationserhebungs- und den Sicherheitsbehörden „nur" Exekutivbefugnisse zu. *Gusy* formuliert treffend: Derjenige, der (fast) alles weiß, soll nicht alles dürfen; und derjenige, der (fast) alles darf, soll nicht alles wissen[318]. Falls die Sicherheitsorgane nachrichtendienstliche Mittel einsetzen dürften, wäre dies aber gerade nicht zu gewährleisten. Mithin ist das Gebot sowohl aus Sicht der Verfassungsschutz- als auch der Sicherheitsbehörden anwendbar und entfaltet in beide Richtungen seine (Sperr-) Wirkung. Für die Zollverwaltung – als Teil der Sicherheitsbehörden – gilt folglich das Trennungsgebot ebenfalls.

§ 12a Abs. 1 ZollVG dient primär im Interesse einer effektiven Bekämpfung der Geldwäsche der Informationserhebung. Insofern ist die Tätigkeit des Zolls mit derjenigen des Verfassungsschutzes vergleichbar. Hier wie dort steht die Sammlung und Auswertung von Informationen im Vordergrund. Im Unterschied zum Verfassungsschutz, Bundesnachrichtendienst und Militärischer Abschirmdienst ist es der zollamtlichen Überwachung und dem Bundesgrenzschutz aber erlaubt, zur Erlangung der Informationen über mitgeführte Zahlungsmittel eine Durchsuchung des Pkw und der Person durchzuführen. Insofern steht der Zollverwaltung zur Informationserhebung auch ein klassisches Zwangsmittel zur Verfügung, während man dies von der Identitätsfeststellung wegen der

---

317 *Kniesel/Tegtmeyer/Vahle*, Rn. 133; *Kutscha*, ZRP 1986, 194, 195.

318 *Gusy*, GA 1999, 319, 325.

deutlich geringeren Eingriffsintensität noch nicht sagen kann. Insgesamt vereinigen §§ 12a Abs. 1, 10 Abs. 1 und 3 ZollVG daher zu Zwecken der Informationsgewinnung sowohl reine Ausforschungs- als auch Zwangsbefugnisse. Dem kann man auch nicht überzeugend entgegenhalten, dass der Zoll schwerpunktmäßig Informationen nur erhebt und sammelt. Dadurch kann das erhebliche Eingriffspotenzial der Durchsuchung nicht verdrängt bzw. vernachlässigbar werden. Zudem stehen dem Zoll darüber hinaus über § 12b ZollVG auch die allgemeinen strafprozessualen Eingriffsbefugnisse zu, die er im Rahmen der Grenzkontrolle einsetzen kann[319]. Vor diesem Hintergrund kommt eine Verletzung des Trennungsgebots durch § 12a Abs. 1 ZollVG in Betracht.

Haas vertritt demgegenüber die Ansicht, dass sich ein derart striktes Trennungsgebot für Vorfeldermittlungen nicht vertreten lasse[320]. Man könne §§ 2 Abs. 1 S. 3, 8 Abs. 3 BVerfSchG nicht soweit interpretieren, um eine derartige Feststellung treffen zu können. Dies würde ansonsten dazu führen, dass jegliche verdeckten Ermittlungen im Vorfeld eines Anfangsverdachts, die später in die üblichen Exekutivbefugnisse der Strafverfolgungsbehörden einmünden, mit dem Trennungsgebot unvereinbar wären. Die Schaffung einzelner Vorfeldbefugnisse[321] und deren allgemeine verfassungsrechtliche Anerkennung durch das Bundesverfassungsgericht[322] belegen aber gerade, dass dies nicht richtig sein könne. Vielmehr könne das Trennungsprinzip – so *Haas* – deshalb nur für den Staats- und Verfassungsschutz Geltung beanspruchen.

319 Siehe Kap. C. IV.

320 *Haas*, S. 100.

321 Vgl. § 208 Abs. 1 Nr. 3 AO; § 159 StPO; G-10-Gesetz.

322 BVerfGE 30, 1; 100, 313; zu letztgenannter Entscheidung ausführlich *Paeffgen*, StV 1999, 668 ff.

Der Ansatz von *Haas* geht in die richtige Richtung, überzeugt in der Begründung freilich nicht vollends. Es empfiehlt sich für die vorliegende Problematik, die Struktur von § 12a Abs. 1 ZollVG stärker in den Vordergrund zu rücken und nicht nur ausschließlich abstrakt auf die Maßnahmemöglichkeiten abzustellen. Ausgeblendet wurde bisher, unter *welchen Bedingungen* und vor allem auf *welche Art und Weise* diese Befugnisse gegenüber dem Bürger angewandt werden dürfen. Für die bisherige Erörterung und Dimension des verfassungsrechtlich fundierten Gebots der Trennung von Verfassungsschutz und Strafverfolgungsbehörden wurde von einer wesentlichen Prämisse ausgegangen, die expressis verbis nicht benannt wurde: Die Ablehnung einer Verquickung von Ausforschungs- und Zwangsbefugnissen beruht typischerweise nicht nur auf der Kumulationswirkung beider Maßnahmen und einem damit verbundenen Übergleiten in die vollständige Überwachung des Bürgers. Maßgeblich tritt vielmehr hinzu, dass dem Bürger ein operatives Vorgehen im Vorfeld einer Gefahr bzw. eines Anfangsverdachts regelmäßig nicht zur Kenntnis gelangen wird. Es ist gerade das Wesen einer wirkungsvollen Vorfeldarbeit, dass sie durch verdeckte Ermittlungen geprägt ist, um Verschleierungen und Gegenmaßnahmen durch die Betroffenen nach Möglichkeit gar nicht erst entstehen zu lassen. Weil dem Betroffenen eine Ausforschung – z.B. bei Wohnraum- oder Telefonüberwachungen oder beim Einsatz verdeckter Ermittler – meist unbekannt ist, besteht für ihn keine Möglichkeit der Überprüfung, keine Möglichkeit, sich dieser zu entziehen und vor allem keine Möglichkeit, sich gegen willkürliches staatliches Verhalten rechtlich auch zur Wehr setzen zu können.

Wenn sich eine solche Ausforschung im Verdachtsvorfeld auf die bloße Informationserhebung bezieht, die erlangten Informationen (zunächst) lediglich gespeichert werden und keine Zwangsmaßnahmen stattfinden, ist ein solcher Grundrechtseingriff wegen des überwiegenden Interesses des Staatsschutzes hinzunehmen. Die bloße

Beobachtungstätigkeit ohne Anfangsverdacht durch den Verfassungsschutz ist daher zulässig. In der Verbindung mit unmittelbar anknüpfenden Zwangsbefugnissen tritt jedoch eine entscheidende Vertiefung des Grundrechtseingriffs in die Individualsphäre des Einzelnen ein, der aufgrund des Vorliegens von Erkenntnissen aus der Vorfeldarbeit auch nicht mehr befriedigend ausgeräumt werden kann. Da diese Informationen den Ermittlungsbehörden bekannt sind, werden sie auch weiterverwertet. In Betracht kommende Verwertungsverbote für im Vorfeld gewonnene Informationen helfen dann ebenfalls nicht weiter, da nicht mehr sicher geklärt werden kann, wann welche Erkenntnisse gewonnen wurden. Und selbst wenn dies gelänge, könnten Folgeerkenntnisse in jedem Fall verwertet werden, da eine Fernwirkung von Verwertungsverboten im Sinne der „fruit-of-the-poisonous-tree-doctrine“ des amerikanischen Rechtskreises von der überwiegenden Ansicht abgelehnt wird[323]: Ein Verstoß dürfe schließlich nicht das gesamte Verfahren lahm legen. Auch widerspreche es dem Gedanken der materiellen Gerechtigkeit, einen mit Sicherheit überführten Täter „sehenden Auges“ mangels Beweises freizusprechen.

Aus vorstehenden Überlegungen ergibt sich aber, dass es der *Offenheit staatlichen Handelns* bedarf, wenn Ausforschungs- und Zwangsmaßnahmen verknüpft werden. Vor diesem Hintergrund müssen die Überlegungen von *Haas* dahingehend präzisiert werden, dass das Trennungsgebot jedenfalls dann nicht einschlägig ist, wenn der Staat dem Bürger offen gegenübertritt und klar erkennbar ist, *dass* und *wie* der Staat tätig wird. Mit Hilfe des Gedankens der Offenheit staatlichen Handelns offenbart sich ein taugliches Beurteilungskriterium. Einer strengen Begrenzung des Geltungsbereichs des Trennungsgebots ausschließlich auf den Verfassungsschutz – wie

323 BGHSt 27, 355, 357 f.; 32, 68, 71; BGH StV 1999, 337, 339; LR-*Hanack*, § 136a Rn. 67; *Meyer-Goßner*, § 136a Rn. 31 jeweils m.w.N.

von *Haas* vertreten – bedarf es deshalb auch mit der herrschenden Meinung nicht. Im Gegensatz zu den klassischen geheimen Ausforschungen durch Verfassungsschutz, BND und MAD schafft § 12a Abs. 1 ZollVG eine Kompetenz, dem Einzelnen zwar schon im Wege operativer Vorfeldarbeit zu begegnen, doch geschieht dies nicht im Geheimen, sondern „Auge in Auge". Es sind demnach keine verdeckten Ermittlungen, die die Zollbediensteten vollziehen. Damit wird aber die Schutzrichtung des Trennungsgebots von § 12a Abs. 1 ZollVG auch nicht berührt, da das Gebot der Offenheit staatlichen Handelns bei der Verknüpfung von Informationserhebungs- und Zwangsbefugnissen nach §§ 12a Abs. 1, 10 Abs. 1 und 3 ZollVG gewahrt ist. § 12a Abs. 1 ZollVG verstößt daher nicht gegen das Trennungsgebot.

IV. Verstoß gegen die Rechtsschutzgarantie, Art. 19 Abs. 4 GG

Die obige Feststellung, dass das Trennungsgebot nicht einschlägig ist, da der Betroffene von einem anlasslosen Vorgehen gegen ihn unmittelbare Kenntnis hat und sich somit dagegen auch zur Wehr setzen kann, wirft schließlich die Frage auf, ob ihm dies auch tatsächlich rechtlich *effektiv* möglich ist. Art. 19 Abs. 4 GG gewährt und sichert dem Einzelnen das Recht auf einen wirksamen, in tatsächlicher und rechtlicher Hinsicht effektiven Rechtsschutz[324]. Angesichts fehlender Voraussetzungen von § 12a Abs. 1 ZollVG erscheint jedoch zweifelhaft, ob und wie ein solcher Rechtsschutz im Einzellfall praktisch verwirklicht werden soll, wenn keine tatsächlichen Anknüpfungspunkte für eine Überprüfung existieren.

324 BK-*Schenke*, Art. 19 IV Rn. 383; *Schmidt-Aßmann*, in: Maunz/Dürig/Herzog, Art. 19 IV Rn. 16 ff.

Die Rüge einer verfassungswidrigen Anwendung der Befugnisse erscheint dann ausgeschlossen. Insbesondere in Bezug auf Durchsuchungen ist das Interesse des Bürgers an einem effektiven Rechtsschutz aber gerade besonders hoch.

1. Umfang des verfassungsrechtlich gewährten Rechtsschutzes

Dem Einzelnen wird ein Anspruch auf effektiven Rechtsschutz nach Art. 19 Abs. 4 GG grundgesetzlich verbürgt: Art. 19 Abs. 4 GG eröffnet den Rechtsweg gegen jede behauptete Verletzung subjektiver Rechte durch ein Verhalten der öffentlichen Gewalt. Gewährleistet wird dabei nicht nur das formelle Recht, die Gerichte anzurufen, sondern auch die Effektivität des Rechtsschutzes[325]. Ein so verstandener Rechtsschutz muss, um effektiv zu sein, die vollständige Nachprüfung des angegriffenen Hoheitsaktes in rechtlicher wie tatsächlicher Hinsicht durch ein Gericht ermöglichen[326]. Für das informationelle Selbstbestimmungsrecht wird diese Garantie vom Bundesverfassungsgericht im Volkszählungsurteil insoweit sogar besonders betont, als der Gesetzgeber hierfür verfahrensrechtliche Schutzvorkehrungen zu treffen hat[327]. Explizit werden dafür die Schaffung präziser, bereichsspezifischer Rechtsgrundlagen, die Kodifizierung von Aufklärungs-, Auskunfts- und Löschungspflichten sowie das Durchgreifen von Weitergabe- und Verwertungsverboten als wesentlich angesehen. Dieser Katalog muss und darf jedoch nicht abschließend verstanden werden. Lediglich einzelne bedeutsame Schutzmechanismen werden darin aufgezählt, was allerdings nicht ausschließt, dass das notwendige Schutzniveau

---

325 BVerfGE 35, 263, 274; 35, 382, 401 f.; 93, 1, 13.

326 BVerfGE 15, 275, 282; 67, 43, 58.

327 BVerfGE 65, 1, 46.

des Rechts auf informationelle Selbstbestimmung nicht auch auf andere Art und Weise erreicht bzw. zumindest notwendigerweise ergänzt werden kann und muss. Zu den möglichen Vorkehrungen in diesem Kontext zählt auch eine effektive Möglichkeit der gerichtlichen Überprüfung. In der Forderung nach einer präzisen Rechtsgrundlage für Eingriffe ist die Erforderlichkeit eines wirksamen Rechtsschutzes ebenfalls schon angelegt.

2. Effektive Rechtsschutzgewährung durch § 12a Abs. 4 ZollVG

Gemäß § 12a Abs. 4 ZollVG wird formal der Rechtsweg zu der Finanzgerichtsbarkeit eröffnet. Angesichts dieser Tatsache ist zunächst das formelle Recht, die Gerichte für Maßnahmen nach § 12a Abs. 1 ZollVG überhaupt anrufen zu können, grundsätzlich verbürgt. Weiterhin muss aber hinzukommen, dass eine tatsächliche und rechtliche Überprüfung auch vollumfänglich möglich ist. Scheinbar setzt § 12a Abs. 4 ZollVG hier keine Schranken, sodass eine Wahrung der Rechtsschutzgarantie angenommen werden könnte. Bedenken entstehen aber, wenn man das Vorgehen eines Rechtsschutzsuchenden genau betrachtet: Er wird Feststellung begehren, dass er unzulässigerweise angehalten, befragt, zur Identitätsfeststellung aufgefordert und durchsucht worden sei. Die Frage, die sich dann natürlich unmittelbar aufdrängt, ist die, *was* er an dem Vorgehen der Zollbeamten beanstanden will. Denn es existieren schlechterdings keine tatbestandlichen Voraussetzungen für den Befugniseinsatz bei § 12a Abs. 1 ZollVG, deren Vorliegen von einem Gericht überprüft werden könnte. Einzig zu einem verhältnismäßigen Vorgehen ist der Zoll als Teil des Staates verpflichtet. Diese Voraussetzung ist aber für den Schutz des Angehaltenen wenig tauglich, weil es an tauglichen Anknüpfungspunkten mangels tatbestandlicher Voraussetzungen fehlt. Folglich kann sich die gerichtliche Einstufung einer Maßnahme als unverhältnismäßig nur auf evidente Fehlanwendungen und willkürliche Vorgehensweisen der zollamtlichen Überwachung reduzieren. Andere freiheitsrechtlich-begrenzende Merkmale zum Schutz des Angehaltenen konnten – wie gesehen – aus der Norm des § 12a Abs. 1 ZollVG nicht hergeleitet werden[328]. Im Übrigen scheidet eine Überprüfungsmöglichkeit aus.

Für Wahrung der Rechtsschutzgarantie reicht dies jedoch aus. Eine wirksame gerichtliche Kontrolle ist dem Betroffenen eröffnet, obwohl sie auf Willkürgesichtspunkte beschränkt ist. Dies folgt aus der festgestellten verfassungsmäßigen Beschränkung des allgemeinen Persönlichkeitsrechts durch § 12a Abs. 1 ZollVG. Die Annahme einer unzulässigen Verkürzung des Rechts aus Art. 19 Abs. 4 GG würde zur Legitimität verdachtsloser Ermittlungen im Widerspruch stehen. Wenn § 12a Abs. 1 ZollVG trotz fehlender Tatbestandsmerkmale als Befugnisnorm nicht als verfassungswidrig anzusehen ist, dann kann die Überprüfung der Anwendung der Befugnisse im konkreten Falle auch konsequenterweise nur auf willkürlich und evident unverhältnismäßige Maßnahmen beschränkt werden. Für die Überprüfung einer möglichen Verletzung des informationellen Selbstbestimmungsrechts im konkreten Einzelfall sind somit hinreichende Rechtsschutzmöglichkeiten gegeben. § 12a Abs. 1 ZollVG verletzt folglich auch nicht die Rechtsschutzgarantie des Art. 19 Abs. 4 GG.

328 Siehe Kap. B. V. 3. b) bb).

E. Verfassungsrechtliche Analyse von § 12a Abs. 3 S. 2 und 3 ZollVG

§ 12a Abs. 1 ZollVG steht – wie festgestellt – in Einklang mit den verfassungsrechtlichen Vorgaben. Der Maßnahmenkatalog der zollamtlichen Überwachung des grenzüberschreitenden Bargeldverkehrs ist damit aber nicht erschöpft. § 12a Abs. 3 ZollVG eröffnet zwar keine weiteren direkten Befugnisse in der Grenzsituation gegenüber dem Betroffenen; doch wird dem Zoll darin die Möglichkeit zur Übermittlung erhobener Daten an die Strafverfolgungsbehörden, § 12a Abs. 3 S. 2 ZollVG, und insbesondere auch an die Finanzbehörden, § 12a Abs. 3 S. 3 ZollVG, eröffnet. Offensichtlich soll unter dem Deckmantel einer Bargeldkontrolle zum Zweck der Geldwäschebekämpfung die Mitteilung der ermittelten Bargeldsummen an die Finanzämter einhergehen[329].

Die Norm des § 12a ZollVG gewinnt damit eine weitere Dimension, die über die ursprüngliche Zielrichtung hinausgeht. Führt man sich vor Augen, dass § 12a ZollVG eigentlich der Bekämpfung der Geldwäsche dienen soll, ist es wenig einsichtig, aus welchem Grunde Informationen über eine vorgefundene Bargeldsumme bei einem Angehaltenen an die Finanzbehörden weitergeleitet werden soll. Deren Aufgabe ist keineswegs die Strafverfolgung von Geldwäschehandlungen als vielmehr die Steuerfestsetzung und Steuererhebung sowie ggf. Verfolgung von Steuerhinterziehung. Wie oben ausgeführt, ist eine Erweiterung der Normzwecksetzung durch den Gesetzgeber insoweit allerdings zulässig und unbedenklich[330].

329 Tipke/Kruse-*Tipke*, § 12a FVG a.F. Rn. 15.

330 Vgl. Kap. C. III. 2.

Fragen treten aber auf, wenn man den Blick lenkt auf die tatsächliche Maßnahmeanwendung im Rahmen von § 12a Abs. 1 ZollVG auf der einen und § 12a Abs. 3 ZollVG auf der anderen Seite. Im Gange der bisherigen Untersuchung wurde deutlich, dass bei § 12a Abs. 1 ZollVG der Staat dem Bürger offen gegenübertritt und demgemäß auch von seinen gesetzlichen Befugnissen Gebrauch macht. Während der Betroffene also Kenntnis von den Ermittlungen gemäß § 12a Abs. 1 ZollVG hat, wird ihm demgegenüber eine Weiterleitung im Rahmen des § 12a Abs. 3 ZollVG typischerweise unbekannt bleiben.

Nimmt man die Bedenken im Hinblick auf eine dem Angehaltenen unbekannte Datenweiterleitung auf, so drängt sich die Annahme einer verdeckten Ermittlungstätigkeit auf. Für verdeckte Ermittlungsmethoden wird ein Verstoß gegen das Verbot, die Freiheit der Willensentschließung des Beschuldigten durch Täuschung zu beeinträchtigen, in Erwägung gezogen[331]. Ebenso kann aber auch ein Verstoß gegen das garantierte informationelle Selbstbestimmungsrecht vorliegen, da dem Gesetzgeber seit dem Volkszählungsurteil zum Schutz des Einzelnen aufgetragen ist, stets hinreichend klar und präzise Eingriffsbefugnisse und Verwendungszwecke zu definieren[332].

I. Verstoß gegen § 136a StPO (analog)

Nach § 136a Abs. 1 S. 2 und 3 StPO ist gegenüber dem Beschuldigten grundsätzlich der Einsatz von Zwang und Drohung mit unzulässigen Maßnahmen untersagt. Gleiches gilt für jegliche Beeinträchtigung der freien Willensentschließung und -betätigung durch Ermüdung, Quälerei und Täuschung, § 136a Abs. 1 S. 1 StPO. Dadurch gewonnene Aussagen des Beschuldigten sind unverwert-

---

331 *Weßlau*, S. 211 ff.; *Rogall*, Der Beschuldigte, S. 180 ff.

332 Dazu unten Kap. E. III.

bar. In § 136a Abs. 3 S. 2 StPO wird diese Rechtsfolge für Verletzungen des Verbots des § 136a Abs. 1 StPO als allgemeiner Grundsatz vorausgesetzt[333]. Maßgeblich kommt es also auf einen kausalen Zurechnungszusammenhang zwischen der angewandten unzulässigen Vernehmungsmethode und der Aussage des Beschuldigten an. Der Kausalitätsnachweis wäre von diesem grundsätzlich zu führen, jedoch greift zu seinen Gunsten die Beweiserleichterung, falls jedenfalls nicht ausgeschlossen werden kann, dass die Aussage auf den angewandten Vernehmungsmethoden beruht[334].

Es stellt sich aber zunächst die grundsätzliche Frage, ob § 136a StPO auf § 12a ZollVG als Vorfeldermittlungsnorm überhaupt anwendbar ist. Weil § 136a StPO unmittelbar nur für Vernehmungen gilt und der Angehaltene mangels Inkulpationsaktes nicht als Beschuldigter behandelt wird, kommt allenfalls eine entsprechende Anwendung im Rahmen von § 12a Abs. 3 S. 3 ZollVG in Betracht.

1. Analogiefähigkeit von § 136a StPO

Die Analogiefähigkeit von § 136a StPO wird jedoch allgemein anerkannt[335]: Mit § 136a StPO werde das Rechtsstaatsprinzip, das Gebot des *fair trial* (Art. 6 Abs. 1 S. 1 EMRK) sowie der Schutz der Menschenwürde aus Art. 1 Abs. 1 GG einfachgesetzlich für das Strafverfahren festgeschrieben. Es handele sich jedoch dabei um allgemeine Freiheitsprinzipien, die zumindest eine analoge Anwendung von § 136a StPO auch außerhalb des Strafverfahrens zu begründen vermögen. Die neuere Rechtsprechung und überwiegende Auffassung in der Literatur bejahen vor diesem Hintergrund die grundsätzliche

333 *Beulke*, Rn. 142; *Roxin*, Strafverfahrensrecht, § 25 Rn. 15.

334 BGHSt 5, 290, 291; 13, 60, 61.

335 BGHSt 5, 332, 333; 38, 215, 219; *Beulke*, Rn. 130; LR-*Hanack*, § 136a Rn. 9 f.; *Weßlau*, S. 214.

Möglichkeit einer analogen Anwendung von § 136a StPO für vernehmungsähnliche Situationen[336], wobei die Voraussetzung des Vorliegens einer verbotenen Vernehmungsmethode – insbesondere einer Täuschung – häufig nicht erfüllt ist[337]. Die Grenze zur zulässigen kriminalistischen List ist dabei fließend und schwer zu bestimmen.

Dagegen wird ein Beweisverwertungsverbot und somit eine Analogie zu § 136a StPO auch dann tendenziell eher abgelehnt, soweit es um die Aufklärung einer Straftat von erheblicher Bedeutung geht, die ansonsten mit anderen Mitteln und Methoden weniger Erfolg versprechend und wesentlich erschwert gewesen wäre[338]. Der Eingriff in seine Grundrechte muss dann von dem Betroffenen als verhältnismäßig hingenommen werden. Dies gilt insbesondere für unbewusste, vorsatzlose Täuschungen[339]. Deshalb muss das Täuschungsverbot auch restriktiv ausgelegt werden[340]. Die entsprechende Anwendung von § 136a StPO auf § 12a ZollVG als Vorfeldermittlungsvorschrift ist somit jedenfalls grundsätzlich nicht ausgeschlossen; indes wird sie dadurch begrenzt, dass je schwerwiegender die Straftat und umso geringer die Beeinträchtigung der persönlichen Rechtssphäre des Betroffenen ist, desto eher ein Verstoß gegen § 136a StPO abzulehnen ist.

---

336 BGHSt 34, 39, 46 ff.; 34, 362, 364; 40, 66, 72; BGH NJW 1987, 2525, 2526; SK-*Rogall*, StPO, § 136a Rn. 21; *a.A.* Otto, GA 1970, 289, 299 f.

337 So BGHSt GrS 42, 139, 149 für die sog. „Hörfalle", bei der ein Privater den Verdächtigen befragt und die Polizei dieses Gespräch „mithört"; anders noch BGHSt 31, 304, 308, als die Selbstbelastung durch einen privaten Telefonanruf provoziert wurde.

338 BGHSt GrS 42, 139, 149.

339 BGHSt 31, 395, 400; 35, 328, 329; krit. *Ransiek*, StV 1994, 343, 345.

340 *Krack*, NStZ 2002, 120, 124.

2. Verbotene Täuschung bei Befugniseinsatz gemäß § 12a ZollVG

Es fragt sich aber, ob bei dem Befugniseinsatz nach § 12a Abs. 1 ZollVG im Hinblick auf § 12a Abs. 3 ZollVG durch die Zollbediensteten i.S.v. § 136a Abs. 1 StPO getäuscht wird.

a) Durch Nicht-Aufklärung über die Weiterleitung an Finanzbehörden

Überträgt man vorstehende Maßgaben auf § 12a ZollVG, könnte man zunächst erwägen, dass eine Täuschung durch die zollamtliche Überwachung darin liegt, dass diese nicht über die Weiterleitungsmöglichkeit an die Finanzbehörden aufgeklärt hat. Dem ist allerdings entgegenzuhalten, dass eine solche Aufklärungspflicht gesetzlich nicht besteht. Freilich könnte man hiergegen einwenden, dass dann eine solche zumindest aus Treu und Glauben abzuleiten ist. Dann wäre jedoch fraglich, ob die Zollbediensteten eine solche (allgemeine) Pflicht auch erkennen. Regelmäßig ist davon auszugehen, dass ihnen dieses nicht bewusst sein wird. Ein bewusstes Einwirken auf das Vorstellungsbild des Angehaltenen wäre damit zu verneinen, sodass für eine allenfalls vorliegende unbewusste Täuschung gerade kein Verwertungsverbot greift. Selbst wenn man dies anders sieht und eine Täuschung i.S.v. § 136a StPO bejaht, kommt man hinsichtlich der Nicht-Aufklärung über die Möglichkeit der Weiterleitung aber ebenfalls nicht zu einem Verstoß gegen § 136a StPO (analog): Auch wenn der Zoll über die Möglichkeit der Übermittlung aufklären würde, könnte dies den Angehaltenen nicht von seiner Verpflichtung zur Auskunft entbinden. Gesetzlich besteht diese Anzeigepflicht für das Mitführen von 15.000 € und mehr sowie faktisch auch für alle geringeren Beträge[341]. Der Betroffene macht also nicht aufgrund des

341 Siehe Kap. D. II. 3. e) cc) (3) (b) (aa).

Verheimlichens der Datenweitergabe Angaben, sondern wegen einer gesetzlichen bzw. faktischen Pflicht. Es fehlt somit an der Kausalität zwischen Nichtaufklärung und Preisgabe persönlicher Daten. Deshalb liegt auch keine Beeinträchtigung der Freiheit der Willensentschließung bzw. -betätigung vor. Eine kausale Täuschung i.S.v. § 136a Abs. 1 StPO ist insofern abzulehnen, da sich die Nichtaufklärung über die Möglichkeit der Datenweitergabe in der Rechtswirklichkeit nicht entscheidend zu Lasten des Betroffenen auswirkt.

b) Durch Verheimlichung der wahren Ermittlungsintention

Ein weiterer Bezugspunkt für eine Täuschung könnte sich ferner daraus ergeben, dass man auf die eigentliche Intention der Zollbediensteten zurückkommt. Wie festgestellt liegt diese eben nicht primär darin, wegen Geldwäsche zu ermitteln, sondern steuerlich relevante Informationen für die Finanzbehörden zu gewinnen und Bußgeldbescheide nach § 31a ZollVG zu fertigen. Personenbezogene Daten über mitgeführte Zahlungsmittel werden demnach nicht erhoben, um sie möglicherweise irgendwann in einem anderen Zusammenhang an andere Behörden zu übermitteln, sondern sie werden gerade *bewusst* und *zielgerichtet* gesammelt und weitergeleitet. *Spatscheck/Alvermann*[342] erheben deshalb den Vorwurf des Missbrauchs des Zolls als „mobile Steuerfahndung". Die Datenerhebung der zollamtlichen Überwachung findet deshalb sogar gerade mit dem Ziel einer Weiterleitung an die Finanzbehörden zur steuerlichen Überprüfung statt, obwohl die Verfolgung der Steuerhinterziehung von dem Willen des Gesetzgebers – ursprünglich – nicht gewollt war.

---

342 *Spatscheck/Alvermann*, BB 1999, 2107 ff.

Die Verortung einer relevanten Täuschung darf deshalb nicht bei der Nichtaufklärung über weitere Handlungsmöglichkeiten anknüpfen, sondern muss sich auf die Verheimlichung der Absicht der Grenzkontrolle beziehen, hauptsächlich im Sinne der Steuerfahndung tätig zu werden. Der im Raum stehende Vorwurf ist die Umfunktionierung der kodifizierten Zollbefugnisse der Bekämpfung von Geldwäsche. Indem die Zollbediensteten jedenfalls zum Zweck der Verfolgung von Steuerhinterziehungen auch maßgeblich die Zahlungsmittelkontrolle durchführen, kommt in dieser Hinsicht ein vorsätzlich täuschendes Verhalten in Betracht.

Wenn man allerdings anerkennt, dass der Gesetzgeber berechtigterweise neben der Bekämpfung der Geldwäsche mit dem Änderungsgesetz zu § 12a FVG a.F. von 1999 den Befugnissen der zollamtlichen Überwachung des grenzüberschreitenden Bargeldverkehrs auch den Zweck und die Aufgabe zugemessen hat, Kontrollen im Hinblick auf die Aufdeckung von Steuerhinterziehungen durchzuführen[343], dann kann eine *bewusste* Verheimlichung der eigentlichen Ermittlungsintention nicht vorliegen. Konzedieren mag man freilich, dass die Möglichkeit der Datenweitergabe für den Bürger kaum erkennbar ist. Für eine vorsätzliche Täuschung kann dies allerdings nicht ausreichen. Dem Bürger ist schließlich grundsätzlich bewusst, dass der Zoll auch in steuerlicher Hinsicht ermittlungstechnisch tätig werden darf. Ein täuschendes Verhalten und somit ein Verstoß gegen § 136a StPO analog ist daher richtigerweise auch insoweit abzulehnen. Für eine allenfalls vorliegende unbewusste Täuschung greift aber kein Verwertungsverbot.

---

343 BGBl. I 1999, S. 2601, 2621 f.

II. Vereinbarkeit mit dem allgemeinen Persönlichkeitsrecht

Ebenso wie bei § 12a Abs. 1 ZollVG stellt sich bezüglich der Datenübermittlung nach § 12a Abs. 3 S. 2 und 3 ZollVG nunmehr letztlich auch wieder entscheidend die Frage, inwieweit eine solche Weitergabe mit dem allgemeinen Persönlichkeitsrecht konform ist – insbesondere in seiner Ausprägung durch das Recht auf informationelle Selbstbestimmung. Mit der Übermittlung an die Strafverfolgungs-, Verwaltungs- bzw. Finanzbehörden liegt ein Eingriff in dieses Recht vor, da persönliche Daten in Rede stehen, die unabhängig von der Zustimmung des Berechtigten weitergegeben werden. Es fragt sich somit nur, ob dieser Eingriff gerechtfertigt werden kann. Dafür müssten die vom Bundesverfassungsgericht im Volkszählungsurteil aufgestellten Voraussetzungen auch von § 12a Abs. 3 ZollVG erfüllt und der Verhältnismäßigkeitsgrundsatz gewahrt sein[344].

1. Vorliegen einer bereichsspezifischen Rechtsgrundlage

Es fragt sich, ob mit § 12a Abs. 3 S. 2 und 3 ZollVG die Verwendung der erhobenen Daten im Sinne einer bereichsspezifischen Rechtsgrundlage und dem Gebot der Normenklarheit festgelegt ist. Zu differenzieren ist dabei zwischen der Weitergabe an die Strafverfolgungsbehörden, § 12a Abs. 3 S. 2 ZollVG, sowie an die Finanzbehörden, § 12a Abs. 3 S. 3 ZollVG.

344 Siehe Kap. D. II. 3. b).

a) Weitergabe nach § 12a Abs. 3 S. 2 ZollVG an die Strafverfolgungs- und Verwaltungsbehörden

Nach § 12a Abs. 3 S. 2 ZollVG können die nach § 12a Abs. 1 ZollVG zulässig erhobenen Daten an die Strafverfolgungs- und Verwaltungsbehörden weitergegeben werden. Dies ergibt sich aus der Formulierung „*diese* Daten", die sich systematisch und logisch auf Absatz 1 bezieht. Weil nach §§ 12a Abs. 1 ZollVG, 10 Abs. 1 und 3 ZollVG Informationen rechtmäßiger Weise – wie festgestellt – zur Bekämpfung der Geldwäsche erhoben werden dürfen, ergeben sich vordergründig keine Bedenken gegen § 12a Abs. 3 S. 2 ZollVG. Zu beachten ist aber, dass die Weiterleitung entweder zur Erfüllung der Aufgaben der Zollbehörden oder des Empfängers erforderlich ist. Daraus ergeben sich jedoch auch keine nennenswerten einschränkenden Anforderungen an die Weiterleitung. Eine Übermittlung zur Erfüllung der beiden Normzwecke von § 12a ZollVG wird indes stets erforderlich sein. Wenn ein Bargeldbetrag tatsächlich aufgefunden wurde, bedarf es keiner weiteren Voraussetzungen der Weiterleitung: Konnte der Angehaltene deren Herkunft nicht überzeugend erklären, wird nach allgemeiner zollamtlicher und kriminalistischer Erfahrung ein Anfangsverdacht wegen Geldwäsche angenommen werden können. Damit besteht ein entsprechendes Strafverfolgungsinteresse und aus Sicht der Strafverfolgungsbehörden sowie des Zolls ist mithin die Weiterleitung erforderlich. Falls eine Nicht- bzw. Falschanzeige lediglich als Ordnungswidrigkeit geahndet werden soll, gilt Entsprechendes für die Verwaltungsbehörden. Ergibt sich ein Anfangsverdacht wegen einer anderen Straftat aufgrund der Grenzkontrolle, ist die Übermittlung zwar nicht mehr aus Sicht des Zolls erforderlich, da kein Bezug mehr zur Bekämpfung der Geldwäsche bzw. zur Steuerhinterziehung besteht, jedoch ist dann aber der klassische Aufgabenbereich der Strafverfolgungsbehörden angesprochen.

b) Weitergabe nach § 12a Abs. 3 S. 3 ZollVG an die Finanzbehörden

Demgegenüber knüpft die Weitergabe von Daten nach § 12a Abs. 3 S. 3 ZollVG an die Finanzbehörden nicht an die jeweilige Aufgabenerfüllung an, sondern ist bereits dann zulässig, soweit das Ermittelte für ein Verwaltungs-, Straf- oder Ordnungswidrigkeitenverfahren in Steuersachen von Bedeutung sein *kann*. Im Rahmen der Gesetzesgeschichte wurde insbesondere zu keiner Zeit ein Anfangsverdacht gefordert und zudem das Merkmal „Grund zur Annahme der Verbringung zu Geldwäschezwecken" gestrichen[345]. Unabhängig von irgendwelchen Anhaltspunkten ist somit stets eine Übermittlung nach dem Wortlaut der Norm an die Finanzbehörden möglich. Ausschlaggebend ist mithin einzig eine mögliche, d.h. abstrakte Nützlichkeit für die Finanzbehörden, die sich regelmäßig bejahen lassen wird. Ob sich das Übermittelte dann auch tatsächlich verfahrensbeeinflussend verwenden lässt, ist unerheblich.

Die Datenweitergabe im Rahmen des § 12a Abs. 3 S. 3 ZollVG ist von gesetzgeberischer Intention her jedenfalls unter Einbeziehung der Gesetzesmaterialien gedeckt. Im Hinblick auf § 136a StPO konnte mit dieser Argumentation ein täuschendes Verhalten der zollamtlichen Überwachung gegenüber dem Bürger insgesamt nicht begründet werden[346]. Von diesen Maßstäben, die im Rahmen der Erörterung zu § 136a StPO angelegt wurden, dürfen für das allgemeine Persönlichkeitsrecht keine Abstriche gemacht werden. Das Schutzniveau ist angesichts der Bedeutung dieser Freiheit und seiner verfassungsrechtlich besonderen Ausprägung sogar noch höher anzusetzen: Das Bundesverfassungsgericht hat diese Anforderungen für das informationelle Selbstbestimmungsrecht im Volkszählungsurteil besonders hervorgehoben und damit auf eine verfas-

345 Siehe dazu Kap. C. III. 1.; ferner *Hetzer*, JR 1999, 141, 141 f.

346 Siehe Kap. E. II.

sungsrechtlich anerkannte Grundlage gestellt: Der Gesetzgeber ist danach aufgefordert, bei der Schaffung von Normen im Zusammenhang mit der Gewinnung, Speicherung und Verwendung von Daten eindeutig und für den Bürger klar erkennbar festzulegen, zu welchem Zweck personenbezogene Daten erhoben und verwendet werden sollen[347]. Das darin zum Ausdruck kommende *Gebot der Normenklarheit* ist von elementarer Bedeutung, da erst hierdurch Eingriffe in das informationelle Selbstbestimmungsrecht auf klar definierte Bereiche begrenzt werden können. Das Verfassungsgericht verlangt eine „präzise“ bestimmte Eingriffsgrundlage. Für die Betrachtung von § 12a Abs. 3 S. 3 ZollVG im Lichte von § 136a StPO (analog) war es noch aus grundrechtlicher Sicht des Bürgers hinnehmbar, dass sich der weitere Normzweck der Aufdeckung von nicht versteuerten Geldern aus der Gesetzesbegründung ergibt. Dies genügt aber den Anforderungen an das *Gebot der Normenklarheit* im Sinne des Volkszählungsurteils nicht. Wegen der notwendigen Bewahrung des Bürgers vor unkontrollierter Kenntnisnahme seiner personenbezogenen Daten müssen an die Klarheit einer bereichsspezifischen Rechtsgrundlage strengere Anforderungen gestellt werden. Weil mit § 12a ZollVG ein Doppelzweck verfolgt wird, ist für den Bürger aber eben nicht mehr klar genug erkennbar, dass die Information, in welcher Höhe er Zahlungsmittel mitgeführt hat, auch zur Ermittlung unbekannter Steuerfälle verwandt werden soll.

Ursächlich dafür ist die fehlende *eindeutige* Festschreibung des weiteren Normzwecks mit der Bekämpfung steuerlicher Delinquenz. Stattdessen wird ein weiterer Zweck gesetzt und vom Gesetzgeber stillschweigend implementiert. Obwohl der Betroffene zwar auch bei Zollkontrollen von der Zulässigkeit steuerlicher Er-

347 BVerfGE 65, 1, 44.

mittlungen auszugehen hat[348], ist für ihn das Vorgehen im Rahmen von § 12a ZollVG dennoch nicht hinreichend transparent. Typischerweise muss er mit einer steuerlichen Ermittlungskompetenz nur hinsichtlich der Erhebung von Ein- und Ausfuhrabgaben rechnen. Mit § 12a ZollVG wird dem Zoll aber über diesen Umfang hinaus für *sämtliche* Steuerarten eine Initiativ-Kontrollbefugnis zugeschrieben. Für den betroffenen Bürger ist deshalb eine Übermittlung der Höhe aufgefundener Zahlungsmittel aber keineswegs erkennbar, da er nicht mit einer Verwendung der Daten sowohl in einem Straf- als auch in einem Besteuerungsverfahren nicht rechnen muss. Zu einer solchen Verquickung kommt es indes, wenn die Angelegenheit sowohl wegen des Verdachts der Geldwäsche an die Strafverfolgungsbehörden als auch an die Finanzbehörden zur steuerlichen Veranlagung abgegeben werden kann. Eine solche Kumulation widerspricht allerdings § 393 Abs. 1 AO, der eine klare Trennung von Straf- und Besteuerungsverfahren vorsieht. Von dieser gesetzlichen Wertung für das Verhältnis von Straf- und Besteuerungsverfahren muss der Angehaltene – angesichts einer fehlenden ausdrücklich anders lautenden Regelung im Zollverwaltungsgesetz – auch im Rahmen einer zollamtlichen Überwachung lediglich ausgehen. Die sich hierbei freilich darstellenden Unklarheiten verbieten sich jedoch im Lichte des Selbstbestimmungsrechts und dürfen nicht zu Lasten des Betroffenen gehen.

Wie aus den Vorgaben des Volkszählungsurteils ersichtlich ist[349], ergibt sich damit als Rechtsfolge, dass die bei einer Grenzkontrolle ermittelten Daten an sich schon nicht an die Finanzbehörden weitergegeben werden dürfen. Geschieht dies trotzdem, muss jedenfalls für die übermittelten Informationen in steuerlicher Hinsicht ein Verwertungsverbot greifen. *Tipke* leitet dieses Ergebnis aus

348 Vgl. Kap. C. III. 2.

349 BVerfGE 65, 1, 46.

einer „verworrenen Rechtslage“ ab[350]. Die verworrene Rechtslage hat ihre Ursache in der fehlenden Klarheit des weiteren Normzwecks der Bekämpfung der Steuerhinterziehung, sodass sich das Verwertungsverbot dann zwanglos aus einer konsequenten Anwendung verfassungsrechtlicher Maßstäbe aus dem Volkszählungsurteil und dem Wesensgehalt des informationellen Selbstbestimmungsrechts ergibt.

c) Zwischenergebnis

Da die Rechtsgrundlage des § 12a Abs. 3 S. 3 ZollVG für die Übermittlung der personenbezogenen Daten, d.h. der Höhe der festgestellten Bargeldsumme, nicht den erforderlichen verfassungsrechtlichen Anforderungen entspricht, muss für eine Weitergabe der Daten an die Finanzbehörden bzw. für die Verwertung durch diese ein Verbot gelten.

2. Explizite Festschreibung des Gesetzeszwecks für § 12a Abs. 3 S. 3 ZollVG

Für den Gesetzgeber – und wohl genauso auch für den Zoll sowie die Finanzverwaltung – wäre dies ein zugegebenermaßen unbefriedigendes Ergebnis, was seine wesentliche Ursache darin trägt, dass der Gesetzgeber den eigentlich mit § 12a Abs. 3 S. 3 ZollVG verfolgten Zweck nicht hinreichend deutlich zum Ausdruck gebracht hat.

a) Erfüllung der Vorgaben des Volkszählungsurteils

Es fragt sich daher, ob durch ein explizites Festschreiben des Zwecks der Verfolgung von Steuerhinterziehung in § 12a Abs. 3 S. 3 ZollVG bzw. in § 1 Abs. 3a und 3c ZollVG das Verwertungsverbot nach

---

350 Tipke/Kruse-*Tipke*, § 12a FVG a.F. Rn. 15.

Maßgabe des Volkszählungsurteils entfallen kann. Bedenken hinsichtlich der Normenklarheit wären damit zumindest ausgeräumt und den verfassungsrechtlichen Vorgaben aus dem Volkszählungsurteil entsprochen. Für den Betroffenen wäre dann auch die Zweckverwendung im Hinblick auf eine Weitergabe an die Finanzbehörden aus der gesetzlichen Regelung unmittelbar und eindeutig ersichtlich. Es wäre ebenfalls unschädlich, dass mit Absatz 3 dann ein weiterer, über Absatz 1 hinausgehender Zweck in Form der Ahndung von Steuerhinterziehungen verfolgt wird, weil nichts gegen die Verfolgung mehrerer Zwecke innerhalb einer Norm spricht. Dies wird zwar von einigen Autoren teilweise freilich abgelehnt[351]. Dabei wird allerdings verkannt, dass es Sache des Gesetzgebers ist, Normzwecke festzulegen und er dies in weitgehender Gestaltungsfreiheit vollziehen kann, soweit er nur für hinreichende Klarheit sorgt. Doppelnaturen und verschiedene Schutzrichtungen von Normen sind in der Rechtspraxis durchaus nichts Ungewöhnliches[352]. Wären § 12a Abs. 1 ZollVG und § 12a Abs. 3 ZollVG in verschiedenen Paragraphen oder sogar Gesetzen kodifiziert worden, so hätte niemand Bedenken gegen die Verfolgung verschiedener Normzwecke. Dass dann aber die Tatsache, dass beide in demselben Paragraphen stehen, einen Unterschied machen soll, ist eine allzu formalistische Betrachtung. Indem mehrere Normzwecke in § 12a ZollVG dann aber durch die gesetzliche Ausgestaltung für den Bürger unzweifelhaft deutlich würden, ist der Zweckbindung der erhobenen Daten Genüge getan.

b) Verwertbarkeit der weitergegebenen Daten

Selbst wenn die Weitergabe an die Finanzbehörden nach Klarstellung des Zwecks der Datenverwendung damit grundsätzlich zuläs-

351 Tipke/Kruse-*Tipke*, § 12a FVG a.F. Rn. 15; *Spatscheck/Alvermann* BB 1999, 2107, 2110.

352 Vgl. z.B. § 164 StGB.

sig wäre und ein Verwertungsverbot wegen Verstoßes gegen das Gebot der Normenklarheit nicht eingreift, kann sich ein Verwertungsverbot für die weitergeleiteten Informationen über die aufgefundenen Zahlungsmittel gleichwohl aber aus anderen Überlegungen ergeben. Man muss sich bewusst sein, dass es sich bei jeder Datenweitergabe an eine andere als die originär zuständige Behörde nicht um einen Regelfall handelt. Dies gilt umso mehr für die vorliegende Konstellation, als mit der Weitergabe an die Finanzbehörden die Daten nicht mehr nur zu Zwecken der Strafverfolgung genutzt, sondern daneben auch für das verwaltungsrechtliche Besteuerungsverfahren verwendet werden können. Die Grenzkontrolle wird dann nicht mehr nur zu repressiven Zwecken, sondern gleichermaßen zu steuerlichen Ermittlungen durchgeführt, sodass aufgrund der aufgefundenen Zahlungsmittel auch ein Verwaltungsverfahren eingeleitet werden darf. Strafrechtliche Ermittlungen werden dann zumindest flankiert durch ein Verwaltungsverfahren, wenn sie nicht sogar komplett in den Hintergrund treten[353].

Problematisch bei einer solchen Klarstellung des Gesetzeszwecks erscheint allerdings, ob es überhaupt grundsätzlich zulässig ist, dass auf diese Weise Ermittlungen sowohl zu strafrechtlichen als auch zu steuerlichen Zwecken verquickt und die erzielten Ergebnisse in beiden Verfahren verwertet werden dürfen. Hiergegen könnte die Wertung von § 393 Abs. 2 AO sprechen, wonach gegen denjenigen, der in Erfüllung steuerrechtlicher Pflichten relevante Informationen offenbaren muss, diese im Hinblick auf eine strafrechtliche Verfolgung nur in einem Verfahren wegen einer Steuerstraftat verwandt werden dürfen. Wenn eine Klarstellung des Zwecks von § 12a Abs. 3 S. 3 ZollVG erfolgen würde, könnten die erlangten Daten rechtmäßig in einem Besteuerungsverfahren wie auch in einem Strafverfahren wegen Geldwäsche etc. verwendet werden.

353 Siehe Kap. C. III.

Aus § 393 Abs. 2 AO als einfachgesetzlicher Vorschrift kann allerdings keine generelle Sperrwirkung für ein grundsätzliches Verbot der Parallelität von Straf- und Verwaltungsverfahren abgeleitet werden. Dem Gesetzgeber steht es im Rahmen seines Beurteilungsspielraums vielmehr frei, die Verwendung von Daten sowohl in einem Straf- als auch in einem Verwaltungsverfahren abweichend von § 393 AO zu regeln, wovon er bei einer Konkretisierung von § 12a ZollVG im vorstehenden Sinne Gebrauch machen würde. Zum anderen kann die Wertung des § 393 Abs. 2 AO aber auch deshalb nicht herangezogen werden, weil sie nur den Fall betrifft, dass den Bürger ausschließlich *steuer*rechtliche Pflichten treffen, während bei § 12a Abs. 1 und 3 ZollVG dann sowohl eine Pflicht zur Anzeige mitgeführter Zahlungsmittel zum Zwecke der Verfolgung von Geldwäschestraftaten *als auch* zur Aufdeckung nicht versteuerter Einkünfte festgeschrieben würde. Statuiert der Gesetzgeber im Rahmen seines Beurteilungsspielraums aber *neben* einer Pflicht in steuerlicher Hinsicht eine weitere Verpflichtung, dann müssen den Bürger hieraus auch selbständige – strafrechtliche – Sanktionen treffen können. Es bestehen deshalb keine durchgreifenden Bedenken im Hinblick auf die Verwendung erhobener Daten nach § 12a Abs. 1 und 3 ZollVG sowohl im Rahmen eines Straf- als auch Besteuerungsverfahrens.

3. Ergebnis

Nach geltender Fassung erfüllt § 12a Abs. 3 S. 3 ZollVG nicht das im Volkszählungsurteil postulierte Gebot der Normenklarheit, was in der Konsequenz ein umfassendes Weitergabe- und Verwertungsverbot hinsichtlich der übermittelten Daten nach sich zieht. Der Gesetzgeber hat jedoch die Möglichkeit, den Gesetzeszweck zu konkretisieren, um dies zu vermeiden.

III. Verstoß gegen die Rechtsschutzgarantie, Art. 19 Abs. 4 GG

Wie schon für § 12a Abs. 1 ZollVG untersucht wurde, ist auch für § 12a Abs. 3 ZollVG ein Konflikt mit der Rechtsschutzgarantie gemäß Art. 19 Abs. 4 GG denkbar. Zu differenzieren ist hier auch wieder zwischen der Weitergabe der ermittelten Daten an die Strafverfolgungsbehörden nach § 12a Abs. 3 S. 2 ZollVG bzw. an die Finanzbehörden nach § 12a Abs. 3 S. 3 ZollVG. Beide Vorschriften müssen den oben bereits dargestellten Inhalten von Art. 19 Abs. 4 GG genügen, d.h., jeder staatliche Akt muss in rechtlicher und tatsächlicher Hinsicht voll überprüfbar sein.

1. Eröffnung eines Rechtsweges

Der Rechtsweg nach § 12a Abs. 4 ZollVG ist explizit auch für die Übermittlung der Daten im Rahmen von § 12a Abs. 3 ZollVG eröffnet. Problematisch ist wiederum nur die Effektivität des Rechtsschutzes.

2. Effektive Rechtsschutzgewährung

Der Kern der Auseinandersetzung liegt bei § 12a Abs. 3 ZollVG jedoch an anderer Stelle, als dies bei § 12a Abs. 1 ZollVG der Fall war: Während bei letzterer Norm die Diskussion an dem Punkt der tatbestandlichen Voraussetzungslosigkeit entfacht wurde, kann dies für § 12a Abs. 3 ZollVG nicht entscheidend sein. Denn – wie gezeigt – setzt Absatz 3 das Vorliegen rechtmäßig erhobener Daten nach Absatz 1 voraus, weshalb die Verdachtsunabhängigkeit der Ermittlungen im Rahmen von § 12a Abs. 3 ZollVG nicht erneut aufgegriffen zu werden braucht. Da gemäß § 12a Abs. 1 ZollVG in rechtmäßiger Weise ermittelt werden kann, sind zulässig erhobene Daten in diesem Sinne gegeben.

a) Kenntnis von Datenerhebung und Datenverwendung

Ausschlaggebend wird deshalb vielmehr ein anderer Aspekt sein, der sich zum einen ebenfalls aus dem Volkszählungsurteil und denknotwendig aus dem Wesen eines hinreichenden Rechtsschutzes zum anderen entnehmen lässt. Damit der Bürger einen substantiellen Anspruch auf eine tatsächlich wirksame gerichtliche Kontrolle besitzt, muss er Kenntnis von der Datenerhebung und -verwendung haben[354]. Dies ist die elementare Voraussetzung für die Verwirklichung eines effektiven Rechtsschutzes für den Bürger[355]. Hat der Bürger keine Kenntnis von einem Eingriff in seine geschützten Rechtspositionen, kann er diese auch nicht gegenüber dem Staat bei rechtswidriger Inanspruchnahme verteidigen. Das hierin zum Ausdruck kommende offene Gegenübertreten von Staat und Bürger, das Gebot der Offenheit staatlichen Handelns, ist ein elementarer Wesenszug des Rechtsstaates. Andererseits muss man aber auch konzedieren, dass im Interesse der Strafverfolgung bzw. Gefahrenabwehr vorübergehende Verheimlichungen erhobener Daten ebenfalls zugestanden werden müssen[356].

aa) Im Rahmen von § 12a Abs. 3 S. 2 ZollVG

Es fragt sich deshalb, ob der betroffene Bürger von der Datenweitergabe gemäß § 12a Abs. 3 ZollVG Kenntnis hat. Hinsichtlich § 12a Abs. 3 S. 2 ZollVG ist diese Frage schnell zu beantworten: Werden Daten an die Strafverfolgungs- und Verwaltungsstellen zur Erfüllung

---

354 *Müller*, in: Kühne/Miyazawa, S. 209, 217; ders., StV 1995, 602, 605; *Merten/Merten*, ZRP 1991, 213, 213.

355 BVerfGE 35, 263, 274; 37, 150, 151; 60, 253, 294 ff.

356 *Müller*, StV 1995, 602, 605.

ihrer Aufgaben weitergeleitet, dann wird der Betroffene über die Ermittlungen und die Tatsachen- und Beweislage gegen ihn informiert, sodass er dazu Stellung nehmen und sich verteidigen kann. Dann ist für ihn aber auch erkennbar, was Auslöser der staatsanwaltschaftlichen Ermittlungen war. In Anbetracht dieser Umstände ergeben sich für ihn hinreichende Ansatzpunkte – sowohl tatsächlicher und als auch rechtlicher Natur –, die als Anknüpfung für eine Überprüfung des Zollgeschehens dienen können. Grundsätzlich muss der kontrollierte Bürger auch davon ausgehen, dass jederzeit eine Abgabe der Angelegenheit zu weiteren Ermittlungen an die Staatsanwaltschaft erfolgt, soweit sich ein Anfangsverdacht einer Straftat ergibt. Mit der Weitergabe der Daten in diesem Zusammenhang geht der Staat also keineswegs heimlich im Verborgenen oder dem Bürger gegenüber mit völlig ungeahnten Methoden vor. Sowohl das Gebot der Offenheit staatlichen Handelns ist gewahrt als auch die Möglichkeit einer wirksamen, tatsächlichen Überprüfung gegeben.

bb) Im Rahmen von § 12a Abs. 3 S. 3 ZollVG

Schwieriger gestaltet sich die Analyse der Konstellation des § 12a Abs. 3 S. 3 ZollVG. Mit der Übermittlung an die Finanzbehörden wird das informationelle Selbstbestimmungsrecht des Kontrollierten – wie gesehen – verletzt. Die Motivation einer „verdeckten Steuerfahndung“ wird dem Betroffenen gerade nicht hinreichend im Sinne der Anforderungen des Volkszählungsurteils deutlich. Ein verdecktes staatliches Vorgehen liegt damit vor. Nun wurde freilich aber ebenfalls anerkannt, dass eine kurzfristige Verheimlichung bestimmter Datenerhebungen und -verwendungen in begrenztem Umfang zu akzeptieren ist, um insbesondere strafrechtliche Ermittlungen nicht zu gefährden. Spätestens mit Eröffnung eines Besteuerungs- bzw. Steuerstrafverfahrens würde schließlich auch der Betroffenen die Möglichkeit zur Äußerung erhalten und mithin über die Weiterleitung in Kenntnis gesetzt werden. Dann ist ihm allerdings keine hinreichende Erlangung einer Überprüfung der Daten mehr möglich: Denn im Unterschied zur Weiterleitung nach § 12a Abs. 3 S. 2 ZollVG gelten für die Übermittlung nach § 12a Abs. 3 S. 3 ZollVG keine einschränkenden Voraussetzungen. Es kann *jederzeit* weitergeleitet werden. Die Informationen sind im Ermittlungsverfahren bekannt und selbst wenn sie nicht verwertet werden dürfen, besteht immer noch die Möglichkeit, auf dieser Grundlage weiter zu ermitteln und die dabei gewonnenen Erkenntnisse zu verwerten. Die „fruit-of-the-poisonous-tree-doctrine“ findet schließlich lediglich in der Literatur Beachtung, während sie von der Rechtsprechung ausgeblendet wird[357].

Aus diesem Grunde dürfen hinsichtlich der Offenheit des staatlichen Handelns auch keine Abstriche gemacht werden. Dass dem Angehaltenen im Sinne der Anforderungen des Volkszählungsurteils die eigentliche Ermittlungsintention nicht hinreichend klar wird, beinhaltet zwar keinen verbotenen Täuschungscharakter, aber sehr wohl einen Verstoß gegen das Gebot der Normenklarheit und die Offenheit staatlichen Handelns. Eine wesentliche Forderung des Bundesverfassungsgerichts ist in diesem Zusammenhang, dass ein Rechtsweg nicht aus Sachgründen in nicht mehr zu rechtfertigender Weise erschwert wird[358]. Dieser Gedanke betrifft im Kern § 12a Abs. 3 S. 3 ZollVG: Das gesamte Ermittlungsgeschehen spielt sich jenseits eines offenen Gegenübertretens zum Bürger ab. In besonderem Maße besteht gerade bei einem derartig anonymen Vorgehen die Gefahr einer Aushöhlung des effektiven Rechtsschutzes[359]. Die Gefahr wird noch dadurch vergrößert, dass der Bürger überhaupt nicht überblicken kann, wofür die Daten verwendet werden: Selbst wenn sie für

357 Dazu bereits Kap. D. III. 2.

358 BVerfGE 44, 302, 305.

359 *Müller*, in: Kühne/Miyazawa, S. 209, 217; *Merten/Merten*, ZRP 1991, 213, 214 f.

den ermittelten Fall nicht weiter verwendbar sind, können sie gleichwohl bei den Finanzbehörden gespeichert und auf Vorrat gesammelt werden, um zu einem späteren Anlass gegen den Bürger verwandt zu werden.

Grundsätzlich wird ihm – wie die Ausführungen gezeigt haben – nur klar sein, dass seine erlangten persönlichen Informationen zur weiteren Ermittlung wegen eines Geldwäschedeliktes oder sonstiger Straftaten bzw. Ordnungswidrigkeiten verwendet werden. Eine anderweitige Verwendung liegt umso ferner, als inhaltlich keinerlei Verknüpfung zur ursprünglichen Intention der Kontrolle des grenzüberschreitenden Bargeldverkehrs mehr besteht. Es ist gerade dieser Aspekt, der die Bewertung von § 12a Abs. 3 S. 3 ZollVG in einem anderen Licht als die des § 12a Abs. 3 S. 2 ZollVG erscheinen lässt. Durch das Volkszählungsurteil wird diese Lösung auch schließlich bestätigt. Darin wird die Kenntnis von der Daten*erhebung* und ebenso von der intendierten Daten*verwendung* für einen rechtmäßigen Eingriff in das informationelle Selbstbestimmungsrecht proklamiert.

b) Berücksichtigung eines Weitergabe- und Verwertungsverbots

Etwas anderes kann sich allerdings dadurch ergeben, dass für die Weiterleitung von Daten gemäß § 12a Abs. 3 S. 3 ZollVG ein Weitergabe- bzw. Verwertungsverbot nach geltender Rechtslage wegen fehlender Normenklarheit angenommen wurde. Dadurch wird der Bürger an sich hinreichend geschützt, sodass die ermittelten Daten nicht gegen ihn verwendet werden dürfen. Die Sperrung dieser Daten könnte nun eine gerichtliche Überprüfung der Weiterleitung schlichtweg entbehrlich machen. Gleichwohl könnte dennoch ein Interesse des Bürgers daran bestehen, die Rechtmäßigkeit der Weiterleitung überprüfen zu können, falls sie tatsächlich stattgefunden hat. Zu denken ist beispielsweise an ein Rehabilitationsinteresse bzw. an eine Verhinderung der Wiederholung in einem vergleichbaren Fall. Die Tatsache, dass damit ein tiefgreifender Grundrechtseingriff in das Selbstbestimmungsrecht verbunden ist, spricht ebenfalls dafür, hier die Möglichkeit einer gerichtlichen Kontrolle zuzulassen. Die Konstellation liegt ähnlich wie bei einer Fortsetzungsfeststellungsklage bzw. einer sog. prozessualen Überholung: Auch wenn bereits Erledigung eingetreten ist, besteht regelmäßig ein Bedürfnis zur richterlichen Entscheidung für den Betroffenen fort[360]. Das Bundesverfassungsgericht erkennt insbesondere nun für einen erheblichen Grundrechtseingriff ein solches Interesse an[361]. So liegt die Situation auch bei § 12a Abs. 3 S. 3 ZollVG. Die Annahme eines Weitergabe- bzw. Verwertungsverbots schließt deshalb nicht die Verletzung der Rechtsschutzgarantie des Art. 19 Abs. 4 GG aus.

c) Änderung des Gesetzeszwecks

Als einzige Lösungsmöglichkeit bleibt wiederum nur eine explizite Klarstellung des Gesetzgebers. Dann wäre für den Kontrollierten die Intention der zollamtlichen Überwachung auch im Hinblick auf die Verfolgung von Steuerhinterziehung bzw. die Durchführung des Besteuerungsverfahrens erkennbar, sodass auch eine Verletzung des Rechts auf effektiven Rechtsschutz entfiele.

---

360 BVerfG JR 1997, 382, 384; BGHSt 44, 265, 268; 37, 79, 82; 28, 206, 207, 209; BGH NJW 1999, 3499, 3499; 2000, 84, 86.

361 BVerfG NJW 1997, 2163, 2164.

F. Zusammenfassung

Als Ergebnis der vorstehenden Untersuchung lassen sich folgende Erkenntnisse festhalten:

1. § 12a Abs. 1 ZollVG eröffnet dem Zoll und in seinem Auftrag dem Bundesgrenzschutz – in Verbindung mit den allgemeinen Befugnissen der zollamtlichen Überwachung nach § 10 Abs. 1 und 3 ZollVG – eine verdachtsunabhängige Überwachung des grenzüberschreitenden Bargeldverkehrs, um organisierte Kriminalität und dabei insbesondere Geldwäscheaktivitäten wirksam bekämpfen zu können. Die Maßnahmen des Anhaltens, der Frage nach mitgeführten Zahlungsmitteln, die Identitätsfeststellung und die Überprüfung des Gepäcks sowie des Beförderungsmittels sind von keinen objektivierbaren Voraussetzungen abhängig. Entscheidend für die Befugnisanwendung ist einzig der subjektive Wille der Zollbediensteten.

2. Gleiches gilt für die körperliche Durchsuchung des Betroffenen, die gemäß § 10 Abs. 3 ZollVG auch im Rahmen einer Bargeldkontrolle erfolgen darf. Obwohl eine solche Maßnahme das Vorliegen „zureichender tatsächlicher Anhaltspunkte" erfordert, ist dieses Merkmal für eine Begrenzung der Ermittlungstätigkeit nur bedingt tauglich. Die Maßstäbe eines Anfangsverdachts i.S.v. § 152 Abs. 2 StPO können hierfür nicht herangezogen werden. Lediglich willkürliche körperliche Durchsuchungen sind hierdurch auszuschließen. Diese Auslegung korrespondiert mit der maßgeblichen Abhängigkeit der Durchführung der Kontrollen von dem Willen der Zollbediensteten.

3. Bei der Überprüfung des Gepäcks und der Beförderungsmittel gemäß §§ 12a Abs. 1, 10 Abs. 1 S. 5 ZollVG handelt es sich um eine Durchsuchung von Sachen. Die für § 10 Abs. 3 ZollVG entwickelten eingriffsbegrenzenden Kriterien sind entsprechend zu übertragen. Auch die Durchsuchung des Gepäcks und der Beförderungsmittel darf nicht willkürlich erfolgen.

4. Die Kontrollbefugnisse der zollamtlichen Überwachung des grenzüberschreitenden Zahlungsmittelverkehrs sind an den Binnen- und Außengrenzen der Europäischen Gemeinschaft identisch. Aus der ausschließlichen Verweisung in § 12a Abs. 1 S. 5 ZollVG auf § 10 Abs. 1 ZollVG für die Kontrollen an den Binnengrenzen kann nicht geschlossen werden, dass damit § 10 Abs. 3 ZollVG keine Anwendung finden darf. Unter systematischen und teleologischen Gesichtspunkten sowie der Berücksichtigung des gesetzgeberischen Willens ergibt sich vielmehr gerade auch die Zulässigkeit von körperlichen Durchsuchungen an den Binnengrenzen. Die Verweisung in § 12a Abs. 1 S. 5 ZollVG stellt daher ein redaktionelles Versehen dar.

5. Die zollamtliche Überwachung ist nach § 12a Abs. 2 ZollVG weiterhin ermächtigt, die aufgefundenen Zahlungsmittel sicherzustellen. Da eine Beschränkung in § 12a Abs. 2 ZollVG auf eine bestimmte Zahlungsmittelhöhe im Gegensatz zu § 12a Abs. 1 ZollVG, der eine Anzeigepflicht erst ab 15.000 € vorsieht, nicht enthalten ist, dürfen auch wertmäßig geringere Beträge als 15.000 € sichergestellt werden. Es ist für die Sicherstellung aber zusätzlich erforderlich, dass weitere Umstände hinzutreten, die einen Anfangsverdacht für die Begehung von Geldwäschestraftaten begründen.

6. Mit § 12a Abs. 3 ZollVG wird der Bargeldkontrolle durch den Gesetzgeber ein weiterer Zweck mit der Aufdeckung unbekannter Steuerfälle zugrunde gelegt.

7. In dem Anhalten des Betroffenen ist bereits das gesamte Kontrollgeschehen angelegt – insbesondere auch die Durchsuchung. Das Anhalten stellt faktisch den Beginn der Durchsuchung dar. Weil die Eingriffsermächtigungen der Befragung nach Zahlungsmitteln, der Identitätsfeststellung sowie der Durchsuchung von Sachen und der Person von keinen objektiven Anhaltspunkten abhängen und damit jederzeit jede beliebige Befugnis ausgeübt werden kann, sind die Übergänge zwischen den Einzelmaßnahmen fließend und diese als eine Einheit zu begreifen.

8. § 12a Abs. 1 ZollVG ist mit Art. 13 GG vereinbar. Der Schutzbereich ist nicht berührt, da der Wohnungsbegriff sich nicht auf das Beförderungsmittel erstreckt. Der Begriff der „Wohnung" umfasst einen Bereich des privaten Lebens und Wirkens. Ein Pkw oder Lkw ist hierzu typischerweise nicht bestimmt. Etwas anderes gilt lediglich für Wohnmobile und Schlafkabinen in einem Lkw. In diesen Fällen greift der Richtervorbehalt des Art. 13 Abs. 2 GG, sodass vor einer Durchsuchung von den Zollbediensteten eine richterliche Durchsuchungsanordnung einzuholen ist.

9. Die Kontrollbefugnisse nach § 12a Abs. 1 ZollVG stehen im Spannungsverhältnis zur Unschuldsvermutung. Deren Schutzwirkung für den Betroffenen greift nicht erst ab Einleitung des Verfahrens, sondern muss schon die Entscheidung über die Ermittlungsaufnahme selbst steuern. Nur bei Vorliegen eines Anfangsverdachts hat der Gesetzgeber für die Verfahrenseinleitung die gesetzliche Wertung getroffen, dass insofern die Vermutung der Redlichkeit hinter dem Strafverfolgungsinteresse zurückzutreten hat. Da aber ein Vorgehen nach § 12a Abs. 1 ZollVG gerade keinen Anfangsverdacht voraussetzt, wird in den Schutzbereich der Unschuldsvermutung eingegriffen.

10. Dieser Eingriff kann auch nicht mit dem Argument einer vorbeugenden Verbrechensbekämpfung gerechtfertigt werden. Als zulässige Sondierung im Vorfeld eines konkreten Verdachts sind einzig sog. Verermittlungen überwiegend anerkannt. Bei § 12a Abs. 1 ZollVG handelt es sich jedoch um eine Vorfeldermittlungskompetenz. Derartige Eingriffsmöglichkeiten sind aber grundsätzlich nur den Verfassungsschutzbehörden zugewiesen.

11. Auch aus einer vergleichenden Betrachtung mit § 208 Abs. 1 Nr. 3 AO kann § 12a Abs. 1 ZollVG und damit ein Eingriff in die Unschuldsvermutung nicht legitimiert werden. Dieser Vergleich drängt sich zwar insofern auf, als § 208 Abs. 1 Nr. 3 AO ebenfalls eine Vorfeldermittlungsbefugnis gewährt und vom Bundesverfassungsgericht als verfassungsgemäß anerkannt wurde. Bei der Maßnahmeanwendung des § 208 Abs. 1 Nr. 3 AO ergibt sich im Unterschied zu § 12a Abs. 1 ZollVG aber eine unmittelbare Verdachtsgewinnung, während im Rahmen der Überwachung des grenzüberschreitenden Bargeldverkehrs lediglich festgestellt werden kann, in welcher Höhe Zahlungsmittel mitgeführt werden. Um den Ausnahmecharakter einer Vorfeldaktivität aber zu wahren und den Bürger vor weiteren Eingriffen zu schützen, hat eine Verdachtskonkretisierung unmittelbar zu erfolgen.

12. Der Eingriff in die Unschuldsvermutung kann hingegen durch die örtliche Sondersituation an der Grenze gerechtfertigt werden. Entscheidend ist jedoch nicht auf einen Raum erhöhter Kriminalitätsdichte abzustellen, sondern auf die Kontrollsituation als solche, die geprägt ist durch die Unwiederholbarkeit und Einzigartigkeit des Geschehens. Nur ein sofortiges Handeln der Zollbediensteten kann deren effektive Aufgabenerfüllung gewährleisten. Die Grenzsituation ist derjenigen bei Gefahr im

Verzug vergleichbar. § 12a Abs. 1 ZollVG stellt deshalb eine kodifizierte Gefahr-in-Verzug-Regelung dar.

13. Weiterhin stehen die Kontrollbefugnisse des § 12a Abs. 1 ZollVG im Spannungsfeld mit dem allgemeinen Persönlichkeitsrecht in seiner Ausprägung durch das Recht auf informationelle Selbstbestimmung. Sowohl durch das Anhalten und die Frage nach mitgeführten Zahlungsmitteln als auch durch die Identitätsfeststellung und die Durchsuchung der Sachen bzw. der Person wird in den Schutzbereich des Persönlichkeitsrechts eingegriffen. Weil in dem Anhalten bereits das gesamte weitere Geschehen angelegt ist – das Anhalten faktisch den Beginn der Durchsuchung darstellt –, kann auch hinsichtlich der Maßnahme des Anhaltens und der Frage nach Zahlungsmitteln eine grundrechtsrelevante Beeinträchtigung nicht verneint werden. Die Eingriffsintensität ist insoweit nicht nur unerheblich.

14. Die Intensität des grundrechtlichen Eingriffs kann zudem nicht durch das persönliche Antwortverhalten des Betroffenen auf ein freiheitsrechtlich unbeachtliches Niveau reduziert werden. Der Angehaltene kann durch seine Antwort auf die Frage nach mitgeführten Zahlungsmitteln das weitere Vorgehen der Zollbediensteten nicht beeinflussen – egal, ob oder wie er antwortet. Es herrscht Irrelevanz des Antwortverhaltens für den Fortgang der Grenzkontrolle.

15. Der Eingriff in das informationelle Selbstbestimmungsrecht durch die Befugnisse nach §§ 12a Abs. 1, 10 Abs. 1 und 3 ZollVG kann aber wiederum – ebenso wie der Eingriff in die Unschuldsvermutung – mit der örtlichen Sondersituation bei der Grenzkontrolle gerechtfertigt werden. Zum anderen greifen hinsichtlich des allgemeinen Persönlichkeitsrechts aber auch general- und spezialpräventive Erwägungen für die Rechtfertigung des Eingriffs Platz.

16. Die präventive Wirkung im Rahmen von § 12a Abs. 1 ZollVG entfaltet allerdings bereits der Befugniseinsatz, der bei dem Bürger zu Abschreckung und Verunsicherung führt, da er bei einem Grenzübertritt durch sein Verhalten keinen Einfluss auf das „Ob“ und „Wie“ der Kontrolle hat. Entscheidend beruht die Prävention daher nicht auf der Verurteilung wegen Geldwäsche, sondern schon auf der Kontrolle und vor allem der Gewinnung steuerlich relevanter Ergebnisse als solchen. Um dem künftig zu entgehen, wird der Betroffene sein Verhalten entsprechend anpassen und den grenzüberschreitenden Bargeldtransport unterlassen, wodurch die präventive Wirkung erreicht ist.

17. Mit dem Trennungsgebot, das Verfassungsrang besitzt, ist § 12a Abs. 1 ZollVG ebenfalls vereinbar. Obwohl § 12a Abs. 1 ZollVG zu Vorfeldermittlungen mit Exekutivbefugniseinsatz in Form der Durchsuchung ermächtigt, entsteht keine Verquickung von Informationserhebungs- und Zwangsbefugnissen, wie sie das Trennungsgebot gerade verhindern will. Der Staat tritt dem Bürger bei einer Grenzkontrolle nämlich offen gegenüber, sodass dieser sich im Rahmen des nach § 12a Abs. 4 ZollVG eröffneten Rechtsweges gegen die Maßnahmen auch gerichtlich zur Wehr setzen kann.

18. Ebenfalls am Recht auf informationelle Selbstbestimmung müssen § 12a Abs. 3 S. 2 und 3 ZollVG gemessen werden. Während in Bezug auf § 12 Abs. 3 S. 2 ZollVG und der Weiterleitung erhobener Daten an die Strafverfolgungs- bzw. Verwaltungsbehörden ein Eingriff gerechtfertigt ist, da insoweit eine bereichsspezifische, verhältnismäßige Rechtsgrundlage vorliegt, die den Anforderungen aus dem Volkszählungsurteil genügt, erfüllt § 12a Abs. 3 S. 3 ZollVG für die voraussetzungslose Übermittlung der Daten an die Finanzbehörden diese Maßgaben nicht. Dies liegt daran, dass der Gesetzeszweck

insoweit nicht hinreichend und unzweifelhaft für den Bürger deutlich wird. Dieser muss mangels einer expliziten Klarstellung im Zollverwaltungsgesetz nicht damit rechnen, dass die über ihn zur Bekämpfung von Geldwäsche erhobenen Informationen hinsichtlich seiner Identität und der Höhe der mitgeführten Zahlungsmittel auch in einem Besteuerungs- bzw. Steuerstrafverfahren verwandt werden können. Typischerweise muss der Bürger von dem – bisher – gesetzlichen Regelfall ausgehen, dass nach der Wertung des § 393 Abs. 1 AO Steuerstraf- und Besteuerungsverfahren strikt zu trennen sind und der Staat nicht insofern in einer „Doppelgestalt“ ihm gegenüber tätig werden darf.

19. Über eine Klarstellung des Gesetzeszwecks für § 12a Abs. 3 S. 3 ZollVG könnte aber die Konformität mit den verfassungsrechtlichen Anforderungen aus dem Volkszählungsurteil an eine Eingriffsgrundlage hergestellt werden.

Literaturverzeichnis

Albert, Helmut: Das „Trennungsgebot“ – ein für Polizei und Verfassungsschutz überholtes Entwicklungskonzept?, ZRP 1995, 105 ff.

Alternativ-Kommentar: Kommentar zur Strafprozessordnung, hrsg. von *Rudolf Wassermann*, Neuwied / Kriftel / Berlin 1992, Band 1: §§ 1–93; Band 2 / 1: §§ 94–212b (zitiert: AK-Bearbeiter)

Appell, Erhart: Die Europäische Konvention zum Schutz der Menschenrechte und Grundfreiheiten in ihrer Bedeutung für das deutsche Strafrecht und Strafverfahrensrecht, Diss., Marburg 1961

Arndt, Adolf: Schutz vor dem Ermittlungsentschluss der Staatsanwaltschaft (§ 152 StPO)?, NJW 1962, 2000 ff.

Baldus, Manfred: Nachrichtendienste – Beobachtung völkerverständigungswidriger Bestrebungen, ZRP 2002, 400 ff.

Beckemper, Katharina / Wegner, Carsten: Anm. zu OLG Karlsruhe, Beschluss vom 24. September 2002 – 1 Ss 59/02 (= wistra 2003, 36), wistra 2003, 36 ff.

Becker, Peter von: Straftäter und Tatverdächtige in den Massenmedien: Die Frage der Rechtmäßigkeit identifizierender Kriminalberichte, Baden-Baden 1979

Bettermann, Karl-August / Nipperdey, Hans-Carl / Scheuner, Ulrich, Die Grundrechte, Band III / 2, Berlin 1959 (zitiert: Bearbeiter, in: Bettermann / Nipperdey / Scheuner, Band III / 2)

Beulke, Werner: Strafprozessrecht, 7. Auflage, Heidelberg 2004

Birk, Dieter (Hrsg.): Handbuch des Europäischen Steuer- und Abgabenrechts, Herne / Berlin 1995 (zitiert: Birk-Bearbeiter)

Borgs-Maciejewski, Hermann / Ebert, Frank: Das Recht der Geheimdienste – Kommentar zum Bundesverfassungsschutzgesetz sowie zum G 10, Stuttgart / München / Hannover 1986

Bottke, Wilfried: Polizeiliche Ermittlungsarbeit und Legalitätsprinzip, in: Gedächtnisschrift für Karlheinz Meyer, Berlin / New York 1990, S. 37 ff. (zitiert: Bottke, GS Meyer)

Bosch, Nikolaus: Aspekte des nemo-tenetur-Prinzips aus verfassungsrechtlicher und strafprozessualer Sicht, Diss., Berlin 1998

Caemmerer, Ernst von: Der privatrechtliche Persönlichkeitsschutz nach deutschem Recht, in: Festschrift für Fritz von Hippel, Tübingen 1967, S. 27 ff. (zitiert: v. Caemmerer, FS Hippel)

Carl, Dieter / Klos, Joachim: Das ungelöste Problem des „Verfügungsberechtigten" im Sinne des § 154 Abs. 2 AO aus Sicht der Ermittlungsbehörden, wistra 1990, 41 ff.

Dalbkermeyer, Birgit: Der Schutz des Beschuldigten vor identifizierenden und tendenziösen Pressemitteilungen der Ermittlungsbehörden, Frankfurt a.M. 1994

Dannecker, Gerhard / Bürger, Sebastian: Zur Reichweite der Befugnisse der Zollverwaltungsbehörden nach § 12a ZollVG, wistra 2004, 81 ff.

Degener, Wilhelm: Grundsatz der Verhältnismäßigkeit und strafprozessuale Zwangsmaßnahmen, Diss., Berlin 1985

Denninger, Erhard: Die Trennung von Verfassungsschutz und Polizei und das Recht auf informationelle Selbstbestimmung, ZRP 1981, 231 ff.

Denzel, Uwe: Übermaßverbot und strafprozessuale Zwangsmaßnahmen, Diss., Heidelberg 1969

Dolzer, Rudolf / Vogel, Klaus / Graßhof, Karin: Bonner Kommentar zum Grundgesetz, Loseblattwerk, 111. Lfg., Bonn, Stand: Mai 2004 (zitiert: BK-Bearbeiter)

Dorsch, Eberhard: Zollrecht: Recht des grenzüberschreitenden Warenverkehrs, Loseblattwerk, 96. Erg.-Lfg., Bonn / Berlin, Stand: Juli 2004, Band 1: Texte, Einführung, Artt. 1–144 ZK; Band 2: Artt. 145–253 ZK, Sonstiges Zollrecht (zitiert: Bearbeiter, in: Dorsch, Zollrecht)

Dreier, Horst: Grundgesetz, Band 1: Artt. 1–19, Tübingen 1996 (zitiert: Dreier-Bearbeiter)

Drews, Bill / Wacke, Gerhard / Vogel, Klaus / Martens, Wolfgang: Gefahrenabwehrrecht: allgemeines Polizeirecht (Ordnungsrecht) des Bundes und der Länder, 9. Auflage, Köln / Berlin / Bonn / München 1986

Ehrhardt, Anne: Unternehmensdelinquenz und Unternehmensstrafe, Diss., Berlin 1993

Erbs, Georg / Kohlhaas, Max / Ambs, Friedrich: Strafrechtliche Nebengesetze, Band 4: T–Z, Loseblattwerk, 154. Erg.-Lfg., München, Stand: August 2004 (zitiert: Bearbeiter, in: Erbs / Kohlhaas / Ambs)

Franzen, Klaus / Gast-De Haan, Brigitte / Joecks, Wolfgang: Steuerstrafrecht Kommentar, §§ 369–412 AO, § 32 ZollVG, 5. Auflage, München 2001 (zitiert: Bearbeiter, in: Franzen / Gast / Joecks)

Freund, Georg: Der Zweckgedanke im Strafrecht, GA 1995, 4 ff.

Grabitz, Eberhard / Hilf, Meinhard: Das Recht der Europäischen Union, Band I: EUV / EGV, Loseblattwerk, 23. Erg.-Lfg., München, Stand: Januar 2004 (zitiert: Grabitz / Hilf-Bearbeiter)

Götz, Volkmar: Allgemeines Polizei- und Ordnungsrecht, 13. Auflage, Göttingen 2001

Gusy, Christoph: Das verfassungsrechtliche Gebot der Trennung von Polizei und Nachrichtendiensten, ZRP 1987, 45 ff.

– Beobachtung Organisierter Kriminalität durch den Verfassungsschutz?, StV 1995, 320 ff.

– Organisierte Kriminalität zwischen Polizei und Verfassungsschutz, GA 1999, 319 ff.

Haas, Hermann Heinrich: V-Leute im Ermittlungs- und Hauptverfahren: neue prozessuale Aspekte, Diss., Freiburg 1986

Harms, Monika / Jäger, Markus: Aus der Rechtsprechung des BGH zum Steuerstrafrecht 2000 / 2001 – 1. Teil, NStZ 2001, 181 ff.

Hellmann, Uwe: Das Neben-Strafverfahrensrecht der Abgabenordnung, Köln 1995

Hetzer, Wolfgang: Finanzbehörden im Kampf gegen Geldwäsche und organisierte Kriminalität, JR 1999, 141 ff.

– Strafrechtspflege durch Geheimdienste?, StV 1999, 165 ff.

– Polizei und Geheimdienste zwischen Strafverfolgung und Staatsschutz, ZRP 1999, 19 ff.

– Geldwäsche und Terrorismus, ZRP 2002, 407 ff.

Höpfel, Frank: Staatsanwalt und Unschuldsvermutung, Wien 1988

Hübschman, Walter / Hepp, Ernst / Spitaler, Armin: Kommentar zur Abgabenordnung und Finanzgerichtsordnung, Loseblattwerk, Band IX: §§ 374–415 AO, FVG, VwZG, 10. Auflage, 169. Lfg., Köln, Stand: Juni 2001 (zitiert: Bearbeiter, in: Hübschmann / Hepp / Spitaler)

Internationaler Kommentar zur Europäischen Menschenrechtskonvention, hrsg. von *Golsong, Heribert / Karl, Wolfram / Miehsler, Herbert / Petzold, Herbert / Riedel, Eike / Rogge, Karsten / Vogler, Theo / Wildhaber, Luzius / Breitenmoser, Stephan*, Loseblattwerk, 7. Kommentar-Lieferung, Köln u.a., Stand: Mai 2004 (zitiert: IntKomm-Bearbeiter)

Isensee, Josef / Kirchhof, Paul: Handbuch des Staatsrechts der Bundesrepublik Deutschland, Band III: Das Handeln des Staates, Heidelberg 1988; Band V: Allgemeine Grundrechtslehren, Heidelberg 1992; Band VI: Freiheitsrechte, Heidelberg 1989 (zitiert: Isensee / Kirchhof-Bearbeiter)

Jakobs, Günther: Strafrecht Allgemeiner Teil, 2. Auflage, Berlin / New York 1991 (zitiert: Jakobs AT)

Jarass, Hans D. / Pieroth, Bodo: Grundgesetz für die Bundesrepublik Deutschland, 6. Auflage, München 2002 (zitiert: Jarass / Pieroth-Bearbeiter)

Kaiser, Günther: Kriminologie, 3. Auflage, Heidelberg 1996

Keller, Rolf / Griesbaum, Rainer: Das Phänomen der vorbeugenden Bekämpfung von Straftaten, NStZ 1990, 416 ff.

Kindshofer, Alexandra: Werden Sparschwein und Sparstrumpf zur Schwarzgeldfalle?, PStR 2001, 128 ff.

Kindshofer, Alexandra / Wegner, Carsten: Anm. zu OLG Karlsruhe, Beschluss vom 14. November 2001 – 1 Ss 184/01 (= wistra 2002, 194), wistra 2002, 195 f.

Klein, Franz: Abgabenordnung – einschließlich Steuerstrafrecht, 8. Auflage, München 2003 (zitiert: Klein-Bearbeiter)

Kniesel, Michael / Tegtmeyer, Henning / Vahle, Jürgen: Handbuch des Datenschutzes für Sicherheitsbehörden, Stuttgart 1986

Koch, Martin: Überwachung der Organisierten Kriminalität durch den bayerischen Verfassungsschutz, ZRP 1995, 24 ff.

Köhler, Michael: Unbegrenzte Ermittlung und justizfreie Bundesgeheimpolizei: Der neue Strafprozess?, StV 1994, 386 ff.

Kohlmann, Günter: Steuerstrafrecht – Kommentar, Band I: §§ 369–412 AO, Loseblattwerk, 6. Auflage, 32. Lfg., Köln, Stand: Juni 2004

Köster, Rolf-Jürgen: Die Rechtsvermutung der Unschuld, Diss., Bonn 1979

Krack, Ralf: Der Normzweck des § 136a StPO, NStZ 2002, 120 ff.

Kühl, Kristian: Unschuldsvermutung, Freispruch und Einstellung, Köln u.a. 1983 (zitiert: Kühl, Unschuldsvermutung)

– Strafrecht Allgemeiner Teil, 4. Auflage, München 2002 (zitiert: Kühl, AT)

Kühne, Hans-Heiner: Grenzen staatlicher Eingriffsbefugnisse in Individualrechte bei der Kriminalitätsbekämpfung, in: Neue Strafrechtsentwicklungen im deutsch-japanischen Vergleich, hrsg. von Hans-Heiner Kühne und Koichi Miyazawa, Köln 1995, 153 ff. (zitiert: Kühne, in: Kühne / Miyazawa)

Kühne, Hans-Heiner / Miyazawa, Koichi: Neue Strafrechtsentwicklungen im deutsch-japanischen Vergleich, Köln 1995, 209 ff. (zitiert: Bearbeiter, in: Kühne / Miyazawa)

Kuhlmann (ohne Vornamensangabe): Kontrollstellen – Probleme um § 111 StPO n.F., DRiZ 1978, 238 ff.

Kutscha, Martin: Die Aktualität des Trennungsgebots für Polizei und Verfassungsschutz, ZRP 1986, 194 ff.

– „Schleierfahndung" und Aufenthaltsverbot, LKV 2000, 134 ff.

Lackner, Karl / Kühl, Kristian: Strafgesetzbuch, 25. Auflage, München 2004

Lange, Nicole: Staatsanwaltschaftliche Vorermittlungen – ohne rechtlich Grundlage?, DRiZ 2002, 264 ff.

Lisken, Hans: Vorfeldeingriffe im Bereich der „Organisierten Kriminalität" – Gemeinsame Aufgabe von Verfassungsschutz und Polizei?, ZRP 1994, 264 ff.

– „Verdachts- und ereignisunabhängige Personenkontrollen zur Bekämpfung der grenzüberschreitenden Kriminalität"?, NVwZ 1998, 22 ff.

Lisken, Hans / Denniger, Erhard: Handbuch des Polizeirechts, 3. Auflage, München 2001 (zitiert: Lisken / Denninger-Bearbeiter)

Löwe, Ewald / Rosenberg, Werner: Die Strafprozessordnung und das Gerichtsverfassungsgesetz, hrsg. von *Peter Rieß*, 25. Auflage, Berlin 2004: Band 2: §§ 112–36a; Band 3: §§ 137–212b; 24. Auflage, Berlin / New York 1996: Band 6: Die Strafprozessordnung und das Gerichtsverfassungsgesetz; Band 6, Teilband 2: Rechtspflegerecht des Einigungsvertrages, MRK, IPBPR, Register (zitiert: LR-Bearbeiter)

Mahnkopf, Hans-Jürgen / Döring, Andre: Anmerkung zu LG Stendal, Beschluss v. 12.4.1993 – 501 Qs 49 / 94 (= NStZ 1994, 556), NStZ 1994, 556 f.

Maiwald, Manfred: Zur Ermittlungspflicht der Staatsanwaltschaft in Todesfällen, NJW 1978, 561 ff.

Maunz, Theodor / Dürig, Günter / Herzog, Roman: Grundgesetz, Loseblattwerk, 43. Erg.-Lfg., München, Stand: Februar 2004, Band 1: GG-Text–Art. 5; Band 3: Artt. 17–27 (zitiert: Bearbeiter, in: Maunz / Dürig / Herzog)

Merten, Karl-Heinz / Merten, Heike: Vorbeugende Verbrechensbekämpfung, ZRP 1991, 213 ff.

Meyer, Jürgen / Hetzer, Wolfgang: Neue Gesetze gegen die Organisierte Kriminalität, NJW 1998, 1017 ff.

Meyer-Goßner, Lutz: Strafprozessordnung, 47. Auflage, München 2004

Müller, Oswin: Der Abschied von der konkreten Gefahr als polizeirechtlicher Eingriffsbefugnis, in: Neue Strafrechtsentwicklungen im deutsch-japanischen Vergleich, hrsg. von Hans-Heiner Kühne und Koichi Miyazawa, Köln 1995, 209 ff. (zitiert: Müller, in: Kühne / Miyazawa)

– Der Abschied von der konkreten Gefahr als polizeirechtlicher Eingriffsbefugnis, StV 1995, 602 ff.

Münch, Ingo von / Kunig, Philip: Grundgesetz-Kommentar, Band 1: Präambel – Art. 19, 5. Auflage, München 2000 (zitiert: v.Münch / Kunig-Bearbeiter)

Nehm, Kay: Föderalismus als Hemmnis für eine effektive Strafverfolgung der Organisierten Kriminalität?, NStZ 1996, 513 ff.

Otto, Harro: Grenzen und Tragweite der Beweisverbote im Strafrecht, GA 1970, 289 ff.

Paeffgen, Hans-Ulrich: Vorüberlegungen zu einer Dogmatik des Untersuchungshaft-Rechts, Köln / Berlin / Bonn / München 1986 (zitiert: Paeffgen, Vorüberlegungen)

– Das Urteil des Bundesverfassungsgerichts zum G 10 in der Fassung des Verbrechensbekämpfungsgesetzes 1994, StV 1999, 668 ff.

Pfeiffer, Gerd (Hrsg.): Karlsruher Kommentar zur Strafprozessordnung, München 2003 (zitiert: KK-Bearbeiter)

Pieroth, Bodo / Schlink, Bernhard: Grundrechte, 20. Auflage, Heidelberg 2004

Ransiek, Andreas: Gesetz und Lebenswirklichkeit: das strafrechtliche Bestimmtheitsgebot, Diss., Heidelberg 1989 (zitiert: Ransiek, Gesetz und Lebenswirklichkeit)

– Belehrung über Aussagefreiheit und Recht der Verteidigerkonsultation: Folgerung für die Beschuldigtenvernehmung, StV 1994, 343 ff.

– Unternehmensstrafrecht: Strafrecht, Verfassungsrecht, Regelungsalternativen, Heidelberg 1996 (zitiert: Ransiek, Unternehmensstrafrecht)

Roewer, Helmut: Trennung von Polizei und Verfassungsschutzbehörden, DVBl. 1986, 205 ff.

Rogall, Klaus: Der Beschuldigte als Beweismittel gegen sich selbst: ein Beitrag zur Geltung des Satzes „Nemo tenetur seipsum prodere" im Strafprozess, Diss., Berlin 1977 (zitiert: Rogall, Der Beschuldigte)

– Moderne Fahndungsmethoden im Lichte gewandelten Grundrechtsverständnisses, GA 1985, 1 ff.

– Informationseingriff und Gesetzesvorbehalt im Strafprozess, Tübingen 1992 (zitiert: Rogall, Informationseingriff)

Roggan, Frederik: Auf legalem Weg in den Polizeistaat, Bonn 2000.

Roxin, Claus: Stafrecht Allgemeiner Teil, Band 1, 3. Auflage, München 1997 (zitiert: Roxin, AT)

– Anmerkung zu BGH, Urteil v. 18.4.1996 – 1 StR 14/96 (= JZ 1997, 209 = NJW 1996, 2517), JZ 1997, 210 ff.

– Strafverfahrensrecht, 25. Auflage, München 1998 (zitiert: Roxin, Strafverfahrensrecht)

Rudolphi, Hans-Joachim u.a. (Hrsg.): Systematischer Kommentar zur Strafprozessordnung und zum Gerichtsverfassungsgesetz, Loseblattwerk, 39. Aufbau-Lfg., Bonn, Stand: Juni 2004; Band 1: §§ 1–111p; Band 2: §§ Vor 112–152a (zitiert: SK-StPO-Bearbeiter)

Rüsken, Reinhart (Hrsg.): Dorsch – Zollrecht: Recht des grenzüberschreitenden Warenverkehrs, Loseblattwerk, 96. Erg.-Lfg., Bonn/Berlin, Stand: Juli 2004, Band 1: Texte, Einführung, Artt. 1–144 ZK; Band 2: Artt. 145–253 ZK, Sonstiges Zollrecht (zitiert: Bearbeiter, in: Dorsch, Zollrecht)

Sachs, Michael: Grundgesetz, 2. Auflage, München 1999 (zitiert: Sachs-Bearbeiter)

Sax, Walter: Die Unschuldsvermutung, in: Bettermann, Karl-August / Nipperdey, Hans-Carl / Scheuner, Ulrich, Die Grundrechte, Band III / 2, Berlin 1959 (zitiert: Sax, in: Bettermann / Nipperdey / Scheuner, Band III / 2)

Scheffler, Uwe: Zur Konkretisierung des Gehilfenvorsatzes – BGH, NJW 1996, 2517, JuS 1997, 598 ff.

Schmidt-Bleibtreu, Bruno / Klein, Franz: Kommentar zum Grundgesetz, 9. Auflage, Neuwied / Kriftel 1999 (zitiert: Schmidt-Bleibtreu / Klein-Bearbeiter)

Schönke, Adolf / Schröder, Horst: Strafgesetzbuch, 26. Auflage, München 2001 (zitiert: Schönke / Schröder-Bearbeiter)

Schroeder, Friedrich-Christian: Eine funktionelle Analyse der strafprozessualen Zwangsmittel, JZ 1985, 1028 ff.

– Der Geltungsbereich der Menschenrechte in den Stadien des Strafverfahrens, zugleich zum 40. Jahrestag des Eingangs der Menschenrechte in das deutsche Strafverfahren, in: 140 Jahre Goltdammer's Archiv für Strafrecht, Heidelberg 1993, 205 ff.

Schulz, Lorenz: Normiertes Vertrauen – Der Verdacht im Strafverfahren, Frankfurt a.M. 2001

Schwabe, Jürgen: „Kontrolle ist schlecht, Vertrauen ist allein der Menschenwürde gemäß“?, NVwZ 1998, 709 ff.

Schwarz, Otfried / Wockenfoth, Kurt (Begr.): Zollrecht – Kommentar, Loseblattwerk, Band 1, 3. Auflage, 21. Lfg., Köln u.a., Stand: Februar 2000 (zitiert: Schwarz / Wockenfoth-Bearbeiter)

Schwind, Hans-Dieter: Kriminologie, 14. Auflage, Heidelberg 2004

Spatscheck, Rainer / Alvermann, Jörg: Die Überwachung des grenzüberschreitenden Bargeldverkehrs nach §§ 12a ff. FVG – Einführung der „mobilen Steuerfahndung“, BB 1999, 2107 ff.

Staudinger, Julius von (Begr.): Kommentar zum BGB, §§ 741-822, 12. Auflage, Berlin 1986 (zitiert: Staudinger-Bearbeiter)

Stephan, Ulrich: Zur Verfassungsmäßigkeit anlassunabhängiger Kontrollen, DVBl. 1998, 81 ff.

Stuckenberg, Carl-Friedrich: Untersuchungen zur Unschuldsvermutung, Diss., Berlin / New York 1997

Teske, Doris: Die Bedeutung der Unschuldsvermutung bei Einstellungen gemäß §§ 153, 153a StPO im Steuerstrafverfahren, wistra 1989, 131 ff.

Tettinger, Peter J.: Fairness und Waffengleichheit: rechtsstaatliche Direktiven für Prozess und Verwaltungsverfahren, München 1984

Tipke, Klaus / Kruse, Heinrich Wilhelm (Hrsg.): Kommentar zur AO und FGO, Loseblattwerk, 16. Auflage, 98. Lfg., München, Stand: Juli 2002, Band 3: FVG, VwZG, §§ 1–184 FGO (zitiert: Tipke / Kruse-Bearbeiter)

Tipke, Klaus / Lang, Joachim: Steuerrecht, 17. Auflage, Köln 2002 (zitiert: Tipke / Lang)

Tröndle, Herbert / Fischer, Thomas: Strafgesetzbuch und Nebengesetze, 52. Auflage, München 2004

Varian, Hal R.: Grundzüge der Mikroökonomik, 6. Auflage, München u.a. 2004

Vogler, Theo: Die strafschärfende Verwertung strafbarer Vor- und Nachtaten bei der Strafzumessung und die Unschuldsvermutung (Art. 6 Abs. 2 EMRK), in: Festschrift für Theodor Kleinknecht, München 1985, S. 429 ff. (zitiert: Vogler, FS Kleinknecht)

Waechter, Kay: Die „Schleierfahndung" als Instrument der indirekten Verhaltenssteuerung durch Abschreckung und Verunsicherung, DÖV 1999, 138 ff.

Wendeborn, Matthias Martin: Das Recht der Steuerfahndung gemäß §§ 208, 404 AO, Frankfurt a.M. 1989

Wegner, Carsten: Grenzüberschreitender Bargeldverkehr, PStR 2002, 246 ff.

– Ist geteiltes Leid halbes Leid?, PStR 2002, 260

Weßlau, Edda: Vorfeldermittlungen: Problem der Legalisierung „vorbeugender Verbrechensbekämpfung" aus strafprozessrechtlicher Sicht, Diss., Berlin 1989

Werthebach, Eckhart / Droste-Lehnen, Bernadette: Organisierte Kriminalität, ZRP 1994, 57 ff.

Wessels, Johannes / Beulke, Werner: Strafrecht Allgemeiner Teil, 33. Auflage, Heidelberg 2003

Wirth, Josef-Christian: Anforderungen an die steuerliche Behandlung der Alterssicherung aus Sicht des europäischen Gemeinschaftsrechts – insbesondere der Grundfreiheiten des EGV, Frankfurt a.M. 2004

Witte, Peter (Hrsg.): Zollkodex, 3. Auflage, München 2002 (zitiert: Witte-Bearbeiter)

Wolter, Jürgen: Verfassungsrecht im Strafprozess- und Straftatsystem, NStZ 1993, 1 ff.

– Datenschutz und Strafprozess, ZStW 107 (1995), 793 ff.

– Allgemeiner Überblick über Ermittlungsmaßnahmen und Verfahrenssicherung, in: Viertes deutsch-polnisches Kolloquium über Strafrecht und Kriminologie, Baden-Baden 1991, S. 89 ff. (zitiert: Wolter, Ermittlungsmaßnahmen und Verfahrenssicherung)

Peter Lang · Europäischer Verlag der Wissenschaften

Heinz-Dieter Linke

Das Zollkriminalamt

Eine geheimnisvolle, unsichtbare und mächtige Strafverfolgungsbehörde?

Frankfurt am Main, Berlin, Bern, Bruxelles, New York, Oxford, Wien, 2004.
XLVI, 316 S.
Europäische Hochschulschriften: Reihe 2, Rechtswissenschaft. Bd. 4027
ISBN 3-631-53095-1 · br. € 56.50*

Diese Untersuchung widmet sich der Aufgabe, das in der Rechtswissenschaft weithin unbekannte Zollkriminalamt in Köln näher darzustellen. Dabei werden zunächst seine Geschichte, seine Stellung im Verwaltungsaufbau und anschließend seine Aufgaben und Befugnisse erörtert. So stehen dem Zollkriminalamt z.B. zur Erfüllung seiner Aufgabe als Strafverfolgungsbehörde die Befugnisse der Hilfsbeamten der Staatsanwaltschaft, teilweise sogar staatsanwaltschaftliche Befugnisse aus der StPO zu. Schwerpunktmäßig untersucht wird die Befugnis zur *vorbeugenden Verbrechensbekämpfung*, so insbesondere § 39 Außenwirtschaftsgesetz und die sogenannte *Schleierfahndung*. Weiterhin vergleicht die Arbeit das Zollkriminalamt mit dem Bundeskriminalamt und dem Bundesnachrichtendienst.

Aus dem Inhalt: Aufgaben und Befugnisse des Zollkriminalamts · Befugnis zur vorbeugenden Verbrechensbekämpfung · § 39 Außenwirtschaftsgesetz und die sogenannte Schleierfahndung · Vergleich des Zollkriminalamts mit dem Bundeskriminalamt und dem Bundesnachrichtendienst

Frankfurt am Main · Berlin · Bern · Bruxelles · New York · Oxford · Wien
Auslieferung: Verlag Peter Lang AG
Moosstr. 1, CH-2542 Pieterlen
Telefax 00 41 (0) 32 / 376 17 27

*inklusive der in Deutschland gültigen Mehrwertsteuer
Preisänderungen vorbehalten

Homepage http://www.peterlang.de

FSC
www.fsc.org
MIX
Papier | Fördert gute Waldnutzung
FSC® C083411

Kolibri 360 GmbH
Ferdinand-Jühlke-Straße 7
99095 Erfurt, Deutschland
produktsicherheit@kolibri360.de

Druck:
CPI Druckdienstleistungen GmbH
im Auftrag der
Kolibri 360 GmbH
Ferdinand-Jühlke-Str. 7
99095 Erfurt